JN495559

# 숭실의 순교자

10명의 숭실 순교자들의 삶과 순교 이야기

# 숭실의 순교자
## 10명의 숭실 순교자들의 삶과 순교 이야기

이 철 · 김명배

# 뿌리총서 간행사

나무에 뿌리, 물에 샘이라는 것은 우리의 개천절 노래에도, 조선의 용비어천가에도 등장하는 의미 있는 비유입니다. 압축하면 본원(本源)이라 합니다. 만물의 본원을 지극한 단계까지 찾아나서는 행위는 자기 존재를 완전히 하고 역할 수행을 극대화하며 그만큼 의미 있게 살아가기 위한 필수적 작업입니다.

높은 산 등성이에 있는 작은 샘에서 솟아난 맑은 석간수가 바위골짜기를 거쳐 산 아래 도달하고 넓은 농지와 대도시와 중간에 있는 댐과 제방을 경험하며 넓은 바다로 가는 동안 주변에서 이른바 지천이 계속 합류하여 수량은 많아지는데 청정도는 점점 떨어지지만 공업, 농업, 발전, 또는 정수하여 수백만 도시민의 상수원으로 쓸 수 있게 되어 그 용도가 커집니다. 시작은 은미했으나 결과적 쓰임새는 광대합니다. 우리 숭실도 많이 커졌습니다. 처음 시작할 때는 문과 한 반으로 시작했고, 기독교적 사회지도자, 한국 교회의 지도자를 양성하는데 초점을 맞추었지만 이제는 40여개 학과와 학부, 그리고 대학원생을 합하면 17,000여명의 재학생이 있고, 상당한 규모의 건물도 있고 500여 전임 교수진도 있습니다. 그러나 커진 만큼 초기의 맑은 정신이나 숭고하다고 했었던 목적을 그대로 견지하고 있는지 살펴볼 필요가 있습니다.

2013년 가을 우리 숭실대학교에 '뿌리찾기위원회'가 발족하였습니다. 건학120주년 기념사업의 일환으로 평양에서 시작한 숭실대학의 정신, 그 흐름의 모습과 내용, 그리고 서울에서 재건할 때의 과정 등에 대하여 집중적으로 연구하고자 해서입니다. 평양 숭실의 설립자 베어드, 2대 교장 라이너, 3대 교장 마펫, 4대 교장 매큔, 5대 교장 마우리 다섯 분의 교장을 연구하여 평전을 짓고, 블레어, 편하설, 스월른, 솔토, 해밀튼, 클라크, 보컬 등 10명의 큰 업적을 이룬 분들을 집중적으로 연구하며, 더불어 평양대부흥회, 신사참배, 『논리약해』, 순교자, 선교사들의 부인, 숭실의 문인, 숭실의 음악인, 방지일 목사, 조만식 선생 등 30주제의 사건·저술·인물 등 특정 분야에서 이루어진 탁월한 업적을 연구하고 그 가치를 재현해 내는 것을 목표로 하였습니다.

이 연구에 한국교회사 연구에 있어 전문가이신 이상규 교수님(고신대), 김흥수 교수님(목원대), 임희국 교수님(장신대), 이덕주 교수님(감신대), 김승태 교수님(한국기독교역사연구소) 그리고 민경찬(한예종) 교수님을 각각 책임 연구원으로 모실 수 있게 된 것, 그리고 숭실대학교의 여러 학문 분야의 교수님들이 참여해 주신 것에 깊은 감사를 드립니다. 희귀 자료들을 선뜻 내어 주시고, 확보에 도움을 주신 한국교회사문헌연구원의 심한보 선생, 그리고 호주 선교회 관련 자료를 제공해 주신 전 예장(통합)교단 사무총장 조성기 목사님께 감사드립니다. 또 이번 일에 크게 도움을 주신 분으로 결코 빠뜨릴 수 없는 분이 있습니다. 숭실대학교 부설 한국기독교박물관의 학예사 한명근 박사입니다. 한명근 박사는 이번 일에 있어서 여러 형태로 많은 도움을 주었습니다. 무엇보다 박물관이 소장하고 있는 희귀 자료의 열람은 물론 사진들을 제공하여 연구와 연구물의 출판에 큰 도움을 주었습니다. 뿌리찾기위원회의 발족 때부터 연구 기획에서 김명배 교수가 많은 도움을 주었습니다. 또한 더불어 기획·사무·총괄 간사로 수고해 주신 오지석 박사께도 깊은 감사를 전합니다. 사무행정에서 매끄러운 진행을 배려해 주신 120주년기념사업회 윤형흔 부장님의 수고도 함께 오래도록 기억할 것입니다.

이제 그 연구결과들을 뿌리총서라는 이름으로 숭실대학교 한국기독교문화연구원에서 간행합니다. 1967년에 출범한 한국기독교문화연구원은 그 동안 줄곧 이름 그대로 한국의 기독교문화를 연구해 오고 있습니다. 우리 연구위원회에서 수행한 활동은 사실상 한국기독교문화연구원의 사업과 부합하며, 실제로 행정과 사무실, 소장 자료를 중심으로 진행되는 등 그 활동의 일환으로 진행되어 왔습니다. 뿌리총서 1호는 윌리엄 베어드입니다. 이어 평양 시절 숭실의 교장들의 평전이, 그리고 탁월한 업적을 이루어낸 분들에 대한 연구물이 그 일련 번호를 차례로 이어 나가게 됩니다.

항시 좋은 뿌리를 가졌다고 자부해온 우리 숭실인들이 그 뿌리의 형성 과정을 다시 살펴보고 오늘의 우리에게 나타나고 있는 가지와 잎과 꽃과 열매가 바람직한 형상과 품질과 격조를 지니고 있는지를 냉정하게 살펴보는 시간이 되기를 원합니다.

만시지탄이 큰 이 일이지만 그 중요성을 인식하시고 많은 어려움 속에서도 이를 발의하시고 재정을 마련하시고 행정의 틀과 편의를 제공하여 주신 숭실대학교 총장님께 깊은 감사를 드립니다.

2017년 4월

숭실대학교 뿌리찾기위원회 위원장

숭실대학교 한국기독교문화연구원장

곽 신 환 삼가 적음

# 목차

## 숭실의 순교자

10명의 숭실 순교자들의 삶과 순교 이야기

# 집필자들의 남기는 말

숭실은 순교의 역사가 흐르는 학교이다. 약 40명의 숭실 출신 순교자들이 일제에 의해 그리고 북한 공산정권에 의해 순교를 당하였다. 순교는 신앙의 꽃이며 믿음 생활의 열매이다. 숭실의 순교자들은 신앙을 지키고 믿음을 이루기 위해 순교의 피를 흘렸다. 이들의 순교는 기억되어야 하고 기념되어야 한다. 이 책이 집필된 것은 바로 이러한 이유 때문이다. 이 책은 숭실의 순교자들이 어떻게 극한의 상황 속에서도 믿음을 지켰는지 기록하고 있다. 독자들은 이 책을 통해 숭실의 순교자들이 신앙의 절개를 지키는 과정과 그 결과들을 분명하게 목도하게 될 것이다. 그러면서 작게는 자신들의 신앙을, 크게는 한국교회의 신앙의 모습을 반추해 볼 수 있는 기회를 가질 수 있을 것이다.

이 책은 숭실 출신 순교자들의 삶을 전기 형식으로 발간하기로 한 "숭실뿌리찾기위원회"의 논의 결과에 의해 기획되었다. 처음에는 좀 더 많은 숫자의 순교자를 다루고자 하였으나 시간과 지면의 한계 그리고 역사 자료의 확보 문제가 있어 집필 대상을 10명의 순교자로 제한되었다. 이 10명의 순교자들 중에도 기초 자료가 충분하지 않은 경우가 있었다. 이에 집필자들은 여러 방법을 동원해 수집 가능한 자료들을 찾기 시작했고 때로 순교자 후손이라는 인적 자원을 활용하기도 하였다.

순교자들은 자서전을 남기지 못한다. 대부분 갑자기 끌려가거나 예상치 못한 시간과 장소에서 죽음을 맞이하기 때문이다. 또한 숭실의 순교자 대부분이 북한 지역 인물들이라, 분단이 오랫동안 고착된 지금의 상황에서 그들에 대한 정보를 얻는 것은 힘들었다. 그 후손들이 월남했을 경우는 그나마 어느 정도 사료 확보가 가능했다. 그러나 어떤 경우에는 이 직계 후손도 이미 사망한 경우가 있었다. 전기 편찬 시도가 너무 늦은 것이다. 아쉽지만 이런 경우 사실 온전한 집필이 어려웠다. 이번에 실린 순교자들은 그나마 일정 정도의 사료 획득이 가능하였기에 집필하게 되었다.

이 열전을 쓰면서 집필자들이 특히 노력했던 점은 오늘날 숭실의 학생들에게, 특별히 기독신앙인들에게 훌륭하고 본받을 만한 선배 순교자들의 신앙과 삶을 알려주는 것이었다. 그리고 이를 통해 학생들이 숭실의 전통과 신앙에 대해 인지하게 되어 모교에 대한 자부심과 함께 믿음의 선배들을 기억하게 하는 것이었다. 이 글을 쓰는 필자들 역시 재학 시절 숭실에 순교자가 많았다는 것은 들었지만 어떤 분들이 있는지 그들이 어떻게 순교하였는지 왜 순교의 길을 걸어갔는지에 대해서는 제대로 알거나 배우지 못하였다. 이번에 발간될 순교 열전이 학생들에게 개인적으로 혹은 수업 시간을 통해 읽혀져 숭실 순교의 역사가 잘 인식되는 기회가 되기를 바란다.

집필을 마무리하면서 두 가지 아쉬움이 남는다. 먼저, 순교자 10분 모두가 목회자이다. 순교라는 의미가 종교적이기에 10분 모두 목회자라는 것이 문제는 아닐 수 있으나 숭실의 순교자들 중에는 목회자뿐만 아니라 장로(예를 들어, 조만식 장로)나 집사와 같은 평신도들도 있을 수 있다. 그러나 이번에는 이런 분들을 다루지 못하였다. 따라서 혹 2편이 기획될 수 있다면 이번에 다루지 못한 평신도 순교자를 다루는 것이 필요하다고 생각된다. 다만 이 경우 목회자보다 자료 확보가 훨씬 용이하지 않을 수 있다. 조만식 장로같이 잘 알려진 인물이 아니라면 평신도 자료는 발굴하기가 쉽지 않기 때문이다. 순교한 목회자의 경우 목회자이기에 평신도 보다는 기록이 많이 남아있고 또한 따르던 신도들이 자신들의 목회자에 대해 글을 남기는 경우가 종종 있어 자료 확보에 도움이 된다. 그러나 일반 신도의 경우 이런 일을 기대하기는 힘들 것이다. 그러나 이런 점이 고려되면서도 2편이 실행되어 완료된다면 그 의의는 매우 클 것이다. 평신도의 순교가 때로는 우리에게 더 큰 의미로 다가올 수도 있기 때문이다.

둘째로, 집필자들이 노력하였음에도 불구하고 순교자들의 숭실 관련 이야기가 많이 빈약하게 기술되었다. 이 열전의 제작 의도가 숭실의 학생들에게 훌륭한 믿음의 선배들을 소개하는 것이므로 가능한 한 이 선배들의 학창시절에 대해 많이 서술하고 싶었으나 거의 모든 경우 자료를 찾는데 어려움을 겪었다. 이는 대부분의 자료들이 순교에 맞추어져 있고, 또한 순교자들이 목회자들이다 보니 이분들에 대한 자료가 출신 교회, 신학교, 목회를 중심으로 이루어져 있기 때문이었다. 순교자의 부인과 자녀들의 글이나 인터뷰에서도 순교자의 숭실 시절에 대해서는 극히 적은 양의 자료만 확보되었는데, 미망인의 경우 숭실 이후에 결혼, 자녀의 경우 너무 어릴 때 일이라 서술이나 기억이 어려웠다. 아쉽지만 이 문제는 해결이 쉽지 않은 내용이었다.

이제 이 열전에서 집필자들이 맡은 부분을 소개하고자 한다. 이철은 김관주, 김예진, 박경구, 이도종, 조순천을, 김명배는 김영윤, 김철훈, 박성훈, 지형순, 기주복을 담당하였다.

이철 · 김명배

# 기주복

## 숭실의 순교자

10명의 숭실 순교자들의 삶과 순교 이야기

# 기주복

## 고향에 들어온 복음과 출생

기주복 목사는 황해도 수안군 천곡면 두대리에서 1897년에 태어났다. 이 마을은 동리가 사방 산으로 둘러있다고 해서 뒤주터, 좁다해서 두대동(斗垈洞), 고요하다 해서 대정리(大靜里)라 불리었다. 이 고요한 마을에 복음의 씨앗이 들어 온 것은 대한제국이 선포된 1897년이었다. 이 마을 청년이었던 김수봉, 김수규 형제가 서울을 가던 중 길에서 우연히 언더우드 선교사 일행을 만난 것이 계기가 되었다. 두 형제는 이들이 전하는 새로운 종교에 감동을 받고, 집으로 돌아와 이들이 전해 준 성경과 전도 책자를 읽기 시작하였다. 성경의 내용에 깊은 감명을 받은 두 형제는 새로 들어온 서양의 종교를 이웃 친구들에게 전하기 시작하였다. 형 수봉은 아우와 의논하여 조상 대대로 이어져 내려온 제사를 드리지 않기로 하고 집안에 있는 신주 단지를 모두 깨뜨려 버렸다.

동리의 사당에 제사를 드리고 굿을 벌리는 토속신앙에 젖은 마을 사람들은 김수봉 형제가 기독교를 전파하자, 이들을 핍박하기 시작하였다. 심지어 마을 사람들은 이들에게 폭력을 행사하기도 하였다. 그러나 복음의 씨앗이 뿌려지기 시작하자, 이 마을에는 한 사람 두 사람씩 결신자가 생기고 김수봉의 집 사랑방은 예배장소가 되었다. 이 때 이곳 수안과 곡산 일대의 담당 선교사는 평양선교지부의 이길함 선교사였는데, 그는 이 마을에 들려 김수봉 형제의 교회 설립을 도왔다. 이 교회가 수안군 최초의 교회인 두대리 교회이

---

*이 글은 김요나 「순교자전기」 (대한예수교장로회 총회, 1994)에 의거하여 기술하였다.

다. 기주복 목사의 선친인 기형달은 기주복 목사가 태어나던 해에 김수봉 형제로부터 복음을 전해 듣고 기독교인이 되었다.

기주복 목사의 집안은 원래 황해도 금촌에서 살았으나 5대 할아버지가 수안군 곡천면 두대동으로 피난을 오면서 이 마을에 살기 시작하였다. 뒤주처럼 생긴 좁은 산중인 이곳 두대동에 피난 온 기씨 가족은 이 마을에서 4대에 걸쳐 살면서도 매번 외동아들만을 생산하여 집안이 번창하지를 않았다. 더욱이 기주복 목사의 할아버지는 술독에 빠져 살 정도로 술을 좋아하는 술꾼이었다. 아들 기형달은 마을 주막에 밀린 아버지의 외상 술값을 갚느라 늘 마음고생이 심했다. 그러나 기형달은 아버지에 대한 효심이 대단하여 아무런 불평 없이 아버지를 섬기며, 매사에 긍정적이고 따뜻한 마음을 가지신 분이었다. 김수봉 형제는 이런 기형달에게 예수의 복음을 전하였다. 기형달은 이들의 전도를 흔쾌히 받아들이고, 곧바로 마을 교회를 다니기 시작하였다. 집안이 대대로 무속신앙에 깊게 젖어있던 기씨 집안이 복음의 진리를 받아들였던 것이다. 아버지 기형달이 교회에 출석하기 시작한 1897년 그해 10월 6일 주일에 기씨 집안에 아들이 출생하였다. 기형달은 하나님께서 주일날에 복을 주셨다 하여 그 이름을 주복(主福)이라 짓고 하나님께 아들을 드리기로 서원하였다.

## 성장과정과 숭실학교 진학

어머니의 배속에서부터 찬송가를 들으며 태어난 주복은 가족 모두의 큰 기쁨이었다. 주복은 기씨 가문이 예수를 믿고 받은 하나님의 축복이었기에 할아버지는 감격하여 그 좋아하던 술도 끊었다. 이듬해 봄에 두대리 교회에 민노아 선교사가 방문하여 어린아이들에게 세례를 주었는데 그 때 주복도 유아세례를 받았다. 주복이 세 살 되던 해에 남동생이 태어나 주복의 형제들은 네 남매가 되었다. 4대째 독자로 내려오던 집안이 예수 믿고 하나님의 축복을 받아 집안이 번성하자 아버지 기형달은 이 자식들 가운데 첫째인 주복을 하나님 나라 사역에 바치겠다고 기도하였다. 어린 주복은 이런 아버지의 기도를 들으며 자라났다. 주일이면 예배당에 가 찬송가를 부르고 성경 이야기들을 들으며 자랐다. 주복은 일곱 살이 되자 마을에 있는 몽은소학교에 들어갔다. 이 학교는 보통학교 과정으로 평양선교부 소속의 마펫 선교사가 세운 근대교육기관이었다. 보통학교를 졸업하자, 주복은 상급학교에 진학하여 더 공부를 하고 싶었다. 그래서 아버지의 의사를 타진하였다. 당시 기형달은 돈독한 신앙으로 두대리 교회의 영수로 활동하여 있었고, 아들의 장래 문제를 놓고 하나님께 기도하고 있었다. 때 마침 순회전도차 두대리 교회에 온 허대선 선교사에게 아들의 진학문제를 상의하였다. 허대선 선교사는 주복을 평양숭실중학에 입학시킬 것을 권하였다. 이렇게 하여 허대선 선교사의 조언으로 주복은 1912년 3월 숭실중학에 입학하게 되었다.

[ 초기 숭실중학교사 ]

그러나 가정형편이 어려웠던 관계로 주복은 스스로 학비를 벌어서 충당해야만 했다. 당시 시골에서 농사를 지어 자녀의 학비를 댄다는 것은 부농이 아니고서는 감당할 수가 없었다. 당시 숭실중학은 1897년 배위량 선교사가 평양에 중등교육반으로 시작하여 1906년부터는 국내최초로 대학부를 설치하여 운영하고 있었다. 숭실중학 입학 후 주복은 4년 동안 선교사와 한국인 교사들로부터 근대학문과 기독교 신앙을 배웠다. 1916년 3월 숭실중학을 졸업하자, 주복은 곧바로 숭실대학 문과에 진학하였다. 숭실대학 2학년 재학

시절 주복은 곡산 새왕교회 김치영 장로 딸과 백년가약을 맺고 결혼을 하였다. 신부는 평양에 있는 숭의여학교 1학년에 다니던 김경애였다. 결혼 후 주복은 신부를 고향의 시부모님께 보내고 평양에서 혼자 대학을 다녔다. 주복은 학창시절 고학을 하느라 고생하였지만 아내의 격려와 도움으로 무난히 대학생활을 마칠 수 있었다.

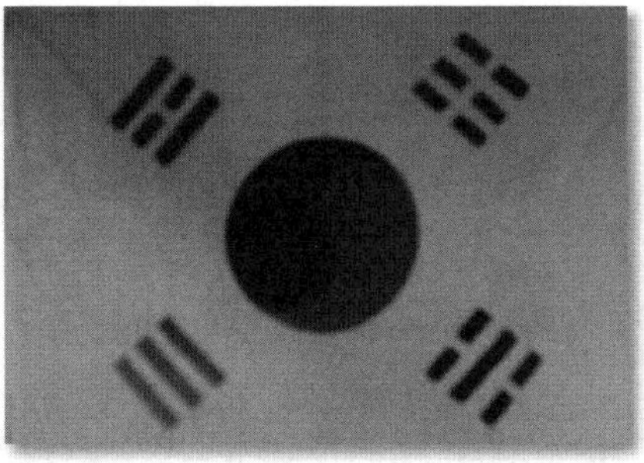

[ 1919년 3.1운동 당시 숭실교정에 있던 태극기 ]

## 숭실대학 졸업과 3.1운동 가담, 그리고 만주행

1919년 3.1운동은 거족적으로 일제에 항거하여 일어난 민족독립운동이었다. 평양의 독립만세운동은 장대재 교회당과 남산현 교회당에서 시작되었다. 숭실대학 교내에서는 며칠 전부터 학생들이 밤을 새우며 태극기를 그리고, 독립선언문을 등사하여 학생들이 거사 준비를 하고 있었다. 3월 1일 아침이 밝아오자 학생들은 평양시내로 진출하여 시민들과 더불어 대한독립만세운동을 전개하였다. 이튿날이 되자, 지방에서 평양으로 온 학생들은 일제히 각자 고향으로 돌아가 만세운동을 확산시키고자 하였다. 졸업식을 며칠 앞둔 주복도 고향 수안으로 돌아가 만세운동을 일으키기로 결심하였다. 주복은 고향 수안까지 120리 길이라 그 사이에 주재소가 여러 개 있었으므로 독립선언문 한 장을 접어 구두 안창 밑에 넣고 평양을 빠져나왔다. 고향에 도착한 그는 구두 안에 감추어 둔 독립선언문을 꺼내어 아버지에게 독립운동의 취지를 설명하였다. 이어 주복은 고향 옥천지역의 동지들을 규합하여 평양 만세운동의 소식을 전하고, 이 기회에 함께 독립만세운동에 참여할 것을 권하였다.

한편 3월 3일 이웃면에서는 천도교인들을 중심으로 만세시위가 벌어졌다. 군중들의 만세운동이 격해지자, 일본 헌병들은 군중을 향해 발포하였고, 이 과정에서 27명의 사상자를 내는 참사가 일어났다. 이 사건은 군 전체로 퍼져나갔다. 기복의 고향 옥천면에서도 만세시위가 장터에서 벌어졌다. 그러나 옥천면에서는 주복과 가까운 청년 하나가 주재소에 사전에 정보를 누설하여 경찰이 시위현장에 미리 잠복해 있다가 주동자들을 연행해갔다. 이 때 주복의 아버지 기형달 영수도 일경에 의해 붙잡혀갔다. 주복과 동생 주필은 시위 군중사이에서 간신히 빠져나와 산으로 도망쳤다. 주복은 동생과 함께 며칠 동안 산중에 숨어서 고통스럽게 며칠을 보냈다. 배가고파 더 이상 견딜 수 없게 되자, 야밤에 동리를 내려와 굶주림을 채우고 다시 산으로 돌아갔다. 남편은 경찰서에 연행되고 아들들은 산속에 숨어사는 험한 생활을 보다 못한 어머니는 주복에게 만주로 피신할 것을 권하였다. 주복은 어머니의 권면을 받아들여 동생과 함께 만주행을 결심하였다. 경찰의 눈을 피해 야음을 틈타 험한 산길을 걸어 평양으로 돌아온 주복은 동생과 함께 만주행 기차에 몸을 실었다. 일제 형사들이 기차의 복도를 지날 때마다 긴장이 엄습해 왔다. 그럴 때 마다 주복은 하나님께 진심으로 기도를 드렸다.

> 주님 만세 운동을 하다 미수에 쫓기는 몸이오니 모든 것을 주님께 맡깁니다. 살든지 죽든지 이제 후로는 하나님의 영광을 위해 살게 하옵소서!

도망자의 신분으로 압록강 철교를 지나갈 때에 비로소 긴장이 풀렸다. 그러나 만주도 안심할 곳이 못되었다. 여전히 일본인들이 조선인들에 대한 감시의 눈을 번뜩이고 있었으며 조선인 가운데에는 이중 첩자들이 동족을 괴롭히고 있었다. 주기복 형제는 만주 중에서도 조선인이 많이 살고 있다는 간도를 향해 갔다. 당시 간도는 숭실 출신의 동문들과 전국 각지에서 모여든 많은 젊은이들이 있었다. 그래서 간도는 일제의 억눌려 눈물 흘리는 조선 동포들의 피난처요 일제와 싸우기 위해 독립을 준비하던 곳이었다. 간도의 중심이라 할 수 있는 용정촌에는 조선인이 수만 명이 살고 있었다. 이 곳에는 고국의 독립운동을 위하여 후학을 양성하고자 이상설 지사가 세운 서전서숙을 비롯하여 은진 중학, 명신여학교, 대성중학, 동흥중학, 광명고등여학교, 영신 중학 등 수많은 학교들이 운영되고 있었다. 간도에는 3.1운동의 영향으로 무장독립투쟁을 위한 사관학교가 설립되었고, 이곳으로 수많은 인사들이 모여들었다. 기주복 형제가 이 곳에 도착할 당시 간도는 본국에서 피신해온 독립투사들은 일본군과 일전을 불사할 정도로 사기가 충천해 있었다.

[간도지역 기독교 인사들 ]

주복은 용천에 도착한 후 문재린 장로를 찾아 자신의 사정을 이야기 하였다. 문 장로는 당시 동명중학교의 교사였는데, 주복은 문장로의 주선으로 동교교사로 재직하게 되었다. 그러나 안타깝게도 이 때 주복의 동생 주팔이 긴

도피 행각으로 건강을 잃었고, 결국 그해 여름 장티푸스에 감염되어 하나님의 나라로 부름을 받았다. 동생의 죽음은 주복에게 엄청난 고통이었다. 형으로서 동생을 지키지 못한 책임감으로 여러 날 동안 식음을 전폐하였다. 막내아들의 죽음의 소식을 들은 고향의 어머니는 실신하였고, 정신이 돌아오자 아버지와 함께 곧바로 만주로 향하였다.

## 숭실 교사시무와 2년간 옥고

북간도에서 1년간 생활하는 동안 주복은 동생의 죽음으로 인하여 심한 정신적 고통을 당하였다. 더욱이 고향으로부터 어머니가 몸 져 누우셨다는 소식을 듣고, 그는 아내와 어린 자녀가 있는 고향으로 다시 돌아가기로 결심하고 귀국길에 올랐다. 용정의 동명학교 직원들과 학생들에게 마지막 인사를 하고 조선행 기차로 신의주를 거쳐 평양에 도착하였다. 급한 마음에 한달음에 고향 대정리 마을에 도착하였다. 그러나 주복이 고향 집에 도착한 후 얼마 지나지 않아 경찰이 집으로 찾아왔다. 3.1운동이 있은 후 1년이 지났지만 일제 경찰은 여전히 그 주동자 검거에 여념이 없었던 것이었다. 주복은 어쩔 수 없이 다시 고향을 떠나 아내와 어린 딸과도 이별해야 하는 신세가 되었다. 아들로 인하여 눈물로 세월을 지내던 어머니와도 이별을 해야 했다. 주복은 다시 평양으로 돌아왔다. 그는 숭실대학 시절 자신을 돕던 선교사를 찾아갔다. 며칠이 지나자 선교사로부터 소식이 왔다. 새 학기부터 숭실학교에서 교사로 학생들을 가르치라는 것이었다. 그러나 정식 교사가 되기 위해서는 경찰서의 신원조회라는 절차가 남아 있었다. 고향 경찰서의 신원조회 결과 주복은 3.1운동 당시 고향 옥천군 만세운동에 가담한 주모자로 판명되었다. 결국 형사들이 평양숭실학교로 찾아와 그를 연행해가는 사태가 벌여지게 되었다. 주복은 교실에서 학생들을 가르치다가 형사들에 의해 수갑이 채워진 채 연행되었다. 주복은 구류되어 조사 받는 동안 취조 형사에게 법 집행의 부당성을 지적하였다. 주복은 조선의 독립되었다고 하는 만세 행위가 잘못이 아니라, 남의 나라를 총칼로 빼앗은 일제의 행위가 부당하다고 주장하였다. 주복과의 논쟁에서 약이 오른 형사는 그를 지하실로 끌고 가 갖은 고문을 자행하고 폭행하였다. 재판에 송치된 주복은 결국 2년형을 선고 받았다. 그러나 주복의 2년의 옥살이는 일제에 대한 증오심을 더욱더 강화시켰고, 조국의 독립에 대한 염원을 강렬하게 만들었다. 비록 주복의 옥살이로 가족들의 마음고생은 심했으나 일제 경찰의 갖은 고문으로도 주복의 마음속에 있는 독립의 염원을 빼앗을 수는 없었다.

[평양 장로회 신학교 초기교사]

## 평양신학교 입학과 신학수업

주복은 2년의 옥고를 치른 후, 심신이 매우 쇠약해진 상태로 고향으로 돌아와 오랫동안 요양을 해야만 했다. 1924년 고향 유지의 소개로 곡산읍에 있는 삼락보통학교 교사로 취직하여 1년 동안 교편을 잡았다. 그러나 시골학교에서의 교편생활은 주복에게 삶의 위안을 주지 못하였다. 주복은 어린 시절부터 의사가 되는 것이 꿈이었다. 생각 끝에 일전에 한 선교사가 세브란스의학교에 입학하라는 권면이 생각이 나 그에게 편지를 보냈다. 상경하라는 편지를 받고 서울에 온 주복은 그 선교사를 만나 숭실대학 졸업 후의 자신의 삶에 대하여 들려주었다. 그러나 이야기를 다 듣고 난 선교사는 세브란스의학교 입학이 어렵다는 답변을 들려주었다. 이유인즉 3.1운동으로 옥고를 치른 전과자는 사상범으로 분류되어 의학교 입학이 불허된다는 것이었다. 대신에 그 선교사는 숭실대를 나왔으니 육신을 구하는 의사보다 영혼을 치유하는 목회자가 되는 것이 좋겠다고 하며 평양신학교 입학을 권하였다. 그러나 선교사의 권면에도 불구하고 주복의 실망은 컸다. 그는 한 번도 자신이 목사가 되어야겠다는 생각을 해보지를 않았었다.

고향으로 돌아온 주복은 오랫동안 실의에 빠져 하루하루를 보냈다. 그러다가 어느 날 무료함을 달래기 위해 성경을 읽다가 시편 42편 11절의 말씀 "내 영혼아 네가 어찌하여 낙망하며 어찌하여 내 속에서 불안하여 하는고, 너는 하나님만을 바라라…"에 커다란 충격을 받게 되었다. 자신의 처지와 현재의 마음의 상태를 표현한 말씀이었다. 이 때부터 주복은 성경을 창세기부터 읽어 내려가기 시작하였다. 마침내 주복은 하나님 앞에 무릎을 꿇고 〈내가 주를 의지 하나이다〉를 고백하게 되었다. 이 때부터 주복은 고향 마을 두대동의 뒷산 바위틈에 엎드려 하나님과의 대화의 시간을 가졌다. 하루의 대부분을 기도와 명상으로 보내던 주복은 어느날 일제의 핍박을 받는 암울한 시대에 하나님의 종이 필요하다는 음성을 들었다. 어린시절 하나님의 일꾼이 되라는 아버지의 서원기도를 잊고 지내던 주복이 하나님의 음성을 들은 것이었다. 결국 주복은 하나님의 부름에 응답하여 목회자가 되기로 결심하였다. 그리고 1925년 가을 노회에서 신학교 입학 추천을 받아 1926년 1월 평양신학교로부터 입학 허락을 받았다.

드디어 기주복은 1926년 4월 1일 평양신학교에 입학하였다. 그 해에 평양신학교는 개교 25주년을 맞는 뜻 깊은 해였다. 제 1대 교장 마펫의 뒤를 이어 1925년 제 2대 교장으로 나부열 목사가 취임하였다. 더욱이 주기복이 입학한 해는 그동안 선교사 교수들로만 구성되어 있던 신학교에 한국인 이성휘 목사와 김선두 목사가 강사로 출강하기 시작하였다. 주복은 4월 7일에 개최된 제 12회 학우회 정기 총회에서 편집부장으로 선출되었다. 신입생이었음에도 중책을 맡게 된 것은 대학출신 때문이기도 하였다. 주복은 신학교를 다니는 동안 공부만을 전념 할 수 없었다. 재정적인 문제로 교회사역과 공부를 병행하였다. 그러나 이마저도 여의치 않아 2학년 때에는 1년을 쉬었다. 이런 가운데 주복이 1928년에 복학을 하고 난감한 문제를 경험하게 되었다. 숭실대학 1년 후배인 박형룡이 미국에서 철학박사학위를 받고 돌아와 교수로 부임하게 된 것이다. 지난 몇 년 동안 만주 간도와 형무소 생활로 보내는 동안 후배가 교수가 되어 돌아온 것이다. 주복은 신학교 다니는 동안 후배의 강의를 들어야 하는 난감한 상황으로 자존심에 적지 않은 손상을 입었다. 그러나 이 또한 하나님의 오묘한 섭리로 받아들이는 겸손함을 신학교 기간 동안 배우기도 하였다. 주복은 드디어 1932년 3월 6년 동안의 긴 신학교 교육을 마치고 제 27회로 평양신학교를 졸업하였다.

## 목회사역과 재혼, 그리고 투옥

기주복은 평양신학교를 졸업한 후 1932년 4월 8일에 평양서문밖 교회당에서 정태희, 김전호, 노영선 등과 함께 목사 안수를 받았다. 목사 안수를 받은 기주복 목사는 새로운 목회지를 찾아야했다. 마침 고향 대정리 교회의 담임목사인 김수봉 목사가 연로하여 은퇴를 하자 교인들이 기 목사를 청빙하기로 결의하였다. 기 목사는 고향 교회의 성도들이 자신을 담임목사로 부르자, 고향을 위해 헌신하겠다는 마음으로 청빙에 응하여 담임목사로 부임하였다. 그러나 기 목사는 고향 교회에 부임한지 얼마 되지 않아 사랑하는 아내를 잃는 아픔을 겪었다. 1936년 여름 아내가 장티푸스에 감염되어 1남 2녀를 둔 채 하나님 나라로 부름을 받은 것이다. 기목사는 동생에 이어 아내를 잃는 커다란 슬픔 속에서도 하나님의 위로에 의지하여 목회사역을 감당하였다.

고향에서의 목회는 잘 진행되었다. 대정 교회가 35년의 전통과 역사를 지닌 교회이기도 했지만, 기 목사는 말씀전파, 성경읽기와 기도를 목회의 3대원칙으로 정하고 교인들의 삶을 신앙적으로 인도하였다. 이러한 기 목사의 목회방침으로 교회는 영적으로 크게 성장해 나갔다. 기 목사는 이웃교회들과의 연합에도 힘을 써 시찰의 연합행사를 주도하기도 하였고, 교역자가 없는 여러 교회들의 임시당회장 역할도 감당하였다. 거리가 이십리, 삼십리 멀 때는 50리 밖에까지 걸어서 교역자가 없는 교회와 교인들을 돌보았다. 그러나 고통스러웠던 것은 독립운동으로 형무소에 다녀온 기 목사를 일제의 경찰들이 요시찰 인물로 정하고 감시를 계속해오고 있었다는 점이었다.

기주복 목사가 아내를 하늘나라로 보내고 2년이 흘러가자 바쁜 목회생활을 내조할 사모의 필요성이 교회 내에 대두되었다. 평양여자고등성경학교에 다니는 여동생의 소개로 숭의학원의 사감으로 있는 여전도사를 만나게 되었다. 이 여전도사의 이름은 김금화로 고향은 황주였으나 자란 곳은 황해도 봉산군이었다. 그녀는 선천 보성여자중학을 나오고 전도사가 되겠다고 평양으로 올라와 1933년 평양고등여자성경학원에 입학하였다. 3년을 공부한 후 조교로 있으면서 많은 여학생들을 가르치다 숭의학원 사감 겸 성경교사로 자리를 옮겼다. 기 목사는 선을 보고 곧바로 청혼을 하여 고향의 동리 사람들의 축복 속에 결혼식을 거행하였다. 김금화 사모는 시부모를 모시며 여전도회 지도와 교인의 가정을 기 목사와 함께 심방하였다. 김금화 사모는 가정 일에 있어서도 혼신의 힘을 다하여 전처 소생의 3자녀들을 자신이 낳은 자녀처럼 정성스럽게 양육하였다.

기주복 목사는 1939년 초 고향 대정교회 목회를 사임하고 봉산군의 계동교회로 이임하였다. 봄이 되어 봉산 인근의 여러 교회들이 정방산 성불사 밑에서 연합야외예배를 드리게 되었다. 기 목사는 예배의 설교목사로 평양 서성리교회 강병석 목사(강양욱 목사 삼촌)를 모셨다. 이 날 예배순서는 심촌교회 백승근 목사, 당포교회 왕계준 목사 그리고 계동교회 기주복 목사 등이 맡았다. 예배를 드린 후, 교회별로 조를 짜 오락회와 간단한 운동회를 개최하였다. 모든 순서가 끝나고 기왕에 사찰에 왔으니 성불사 경내를 구경하자는 강병석 목사의 제안으로 모두 성불사로 올라갔다. 그런데 얼마 후 먼저 올라간 강병석 목사에게 이곳 승려가 천황 사진에 경배할 것을 요구하여 시비가 붙었다. 이 싸움은 강병석 목사가 떠날 시간이 임박하여 먼저 하산하자 주기복 목사와의 사이로 번져갔다. 결국 말다툼은 주 목사와 교인들이 사찰을 떠남으로 끝났다. 그런데 5일 후에 문제가 발생하였다. 성불사의 승려가 황주군 경찰서에 기 목사를 고발을 한 것이었다. 기 목사는 갑자기 들이닥친 형사들에 의해 경찰서로 붙들려가 취조를 받게 되었고, 형무소로 송치되기까지 8개월 동안 경찰서에 붙들려 있었다. 취조 기간 동안 기 목사에게 뚜렷한 죄목을 찾지 못하자, 형사들은 기목사에게 갖은 고문을 자항하였다. 이 소식을 들은 거슬포교회 배명준 목사가 자초지정을 파악하고 기 목사 석방운동을 전개하였다. 배 목사는 평양으로 올라가 기 목사의 숭실대 동창이요 조만식 장로의 사위인 변호사 정재윤 장로를 찾아가 사건을 의뢰하였다. 정 장로가 사리원 경찰서에 내려와 사건의 내용을 알아본 결과 기 목사는 천황불경죄로 취조를 받고 있는 것이었다. 일제시대 천황불경죄는 다른 죄목과 달리 불구속이나 무혐의로 뺄 수 없는 죄목이었다. 정 장로는 김금화 사모에게 이 사실을 알리고 옥살이를 살 수 밖에 없음을 설명하였다. 결국 기 목사는 2년의 실형을 언도받아 해주 형무소에서 옥고를 치렀다. 기 목사는 훗날 자신이 3.1 만세운동으로 전과 기록이 있음으로 2년형이 선고되었다고 회고하였다. 일제 식민치하에서 기 목사는 두 번에 걸쳐 핍박과 식민지 백성의 설움을 경험한 것이었다. 그러나 이런 시련은 기 목사를 더욱 신앙으로 단련하여 훗날 더 혹독한 환란을 견디는 힘을 지니게 하였다. 비록 감옥에 있었으나 황동노회는 1940년 제 2회 노회에서 기 목사를 노회 부서기로 선임하여 그의 신앙에 대한 존경과 선임 목사로서의 예우를 다하였다.

### 겸이포 대동병원 원목사역

기주복 목사가 2년 동안 옥고를 치르는 동안 계동교회의 교우들은 한 달도 거르지 않고 계속 생활비를 사모에게 전달했다. 교회의 설교는 신학교에 다니는 기 목사의 친척 중 한 분이 맡아서 수고하였다. 그러나 감옥에서 석방된 후 기 목사는 두 살 된 어린 딸을 홍역으로 잃는 슬픔을 경험하였다. 기 목사 부부는 처음으로 겪는 자녀와의 이별의 슬픔을 신앙으로 위로하였다. 일제는 1940년대에 들어와 태평양 전쟁을 일으켜 군수물자를 조달하고자 한국인들에 대한 수탈과 감시를 더욱더 강화하였다. 기 목사와 같이 요시찰 인물로 분류된 사람들은 경찰서 정보계로부터 항상 일거수일투족을 감시당하였다. 어느 날 기 목사를 감시하던 경찰 주재소 소장이 찾아와 계동교회를 그만두고 이 지역을 떠날 것을 요구하였다. 결국 기 목사는 강압에 의해 어쩔 수 없이 계동교회를 사임하고 겸이포 중앙교회의 이승길 목사의 소개로 겸이포 대동병원의 원목으로 이임하였다. 기 목사는 황주군의 겸이포읍에서 원목으로 봉사하면서 1년 세월을 보냈다. 안타깝게도 기 목사는 1944년 말 어린 딸에 이어 아들을 하나님 나라로 보내게 되었다. 기 목사 부부는 두 자식을 잃은 슬픔에 그 고통은 이루 형언할 수 없었다. 기 목사 부부는 식민지 백성의 고통에 더하여 자식을 먼저 보내는 아픔을 함께 겪었던 것이다. 그러나 일제의 식민통치는 이제 막바지에 이르고 있었다. 겸이포에서 기 목사는 어수선한 시국을 보내며 하나님의 도우심과 역사를 기도하며 새로운 세상을 기다리고 있었다.

### 해방과 공산당의 진출

1945년 8월 15일 일제의 식민통치에서 해방되었다. 해방이 되자 기 목사는 하루아침에 영웅이 되었다. 두 번씩이나 일제로부터 핍박을 받아 옥고를 치른 애국자였기 때문이다. 해방을 맞아 건국을 위한 여러 단체들이 생겨났고 기 목사는 단체의 장이나 고문으로 추대되었으나, 성직자 신분이었음으로 사양하였다. 그러나 기 목사는 자주 군중집회나 회의의 연사로 초청되어 시국강연을 하였다. 기 목사의 활동은 황해도 봉산군, 황주군, 수안군, 곡산군에 이르기까지 광범위했다. 당시는 해방 직후라 치안이 매우 불안하였고 무법천지나 다름없었다. 고향인 수안군에서는 치안대 대장이 기 목사에게 그곳의 군수로 와 달라는 요청까지 해왔다. 당시 북한 지역은 산정현 교회 조만식 장로가 주도하는 평남건국준비위원회가 세워지면서 군 지역까지 조직을 확대하고 있었다. 더욱이 일제 말기 증경총회장을 지닌 김응순 목사는 기 목사에게 함께 일하자고 제안하였다. 기 목사는 정치를 할 생각이 추호도 없었다. 그러나 이런 와중에 기 목사의 동생이 찾아와 수안군의 유지들이 지도자가 되어주기를 간절히 바란다고 전하였다. 동생의 요청에 어쩔 수 없이 인사차 수안군을 방문한 기 목사는 그곳에서 군민들과 유지들의 강권으로 군 위원장(군수)에 추대되었다. 그는 어쩔수 없이 당분간 군민들을 위해 일하게 되었다. 기 목사는 8개월간 수안군 위원장으로 있으면서 군내의 치안을 바로잡고 민심을 수습하였다. 특히 소련군은 북한전역의 물자를 징발하여 소련으로 가져갔는데 기 목사는 군청창고의 곡물탈취를 단호히 거부하였다. 그러나 공산당이 전국의 행정조직을 장악하면서 기 목사도 군 위원장직을 그만두었다. 기 목사는 겸이포로 돌아오는 길에 곡산읍 교회 장로들의 간청으로 곡산교회 담임 목사로 부임하게 되었다. 그러나 북한전역은 이미 무신론을 주장하는 공산당 세력이 장악하기 시작하였다.

기주복 목사는 곡산읍 교회에 부임한 후 전임자 조택수 목사가 소련 병사들과 어울려 사냥을 했다는 이유로 교회를 사임한 사실을 알게 되었다. 조택수 목사는 신사참배를 가결한 27회 총회부터 3년간 총회 부서기로 있었으며 1941년 30회 총회에는 회록서기로 31회는 서기를 역임한 목사였다. 해방 후 1년이 지난 1946년 사냥사건이 터지자 교회를 사임한 것이었다.

1946년 정국은 남북한이 모두 단독정부 출범이 확실시 되어가고 있었다. 북한지역은 곳곳마다 민주진영과 공산진영으로 나뉘어 무력시위와 공방전이 전개되고 있었다. 특히 북한지역에서 기독교 세력과 공산세력의 대결은 1946년 11월 3일에 치른 총선으로 그 절정에 이르렀다. 공산진영은 기독교진영을 시험하고자 일부러 주일에 총선을 치르고자 하였고, 기독교세력은 주일에 치러지는 선거에는 참여할 수 없다고 불참을 선언하였다. 곳곳에서 공산당과 마찰이 일어났다.

곡산읍 교회의 담임인 기 목사는 공식적으로 주일에는 선거에 참여할 수 없으나, 그날 자정이 지나면 참여할 수 있음을 표명하였다. 주일날 예배가 끝나고 오후가 되자 공산진영으로부터 선거에 참여하라는 독촉이 빗발쳤다. 그러나 기목사는 자정이 지나서야 투표소에 갔고, 이미 개표까지 완료되었다는 소식을 듣고 집으로 돌아왔다. 이튿날이 되자 선거에 불참한 곡산읍 교회 기 목사를 성토하는 대회가 청년회와 부녀회의 이름으로 개최되었다. 분위기가 험악해지자 교회 집사 한사람이 기 목사에게 피신할 것을 권하였다. 그러나 기 목사는 이를 거부하였다. 그 날 밤 군중들이 기 목사의 집을 에워싸고 이승만, 김구 타도를 외치고, 신탁통치지지 구호를 연호하였다. 사방에서 돌멩이가 집으로 날아오고 문과 벽이 부서졌다. 기 목사의 사모는 돌에 맞아 죽을까 싶어 다급하게 하나님께 기도를 드렸다.

며칠이 지나고 기 목사의 큰 아들이 장가를 들어 친척들이 함께 기목사의 집에 있게 되었다. 밤이 되자 기 목사의 집으로 돌멩이가 비 오듯 날아왔다. 집은 거의 부서져 내렸고 친척들 가운데 몇 명은 부상을 당하여 병원으로 옮겨가기도 하였다. 나머지 사람들은 기 목사 사모의 기지로 이불을 뒤집어쓰고 있었다. 이 때 폭도들이 갑자기 안방으로 뛰어 들어와 이불에 피신해 있던 기 목사를 찾아내 밖으로 끌고 나갔다. 내무서로 끌려간 기 목사는 그 다음 날이 되어서야 석방되었다. 당시만 해도 다행히 북한 전역에 민주인사들이 있어 기 목사가 석방될 수 있었다. 사택에 돌아온 기 목사는 사택 파손에 대한 변상을 공식적으로 제기하였다. 법원이 폭도들에게 사택파손에 따른 변상을 판결하였으나 금액이 커 결국 교회가 집을 수리하고 마무리 지었다. 곡산에서 공산당 폭도들에 의한 기 목사 습격사건은 이후 공산진영과 앙금으로 남아 6.25 직전 기 목사의 납치사건의 원인이 되었다. 기 목사는 북한 지역에 공산당이 기독교 진영을 탄압하는 어려운 상황 속에서도 곡산읍교회에서 성경학교 교장직을 수행하는 등 목회사역을 계속해 나갔다.

[ 김인준 목사 ]

1947년이 되면서 공산당의 만행은 극에 달했다. 목회자들은 정치 보위부원들에 의해 감시를 당해야 했고 교역자들의 예언자적 목소리는 잦아들어갔다. 그러나 기 목사는 공산당의 탄압에도 굴하지 않았다. 그는 서릿발 같은 일제의 탄압에도 굴하지 않고 저항했다. 공산당의 탄압이 갈수록 더해지자 기 목사는 이미 공산당에 맞서 생명을 바칠 각오가 되어 있었다. 그는 순교의 각오로 하나님께 기도를 드렸다. 기 목사는 갈보리 산상으로 십자가를 지고 가신 예수님처럼 고난을 당할 준비가 되어있었다. 공산주의자들은 체제를 비판하던 목사들을 아무도 모르게 연행해가기 시작했다. 다수의 목회자들이 탄광으로 시베리아로 끌려가 돌아오지를 못했다. 숭실학교 출신의 김인준 목사와 김철훈 목사도 그들 가운데 한 사람이었다.

이듬해인 1948년 8월 15일에 남한에서 단독정부가 수립되었다. 북한도 곧바로 9월 9일 조선인민민주주의공화국을 건립하였다. 1949년이 되면서 이제 이북에는 남아있는 민주인사는 거의 없었다. 그 해 3월 23일 새벽기도회를 마치고 돌아오던 기 목사의 사모는 집 마당에 떨어져 있는 커다란 봉투하나를 발견하였다. 얼른 주워서 열어보니 거기에는 끔직스런 칼 모양을 그린 그림과 25일까지 떠나지 않으면 죽이겠다는 협박 편지가 들어있었다. 곧이어 들어온 기 목사가 그 봉투를 보자, 그는 내용은 보지도 않고 쓰레기통에 버렸다. 25일이 지나고 30일이 되면서 인근의 백년 광산에서 끔찍한 소문이 들려왔다. 100리 밖에있는 백년광산 노무자 23명이 단체를 조직하여 기 목사를 죽이기 전에는 밥을 먹지 않겠다는 결의를 하였다는 것이다. 그러나 기 목사는 전혀 개의치 않았다. 하루는 곡산읍에서 5리 쯤 되는 마을 여인숙에서 백년광산 광부 21명이 기 목사를 죽이고자 모의하고 있으니 빨리 피하라는 연락이 왔다. 당시 기 목사는 더 이상 물러설 곳도 없었다. 사모는 기 목사에게 피신을 권하였다. 그러나 이미 기 목사는 일제시대 부터 순교를 각오한 터였다. 이날 밤 광산의 폭도들은 기 목사를 처단하기 위해 곡산읍을 행해 출발하고자 하였으나 갑자기 불어 닥친 천둥번개와 소낙비로 실행에 옮길 수가 없었다. 하나님께서 폭도들의 가는 길이 선하지 못함을 보시고 천둥과 번개로 길을 막으신 것이었다.

1949년 4월 봄 노회에서 기 목사는 황동노회의 노회장으로 피선되었다. 그 해에 5월 9일에는 기 목사는 아들이 태어나는 기쁨을 맛보기도 하였으나 아버지 기형달 영수가 81세의 일기로 하나님 나라로 부름을 받았다.

## 기주복 목사 납치와 가족들의 피난

1950년 6월 24일 곡산읍에는 비가 내리고 있었다. 밤 11시쯤 우체국에서 배달원이 평양에서 왔다는 전보를 한 장 들고 대문을 두드렸다. "차사고 중태 속래, 평양"이라는 전보였다. 기 목사 부부는 큰 아들이 평양에 살고 있어 여러 걱정을 하며 아침을 기다렸다. 다음 날이 마침 주일이라 새벽 기도회를 마치고 수석장로에게 주일예배인도를 부탁하였다. 사택으로 돌아온 기 목사는 평양에 갈 준비를 하고 있는데 지난 밤 전보를 가지고 온 그 청년이 또 나타나 우체국에 장거리 전화가 왔으니 빨리 와서 받으라는 것이었다. 기 목사의 사모는 목사님에게 밥 상을 차려드리고 우체국으로 향하였다. 우체국을 가기 위해서는 보위부 건물과 내무서 건물을 지나야 했다. 내무서 건물을 지나려하자 내무서원이 사모의 길을 막고 나섰다. 그는 사모를 데리고 어느 골목으로 들어가 어디를 가는지 평양에는 누가 있는지 가정에 대한 정보를 캐기 시작하였다. 한참이 지나서야 내무서원은 기 목사 사모를 놓아주었다. 사모가 우체국으로 간 사이 그 청년은 다시 사택으로 가 기 목사에게 전화가 끊어질지도 모르니 빨라 와서 받으라고 독촉을 하였다. 기 목사는 그 청년의 말을 듣고 우체국으로 향하였다.

얼마 후 그 청년은 쪽지 하나를 들고 기 목사 사모에게 전해주었다. 급히 쓴 그 쪽지에는 "오늘 주일 예배는 장로님들 하고 상의해서 드리도록 하시오, 나는 마침 평양 가는 차편이 있어 갑니다"라고 쓰여 있었다. 그 밑 줄에 지워진 글이 있어 기 목사의 사모가 태양 쪽으로 향해 자세히 보니 "후일을 기다리고 기도하시오"라 적혀 있었다. 기 목사의 사모는 어젯밤부터 전보를 보내고 아침에 전화를 받으라고 한 일련의 사건이 모두 꾸며낸 연극임을 직감할 수 있었다. 6.25 전쟁을 하루 앞둔 날 정치보위부에서 체제에 비판적인 인사들에 대한 예비검속을 실시한 것이었다. 이렇게 해서 기주복 목사는 공산당들에 의해 전격적으로 피납 되었다. 이후 기주복 목사의 모습은 그의 가족을 비롯한 그 누구도 볼 수가 없었다. 전하는 이야기에 의하면 북한 공산당은 이북 전역에 있는 교역자들과 제직들을 이렇게 전쟁이 나기 전에 붙잡아 억류하고 그 해 10월 18일 평양에서 후퇴하면서 대동강변에서 모두 총살해 버렸다는 것이다. 기주복 목사는 이렇게 순교한 이들 가운데 한 분이었던 것이다. 이 때가 기주복 목사의 나이 54세였다.

기 목사가 사라진 후 공산당 조국전선 서기장이 나타나 교인들에게 시국강연을 한다고 모두 모이도록 하였다. 사택에 모인 교인들을 향해 그는 오늘 새벽 미명에 남조선 괴뢰군이 북한을 침략하여 위대한 인민군이 이를 격퇴키 위해 남조선을 공략하고 있다고 통보하였다. 6.25전쟁의 소식을 전한 것이었다. 이후 기 목사 사모는 국군과 유엔군이 다시 전열을 가다듬어 북한지역을 수복한 후, 중공군의 개입으로 1.4후퇴를 시작하자 가족들을 이끌고 서울로 피신하였다. 그녀는 영락교회 한경직 목사와 강신명 목사의 도움을 받아 자녀들을 데리고 제주도로 피난한 후 다시 부산으로 돌아왔다. 부산에 도착한 사모는 이 곳 다비다 모자원에서 전도사로 봉사하였다. 이 무렵 부산에는 순교자 부인들 중심으로 순혜원이 발족되었다. 평양산정현 교회 김철훈 목사 사모를 중심으로 시작된 순혜원은 부산에 있는 순교자 미망인들로 구성되어 주위로부터 후원을 받았다. 김금화 사모는 이 순혜원에 등록하고 자녀들을 키우며 순교자의 아내로서 모범을 보였다. 1953년 휴전이 되고 서울로 올라온 김금화 사모는 순혜원의 간사직을 맡아 수고하였고, 신광교회 전도사로 복음의 사역을 감당하다 65세의 나이로 은퇴하였다. 기주복 목사의 자녀들 가운데 아들 기현두는 아버지를 이어 목사가 되어 새문안교회 부목사와 상계동에서 새온교회 목사로 시무하였다. 딸 은실은 연동교회 권사로 있으며 아버지의 사역을 이어가고 있다.

[ 용인순교자기념관내 기념비 ]

## 참고자료

김요나, 『순교자 전기』 (대한예수교장로회총회, 1994)

김수철, 『순교열전』 (서울 : 한국 기독교 순교자 유족회, 1994)

# 김관주

## 숭실의 순교자

10명의 숭실 순교자들의 삶과 순교 이야기

# 김관주

## 숭실대학에서 동지사 대학으로

김관주는 일제가 본격적으로 동북아를 손에 넣기 위하여 러일 전쟁을 진행하고 있던 시기인 1905년 9월 25일에 평안남도 안주군 안주읍 미상리에서 장남으로 태어났다. 아버지 김현하는 교회 장로였고 어머니 김정숙은 권사였다. 원래 김관주의 집안은 믿음의 가정이 아니었다. 대대로 성리학을 중시하며 유교를 따르던 가문이었다. 그러나 그의 어머니가 신앙을 가지고 시집을 와 지극정성으로 기도하고 전도하여 온 가족이 교회에 다니게 되었다. 시집오기 전부터 신실한 신앙이었던 김정숙은 새벽마다 산에 올라가 남편과 자녀의 구원을 위해 기도를 하였고 나이가 든 후에도 새벽 기도는 지속되었는데, 날씨가 좋지 않을 때 조차도 하루도 빠짐없이 새벽 산으로 올라가 기도를 드렸다고 한다.

또한 김정숙 권사는 성경 말씀에 따라 주일 성수를 철저히 지키는 신앙생활을 유지하였다. 그러다 보니 집안의 일꾼들에게도 주일에는 농사일을 하지 못하게 하여 모두 쉬게 되었다. 그럼에도 불구하고 추수 때에는 항상 곡식이 차고 넘쳤다. 또한 김정숙은 성서의 가르침에 따라 자녀들을 가르쳤는데, 예를 들어 자녀들에게 어떤 상황에서도 절대로 거짓말을 하지 않도록 교육시켰다. 이런 어머니의 기도와 삶으로 인해 남편을 비롯한 온 가족이 신앙을 갖게 되었으며 자녀들 역시 어머니의 본을 따라 분명하고 철저한 신앙생활을 하게 되었다. 김관주도 이런 어머니의 신앙의 본을 받으며 성장하였다.

김관주는 중학교를 마친 후 숭실대학에 진학하여 학업을 하게 되었다. 그곳에는 여러 선교사들이 교수를 담당하고 있었는데 김관주는 공부도 잘했을 뿐만 아니라 이들과 친분이 두터워 많은 사랑을 받으면서 학교에 다녔다. 그리고 선교사들의 도움을 받아 졸업 후 일본으로 유학을 떠나게 되었다. 그러나 신학을 공부하러 간 것은 아니었다. 그는 법학을 공부하고자 했으며 이에 교토에 있는 동지사 대학으로 갔다. 동지사 대학은 일본의 명문 사립대학으로 후에 윤동주 시인도 수학한 학교이다. 그러나 김관주는 학업 도중에 전공을 법학에서 신학으로 바꾸고 동경신학대학으로 편입하였다. 이는 아마도 법학을 공부하고 귀국하면 독립 운동을 하는 동족들을 구속하거나 재판을 해야 할 경우가 발생할 수 있다는 점 그리고 민족을 암흑과 고난에서 구할 수 있는 것은 오히려 하나님과 기독교 신앙일 것이라는 생각 때문이었을 것이다.

[ 일본 동지사 대학교 ]

법과를 중퇴하고 새로 신학을 공부하기 시작할 즈음에 그는 자신의 목회의 길을 안내해 줄 한경직 목사(후에 영락교회 목사이자 서울에 숭실대 재건을 주도한 목사)를 그곳에서 만나게 된다. 한경직 목사는 도미 후 프린스턴 신학교에서 수학하였는데 이제 학업을 마치고 귀국하기 전 일본을 들렀다가 김관주를 만나게 되었다. 이 때 김관주는 일본에서 의대를 나온 여의사 유춘택과 결혼해서 살고 있었다. 한경직 목사는 젊고 패기 있는 김관주가 마음에 들었다. 그리하여 그는 자신이 신의주 제이교회에 담임목사로 청빙 받았을 때 김관주를 떠올렸고 그를 부교역자로 청빙하고자 일본에 연락을 넣었다. 김관주는 한경직 목사의 초청을 수락하였고, 이에 1938년 가족과 함께 신의주로 건너와 제이교회에서 부목사로 목회를 시작하였다. 그 때 일을 회상하며 한경직 목사는 아래와 같은 글을 남겼다.

> 그래서 나는 김관주 전도사를 소개했다. 김전도사는 본래 일본 동경 일본신학교 (동경신학대학의 전신) 출신으로 내가 미국에서 나오는 길에 동경에 들러서 알게 된 사람이다. 김전도사는 일본에서 의학전문을 나온 여의사 부인과 함께 난지 얼마 안 된 아들(지금 합동신학교 교수인 김명혁 박사)과 함께 부임했다. 원래 일본신학교 학생들은 목회경험이 별로 없어 설교도 심방도 가르치는 일도 별로 시원치를 못해 그 후 노회에서의 계속청원을 교회가 거부하여 갈 곳이 없게 되었다. 책임을 느낀 나는 당회와 제직회를 열고 제이교회 부목사로 청하려 하자, 그 석상에서 청하게 된 경의를 설명들은 제직들도 불원이었고 장로들도 침묵을 지키고 있어 실로 난처하게 되었다. 그때, 지금까지 말이 없던 김기범 장로가 말했다. 원목사를 청하는 것이 아니고 부목사를 청하는 이상 이것은 원목사의 의견을 따르는 것이 교회에도 실수 없고 덕이 됨을 역설하게 되어 모두들 의견을 받아들여 김목사가 제이교회로 부임하였다. 교회는 사택도 마련해주고 부인이 의사였기 때문에 병원도 마련해주어 애린의원이란 간판을 걸고 의료사업도 잘 했다. 일 년이 지난 후 김목사는 열심히 교회를 받들어 섬겨 유능한 설교자가 될 뿐 아니라 원래 장자의 풍이 있는데다가 강직하고 진실하고 능력도 있어서 일제 말기 때 당국과의 마찰에서 교회의 어려움을 잘 해결해서 교인들의 환영을 받았고 미일전쟁이 일어난 직후 내가 미국 출신이었기 때문에 교회를 돌보지 못하게 되자(1942년경), 그 뒤를 김목사가 맡아 평북교계

를 이끌고 나가는 중심인물이 되었다.

부임 초기와 달리 시간이 지나면서 김관주는 설교와 목회에서 두각을 나타내었다. 더구나 한경직 목사가 일본 당국의 요주의 인물이 되어 감시를 받다가 급기야 설교권을 중지 당하게 되자 그를 이어 김관주 목사가 설교의 책임을 지고 수행하게 되었다. 그는 카랑카랑한 목소리의 강한 어조로 명령형이면서도 호소력이 있는 설교를 교인들에게 전하였다. 그리고 항상 예배 시작 30분전부터 강단 옆에 있는 조그만 방에서 기도와 묵상으로 예배와 설교를 준비하였다. 그 당시 그가 설교에서 자주 애용하던 성경 구절은 그 시대의 상황을 나타내는 동시에 자신의 심중을 내비치는 것들이었다. 예를 들어 그가 종종 인용하던 구절들은 다음과 같았다.

> "네가 장차 받을 고난을 두려워 말라 볼찌어다 마귀가 장차 너희 가운데서 몇 사람을 옥에 던져 시험을 받게 하리니 너희가 십일 동안 환난을 받으리라 네가 죽도록 충성하라 그리하면 내가 생명의 면류관을 네게 주리라"(계2:10).

> "이것을 너희에게 이름은 너희로 내 안에서 평안을 누리게 하려함이라 세상에서는 너희가 환난을 당하나 담대하라 내가 세상을 이기었노라 하시니라"(요16:33).

> "오직 성령의 열매는 사랑과 희락과 화평과 오래 참음과 자비와 양선과 충성과 온유와 절제니 이 같은 것을 금지할 법이 없느니라"(갈5:22-23)

또한 찬송가 중에서 "환난과 핍박 중에도"(336장), "주안에 있는 나에게"(370장), "삼천리 반도 금수강산"(371장) 등은 그가 자주 선택하여 부르는 애창 찬송가이었다. 이러한 목회의 모습을 견지하면서 그는 이 교회에서 9

년 동안 부목사와 담임 목사로 섬겼다.

### "나는 이 땅의 임금의 비위나 맞추는 종교 상인이 아니다"

신의주 제이교회에서 봉직하는 동안 그는 일본 당국의 감시와 탄압에 늘 직면하였다. 그런 상황 하에서도 그는 민족의 정신과 얼을 지키려고 하였다. 목회나 설교에 있어 그는 가급적 일본말을 사용하지 않았다. 일본에서 유학을 하였기에 일본어를 유창하게 할 수 있었지만 의도적으로 발음이나 문장 표현을 부자연스럽게 하였고, 기회가 있을 때마다 한국말로 설교와 기도를 하였다. 또한 옷차림은 언제나 한복이었다. 당시 대부분의 한국인들은 집 밖을 나설 때 양복과 구두를 착용하던 때였다. 또한 일제 말기가 되면서 일본은 목사들에게도 일본군 복장과 유사한 국민제복을 입으라고 요구하였다. 그러나 김관주는 한복을 항시 입었으며 주례나 심방할 때에도 언제나 두루마기와 고무신을 신고 다녔다.

[ 한복 두루마기를 입은 김관주 목사와 그의 가족 ]

그러나 의복과 언어 사용 문제는 이렇게 처신하였지만 신사 참배 문제는 해결하기가 쉽지 않았다. 일본이 태평양 전쟁을 본격화하면서 신사 참배를 이전보다 더욱 강력하게 요구하였기 때문이다. 이러한 강압에 한국 교회는 계속 반대를 표하였지만 결국 1938년에 일제의 강요에 굴복하고 말았다. 그 해 2월 9일 김관주가 소속된 장로교 평안북도 노회를 첫 시작으로 교회는 신사 참배를 국가 의례로 인정하고 따르기로 결정하였다. 그러나 김관주의 강직한 신앙은 일본의 강압적인 신사 참배 요구를 용납할 수 없었다. 일제는 김관주가 일본 유학파라 일본에 더욱 협조할 것을 요구하였지만 그의 마음은 단호했다.

> 내가 일본 유학을 했다하여 일본통으로 몰아 협조하라고 하면서 신사참배까지 강요하는데, 그건 안됩니다. 나는 하나님의 대명을 받은 하나님의 사자이지, 땅의 임금의 비위나 맞추며 아부할 종교 상인은 아닙니다. 차라리 형벌을 받아들임으로써 당신들의 요구에 응하고자 합니다.

그가 신사 참배를 이렇게 거부하자 일제는 그를 신의주 감옥에 1년 8개월간 투옥시켰다. 그럼에도 그는 신사 참배를 하면서 감옥 밖에서 사는 것보다는 신앙을 지키며 감옥 안에 있는 것이 더 낫다고 생각했다. 감옥에 갇혀 있는 이때를 기억하면서 그의 아들 김명혁 목사는 다음과 같이 회상하였다.

> 신의주 감옥에 갇혀 계시던 아버지를 뵙기 위해 어머니와 여동생과 함께 감옥을 찾아가곤 했다. 아버지는 일제의 신사참배 강요에 한 치의 양보도 없이 절대 반대하다가 감옥에 투옥되었기 때문이었다. 대부분의 경우 우리는 아버지를 직접 뵙지 못하고 감옥 담장 밖에서 목소리를 돋우어 노래를 부르거나 소리쳐 아버지를 부르곤 했다. 그때 나는 감옥에 계신 아버지가 들으시라고 목소리를 돋우어 "뜸북뜸북 뜸북새 논에서 울고 뻐꾹뻐꾹 뻐꾹새 숲에서 울제 우리 오빠 말 타고 서울 가시며 비단구두 사가지고 오신다더니" 라는 노래를 불렀고 그리고 "아버지! 아버지! 아버지!" 라고 소리를 지르곤 했다.

## 해방 후 평양에서 '기독교 자유당' 창당

김관주는 이렇게 신의주에서 9년을 목회와 투옥의 시간을 보내다가 해방을 맞이하였다. 해방이 되자 잠깐의 기쁨과 희망의 시간이 있었지만 곧 소련군이 진군하여 북쪽 지역을 통치하기 시작하였다. 그리고 이들의 비호 하에 공산주의자들이 활개를 치기 시작하였다. 1946년 2월 8일, 김일성은 소련의 힘을 업고 '북조선 임시 인민위원회'를 발족함으로써 북한에 공산 정권이 가동되기 시작하였다. 곧이어 3월이 되자 첫 번째 3.1절이 돌아왔다. 해방 후 처음으로 맞는 3.1절이었고, 독립선언문을 작성한 민족대표 33인중 유여대, 김병조, 양전백 목사가 모두 의주 출신이었기에 신의주에 거주하는 교인 수천 명은 신의주 동교회에 모여 3.1절 기념행사를 크게 거행하게 되었다. 그러자 공산주의자들이 수천의 군중들을 데리고 와 동교회에 진입하여 성전 단상과 성경을 훼파한 후, 사회를 보고 있던 김석구 목사를 끌어내 우마차에 태운 후 '민족 반역자,' '미국의 주구' 등의 팻말을 목에 걸게 하여 시내를 일주하게 하면서 온갖 야유와 모욕을 가하였다. 당시 노회장을 맡고 있는 김관주는 이러한 만행을 전국에 알리고자 3월 17일 신도대회를 소집하여 그 같은 일을 저지른 공산주의자들을 성토하였다. 그러나 공산당은 오히려 이것을 기독교를 압제할 수 있는 기회로 삼아 본격적으로 교회를 탄압하고 교회 지도자들을 제거하기 시작하였다. 성토대회를 주관한 김관주도 공산당의 주요 감시 대상으로 올랐다. 이들은 김관주 목사에게도 접근해, 거짓으로 김관주 목사 사택에 이남에서 왔다는 편지를 전해준 후 이것을 빌미로 그를 수감해 심문하기도 하였다.

이런 일들이 계속 자행되는 상황에서 정상적인 목회를 지속할 수가 없었다. 결국 그는 그 해 5월에 신의주 제이교회를 그만두고 고향 안주에 돌아왔다. 그리고 그 이듬해까지 무임목사로 지내다가 평양 서문교회의 담임목사로 청빙을 받았다. 그러나 평양에서도 공산 정권과 그 정권의 아류 기독교단체인 '조선기독교도연맹'이 기독교 지도자들을 감시, 탄압하고 또한 회

유도 일삼고 있었다. 김관주에게도 예외가 아니었다. 북한정권은 그에게 자신들의 통치에 협력할 것을 요구하였다. 그러나 김관주가 이에 불응하자 그들은 여러 방법으로 압력을 가했다. 그럼에도 불구하고 김관주는 협조를 거부하고 오히려 '기독교 자유당' 창당에 가담하여 북한의 정치상황을 바꾸려고 노력하였다.

실제로 해방 후 북한에서는 기독교인들에 의한 창당 활동이 구체적이며 본격적으로 실행되었다. 그 첫 번째 경우가 1945년 9월 초 김관주 목사가 있었던 신의주에서 한경직, 윤하영 목사와 이유필 장로 등이 중심이 되어 발기된 '기독교 사회 민주당'이다. '기독교 사회 민주당'은 북한에 민주적인 정부 수립 그리고 기독교 정신의 구현이라는 두 가지 목표를 지향한 정당이었는데, 자료에 따르면 창당에 참여한 사람들의 4분의 1이 기독교인이었다. 그러나 공산당의 방해로 창당은 성사되지 못했다. 이들이 불량배를 동원해 창당을 위한 조직대회에서 난동을 일으켰던 것이다. 이 소식을 들은 신의주 거주 우익 청년 약 5,000명이 이에 항거하였으나 소련군의 무력 개입으로 인해 진압되고 말았다. 그리고 대대적인 탄압과 체포가 시작되었다. 결국 신변에 위협을 느낀 한경직과 윤하영은 월남하였고 당은 해체될 수밖에 없었다.

두 번째 창당이 평양 장대현 교회 목사였던 김화식 목사에 의해 주도된 '기독교 자유당'이다. 이 운동은 1945년 11월 초부터 논의가 시작되어 47년에 결성된 운동으로, 장로교의 김화식, 김관주 목사 그리고 감리교의 신석구, 송정근, 이피득 목사 등이 창당위원에 참여하였다. 원래는 장로교와 감리교가 각기 따로 '기독교 자유당' 그리고 '기독교 민주당'이라는 명칭으로 정당 창립을 준비하였는데 양측 준비위원들이 논의를 통해 두 운동을 합치기로 하였다. 그리하여 1947년 2월 15일 장대현 교회 김화식 목사 사택에서 양측 관계자들이 모여 '시국 간담회'를 가지면서 당 명칭을 '기독교 자유당'으로 정하게 되었다. 그리고 당 대표를 고한규 장로로, 창당일자를 1947년 11월 19로 결정하여 진행하던 중 내부 고발로 인해 결당식 하루 전날 정보가 누설

됨으로써 관련인사 40여명이 모두 체포되고 창당은 수포로 돌아가고 말았다. 처음부터 이 모임에 적극적으로 참여하면서 김화식 등과 함께 창당 취지문 및 당강 초안을 작성하였던 김관주 역시 이 때 함께 체포되어 연행되었다.

그 후 그는 평양 외곽 지역에 있는 사동 탄광이라는 곳으로 끌려가서 강제노역을 치르게 되었다. 평생 공부와 목회만 해온 그에게 탄광의 중노동 일은 어렵고 고통스러운 일이었다. 그럼에도 그는 그곳에서도 마음과 자세를 잃지 않고 부과된 노동을 감당하면서 또한 동료 죄수들을 돌보아 주었다. 그러던 중 친공산주의자 강량욱 목사가 김관주 목사에게 회유를 시도하였다. 강량욱 목사는 김일성의 외종조부로, 김일성이 창덕초등학교에 다닐 때 2학년 담임이기도 하였다. 초등학교 당시 김일성의 부모는 만주에 있었기에 김일성은 강량욱의 집에서 숙식을 해결하고 있었다. 이런 인연을 바탕으로 강량욱은 후에 북한의 부주석을 지내게 되었고 '조선기독교도연맹'을 만들어 교회를 탄압한 인물이 되었다. 그는 숭실중학교를 졸업한 후 숭실대학에 다녔는데 중간에 중퇴를 하였다가 일본으로 건너가 수학한 후 1943년 평양신학교를 졸업하여 목회자가 되었다. 이런 강량욱이 김관주를 회유하기 위해 그가 복역하고 있는 사동 탄광에 사람을 보냈다. 김관주의 친척 김명길이 당시 평양의 장로교신학교에 재학 중이었는데 강양욱 목사는 그를 호출한 후 그에게 김관주를 찾아가 이제라도 같이 일하자고 권유할 것을 종용하였다. 이후의 일을 김명길 목사는 아래와 같이 기술했다.

> 내가 사동 탄광에 김관주 목사님을 면회 갔을 때 한번은 이런 제안을 드린 적이 있다. 내가 김일성 주석의 외숙인 강량욱 목사에게 말씀 드려서 큰 아버님을 석방하도록 건의할 터이니 나오셔서 강 목사님과 함께 손잡고 목회하시며 신학교에서 가르치면 어떻겠습니까? 라고 했더니 정색으로 강하게 표현하면서, 내가 강목사와 손잡으려면 왜 이곳에 와서 고생하겠느냐고 하시면서 다시는 그런 말은 입 밖에 내지 못하게 하셨다.

[ 조선기독교도연맹의 강량욱 목사 ]

## 사동탄광 노역과 총살 처형

김관주는 해방 후 신의주에 있었을 때 그리고 평양에 있었을 때 마음의 결정만 있으면 언제든지 월남할 수 있었다. 이미 자신이 모시던 한경직 목사가 월남하여 서울에서 목회를 하고 있었기에 월남 후 삶에 대해 걱정할 것이 없었다. 그러나 그는 교회와 교인들을 두고 떠날 수는 없었다. 그리하여 결국 '기독교 자유당' 사건으로 인해 평양에서 체포되어 사동탄광에 갇혀 노역을 하였다. 이듬해 어느 날 아들 김명혁이 아버지를 면회하기 위해 왔다. 1948년 7월의 일이다. 당시 11살이던 아들을 그 때 아버지와의 만남을 다음과 같이 기억하였다.

> 몇 시간을 뙤약볕 밑에서 기다린 끝에 탄광에서 나오는 아버지를 만날 수 있었어요 . 강대상 위에서 설교하시던 근엄한 모습 대신 땀과 석탄가루가 뒤엉킨 마른 모습이었지요 . 남루한 작업복차림이지만 나를 반갑게 맞아주시며 환하게 웃으시던 모습이 눈에 선합니다

이 만남에서 아들은 아버지에게 자신의 결심인 남한으로의 월남 계획에

대해 이야기 하였다. 11살 밖에 안 된 나이였으나 주일 성수의 신앙을 지키고 싶어 남행을 결심한 것이다. 이 아들은 이미 자신의 의지에 의해 평양 제5인민학교 재학 시 주일 성수를 지키고자 주일날 등교하지 않음으로써 학교로부터 정학까지 당한 적이 있었던 아들이었다. 어린 나이에 부모나 친지의 도움 없이 홀로 38선을 넘어 월남하겠다는 아들을 김관주는 막을 수도 있었다. 그러나 자신을 닮은 아들의 신앙에 대해 이미 잘 알고 있었던 그는 남한의 이모 집으로 가서 마음껏 주일 예배도 드리며 공부도 하고 싶다고 말하는 아들을 한참 동안 말없이 쳐다본 후 아들의 월남 계획을 허락하였다. "그래 그러면 가라. 너만이라도 제대로 하나님을 섬기며 살 수만 있다면야……" 이것이 두 부자간의 마지막 만남이었다. 아들을 보내는 김관주의 마음은 시리고 아팠다. 아들은 석탄 가루가 묻어 까맣게 된 아버지 김관주 목사의 얼굴 위로 땀과 함께 눈물이 흘러내리는 것을 보았다. 아들은 그 다음 달 단신의 몸으로 사선을 넘어 남쪽으로 향했다.

사동탄광의 고통스러운 복역이 해를 넘어서도 계속 이어졌다. 김명길 목사는 다시 김관주를 면회하러 사동탄광을 찾아갔다. 이것이 마지막 면회가 될 줄은 아무도 몰랐다. 그날은 식목일(1950년 4월 5일)이었는데, 자신이 어쩌면 소련으로 압송 될 수 있다는 생각이 든 김관주 목사는 찾아온 김명길에게 소련말 교과서와 사전을 구해달라고 부탁하였다. 이에 김명길은 서적을 마련하여 이틀 후 전해주었는데 그날은 면회일이 아니어서 만나지는 못하였다. 그리곤 두 달 정도가 지난 6월 23일 경, 6.25가 발생하기 이틀 전쯤 그는 전쟁 발발을 준비하는 공산당에 의해 총살되었다. 공산당은 사동 탄광의 죄수들을 반공호에 몰아넣고 모두 총살해버렸다. 그의 나이 46세 때이었다. 그는 그가 가장 애송하던 말씀 "네가 죽도록 충성하라. 그리하면 내가 생명의 면류관을 네게 주리라"(요한계시록 2장 10절)는 말씀대로 마지막 날까지 주께 충성하다 하늘나라로 갔다.

전쟁 중 국군이 평양에 입성하였을 때 지인들이 김관주의 시신을 찾으려

하였다. 정치범들을 방공호에 몰아넣고 총살시켰다는 소식에 따라 그곳에서 시신을 찾아보았으나 찾을 수가 없었다. 그 후에도 그의 시신이나 그에 대한 소식은 알 수가 없었다. 다만 그의 부인은 전쟁 후에도 계속 북쪽에서 생존해 지내고 있었다. 장성하여 도미 유학중인 아들 명혁은 헤어진 지 17년 만인 1965년, 지인의 도움으로 홍콩을 통해 북한의 어머니와 서신을 한 차례 교환할 수 있었다. 편지를 보낸 후 두 달이 지나 어머니의 답장이 미국으로 도착하였다. 편지에는 이렇게 쓰여 있었다.

내 아들 명혁에게 9월 5일 네의 편지와 동시에 외로이 자라 성인이 된 내 아들 명혁이에 얼굴을 더구나 훌륭하게 된 내 아들을… 나는 보고 싶고나. 손이라도 한번 꽉 쥐어 보고 싶고나. 이 내 기쁨을 지면상으로는 표현할 수 없다. 명혁아! 나는 네 말 그대로 오래 오래 살어서 내 사랑하는 아들 만날 날을 기다리겠다. 몽중엔들 이저스랴 내 명혁이. 부디 건강하기를 축원하면서.

어머니 글 9월 29일

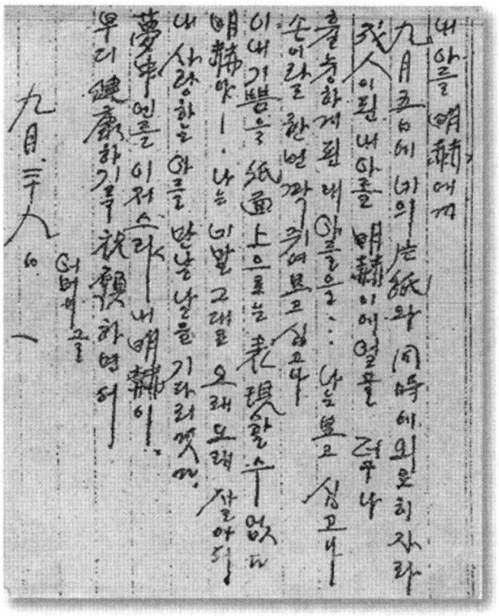
내 아들 明赫에게
九月五日에 너의 片紙와 同時에 외로히 자라
成人이 된 내 아들 明赫이에 얼굴을 더구나
훌륭하게 된 내 아들을 : 나는 보고 싶고나!
손이라도 한번 꽉 쥐어보고 싶고나
이 내 기쁨을 紙面上으로는 表現할 수 없다
明赫아! 나는 네 말 그대로 오래오래 살아서
내 사랑하는 아들 만날 날을 기다리겠다.
夢中엔들 이저스랴 내 明赫이.
부디 健康하기를 祝願하면서
九月 二十九日 어머니 글

[ 평양에서 보내온 어머니 편지 ]

## 참고자료

김명혁. “나의 사랑하는 아버지, 김관주 목사님!” 「뉴스파워」 2015. 2. 6.

김명혁. “순교자 김관주 목사의 삶과 죽음 이야기” 「뉴스파워」 2007. 6. 18.

김양선. 『한국기독교 해방 십년사』 서울: 종교교육부, 1956.

김종희. “종교상인을 거부한 사람-김관주 목사” 「새가정」 제56권 616호. 2009. 11.

서정민. “기독교 신앙이 정치 속에서 어떻게 실현되어야 하는가: 한국 기독교와 정치 참여의 역사” 『기독교사상』 2002. 7.

이경숙 외. 『기독교와 세계』 서울: 이화여자대학교 출판부, 2007.

이덕주. 『신석구: 민족의 독립을 위해 십자가를 지다』 서울: 신앙과 지성사, 2012.

조성기. 『한경직 평전』 서울: 김영사, 2003.

한국기독교역사연구소 북한교회사집필위원회. 『북한교회사』 서울: 한국기독교역사연구소, 1996.

# 김 영 윤

숭실의 순교자

10명의 숭실 순교자들의 삶과 순교 이야기

# 김영윤

## 가정환경과 성장과정

김영윤 목사는 1902년 7월 9일 경산군 외촌면에서 태어났다. 이 동리는 1900년대 초 미북장로회선교부 소속의 안의와(Adams James E) 선교사에 의해 복음이 전해졌다. 안의와 선교사는 1898년 대구에 선교지부를 세우고 교육 선교를 위해서 계성학교와 의료선교를 위해 제중병원을 설립하였다. 이 후 대구선교지부에 브루엔(H. M. Bruen) 선교사가 부임하여 경북 서쪽의 순회전도를 담당하고 경북 동쪽은 안의와 선교사가 담당하였다. 경산군 외촌에는 1901년 초 안의와 선교사가 시천동에 사는 박문기 씨에게 처음으로 복음을 전했다. 청년 박문기는 새로운 종교에 대한 호기심으로 기독교를 받아들여 자신의 집 사랑방을 예배처소로 하여 친척들에게 전도하였다. 박문기는 이후 시천동 건너편의 〈섬마〉라는 곳에 복음을 전했는데 이곳에 살던 김치곤(金致坤)이 기독교를 받아들였다. 이분이 순교자 김영윤 목사의 할아버지였다. 김치곤은 비록 농사를 짓는 사람이었지마는 교육에 대한 열의가 있어 마을에 서당을 만들고 아이들을 가르쳤으며, 복음을 받아들인 후에는 교회의 영수가 되어 열심히 교회에 헌신하였다.

김영윤 목사의 아버지는 김영수(金永壽)로 슬하에 5남매를 두었는데 그 가운데 김영윤 목사는 장남이었다. 아버지 김영수는 선대로부터 신앙을 전수받아 대구선교부에 소속된 매서인으로 쪽복음을 실은 궤짝을 짊어지고 산

*이 글은 김요나 「순교자전기」 (대한예수교장로회 총회, 1994)에 의거하여 기술하였다.

골마을마다 다니며 책을 팔고 복음을 전했다. 영윤이 태어나자 할아버지 김치곤 영수는 가정예배를 드릴 때마다 하나님께 다음과 같이 기도하였다.

> "상제 하나님이여 첫 손자를 이 가정에 주셨사오니 감사하나이다. 첫 열매는 여호와의 것이라 했사옵는데 이 아이를 주의 제단에 바치나이다. 받아 주옵소서."

할아버지 김치곤의 기도는 훗날 영윤이 주님의 종이 되는 씨앗이었으며 하나님의 사역을 감당하는 영적인 원동력이었다. 할아버지는 안의와 선교사와 특별한 인연이 있었다. 서당에서 아이들에게 한문을 가르치던 김치곤이 복음을 받아들이자, 안의와 선교사가 한문성경을 선물해 주었다. 성경읽기를 좋아했던 김치곤은 날마다 집의 사랑방 마루에서 천자문을 읽듯이 소리 내어 읽었는데 그 때마다 하늘을 향해 "상제", "상제"를 소리 높여 외쳤다고 한다. 이 소리를 들은 동네 아이들이 골목에서 놀 때마다 할아버지를 흉내 내어 "상제"를 외치곤 했다는 것이다. 한편 안의와 선교사가 영천군 지역을 순회전도여행을 하다가 한 겨울에 물에 빠졌는데 급히 가까운 곳에 있는 영수 김치곤의 집으로 들어가 얼어붙은 몸과 옷을 말렸다고 한다. 안의와는 이 후 덕촌교회에 들릴 때면 항상 김치곤의 집에 머물렀다고 한다. 이처럼 김치곤은 대구 경북 지역 일대의 선교 책임자였던 안의와와 깊은 인간적 신앙적 교류를 하고 있었다.

### 계성학교 입학과 3.1운동 참여

영윤은 어릴 때부터 할아버지와 아버지의 신앙적 분위기 속에서 자라났다. 더욱이 할아버지는 영윤에게 서당 교육으로 천자문과 중국의 고대 소설을 가르쳐주었고, 성경을 읽어주기도 하였다. 이런 교육을 받은 영윤은 어릴 때부터 남다른 영특함을 지녔던 것은 너무도 당연하였다. 영윤은 할아버지의 서당에서 실력을 쌓은 후 하양읍에 있는 보통학교에 2학년으로 편입을 하였다. 3학년과 4학년 과정을 우수한 성적으로 졸업한 영윤은 대구에 있는 상급학교로 진학을 해야 했다.

그러나 가정형편상 영윤은 대구로 유학 갈 형편이 못되었다. 그럼에도 할아버지 김치곤 영수는 영윤을 주의 종으로 만들고자 하는 생각으로 안의와 선교사가 교장으로 있는 대구의 계성학교에 입학시키고자 하였다. 1915년 3월 영윤은 아버지를 따라 대구의 대신동 서문시장 뒤에 위치한 아담스 선교사의 집에서 입학시험을 치렀다. 시험을 치른 결과 영윤은 당시 13세로 입학시험을 치른 사람들 가운데 최연소자였으나 최고득점으로 합격을 하였다. 영윤이 최연소 합격이 가능했던 것은 어릴 때부터 할아버지 김치곤 영수로부터 배운 한문교육과 매서인이었던 아버지로부터 배운 수학실력이 탁월하였기 때문이었다. 안의와 선교사는 덕촌교회 김치곤 영수의 손자가 수석 합격하였다는 소식에 매우 기뻐하였다. 영윤은 수석합격자에게 주어지는 특전으로 입학금과 등록금 전액을 면제받으며 4년간 계성학교를 다닐 수 있었다.

당시 대구 계성학교는 대표적인 미션계학교였다. 학교는 기독교적 진리에 바탕을 둔 철저한 신앙교육을 학생들에게 실시하였다. 매일 학생들은 채플실에서 예배를 드렸고, 매학기 5월과 10월에 조를 편성하여 노방전도를 실시하였다. 뿐만 아니라 유명한 부흥강사를 초청하여 사경회를 갖기도 하였다. 수업시간에는 매학기 신구약성경을 배우고 음악시간을 통하여 찬송가를 익혔다. 또한 계성학교는 청교도적인 분위기 속에서 학생들에게 술과 담배를 금하는 등 엄격한 경건주의적 신앙교육을 실시하였다. 이러한 신앙교육을 받은 계성학교의 재학생들은 졸업 후 대학에 진학하거나 신학교에 입학하여 한국교회와 사회의 지도자들로 성장하였다.

1919년 3월 영윤은 계성학교를 졸업하였다. 그러나 1919년 2월 14일 계성학교의 설립자이자 교장이며 영윤을 돌보아주었던 안의와 선교사가 병으로 치료차 미국으로 귀국하였다. 당시는 3.1운동이 일어나기 직전이었다. 서울에서 세브란스 출신의 이갑성 씨가 대구에 내려와 만세시위운동을 준비시키고 있었다. 이갑성은 남산동교회의 이만집 목사와 조사 김태련, 그리고 계성학교의 교사 백남채 등과 남산동교회에서 회집하여 서울에서의 만세시위운동을 알리고, 이들에게 대구에서도 만세시위운동에 참여해줄 것을 부탁하였다. 이에 참석자들은 동지들을 규합하여 만세운동을 전개할 것을 결의하고, 총지휘는 계성학교 교사 백남채가 맡고 그 본부를 계성학교에 두기로 하였다. 백남채는 계성학교의 동료 교사인 최경학, 최상원, 권종태 등과 구체적 계획을 세우고 효과적인 시위운동을 전개하고자 준비하였다.

그러나 대구의 만세시위는 3월 8일에서야 시작되었다. 3월 1일 서울과 이북지역에서 만세시위운동이 일어나자 일경은 거리 곳곳에 배치되었다. 3월 5일에는 일경은 백남채를 예비 검속하였다. 그러나 3월 6일 이만집 목사, 김태련 전도사, 최경학, 김영서, 이재인 등 여러 교사들이 모임을 갖고 거사일을 3월 8일 토요일 오후 1시에 장날을 기하여 서문시장에서 궐기하기로 하였다. 아울러 이 합의사항을 교사 정원조가 대구고보, 신명학교 등 여러 곳에 전달하기로 하였다. 당시의 학제는 3학기제로 제3학기가 1월 초순부터 3월 중순 졸업식까지 이어졌다. 드디어 3월 8일 토요일이 되자 수업을 끝낸 학생들이 하나 둘 씩 서문장터로 모여들기 시작하였다. 대구 고보학생 수백 명은 계산 천주교회 앞에서 일경의 무자비한 제지를 물리치고 서문시장으로 향했다. 신명학교 학생들과 일반시민들도 일경의 제지를 뚫고 서문시장으로 향했다. 군중들이 모여들자 이만집 목사와 김태련 전도사는 독립선언서를 낭독하려고 하였다. 김 전도사가 독립선언서를 낭독하다가 일경의 제지를 받자 김만집 목사는 독립만세를 선창하였다. 김 목사의 독립 만세에 따라 군중들은 일제히 만세를 부르고 가두로 시가행진을 하기 시작하였다. 안경수 씨가 태극기를 들고 나아가자 계성, 대구고보, 신명학교 학생들과 일반시민들 천여 명이 그를 뒤따랐다. 일경은 성난 군중들의 함성에 후퇴를 거듭하였다. 그러나 달성군청 앞에 이르자 일본의 보병연대가 기다리고 있었다.

시위군중들은 더 이상 나아갈 수 없었다. 수많은 학생들과 일반시민들은 보병연대의 기세에 뿔뿔이 흩어지고 시작하였고 일경은 이 때부터 주모자들을 색출하고 학생들을 연행하기 시작하였다.

계성학교의 졸업을 앞둔 영윤도 만세시위에 참가하였다. 일경의 무자비한 폭행과 연행에도 불구하고 영윤은 기숙사로 돌아가지 않고 친구 집으로 갔다. 만세시위의 주모자들과 학생들을 체포한 일경은 잔혹한 고문과 폭행으로 시위에 관한 자백을 받고 참가자들의 명단을 파악하였다. 이 때 영윤도 수배자 명단에 포함되어 일경의 감시를 피해 피신하지 않을 수 없었다. 영윤은 친구 신정식과 함께 경산군 외촌면에 있는 고향집으로 피신하였다. 할아버지 김치곤은 손자가 일경을 피신하여 집으로 오자 좀 더 안전한 장소를 물색하였다. 작은 할아버지가 있는 영천군 대청면의 영지사라는 절이었다. 영윤은 이곳에서 1년간을 숨어서 지내게 되었다. 그러나 계속하여 수많은 학생들이 일경에 체포되어 재판을 받고 있으며 형사들이 수배자들을 계속 추적하고 있다는 소식이 들려왔다. 영윤은 더 이상 이곳 영지사도 안전하지 않다고 여기고 만주행을 결심하였다. 영윤은 도보로 산을 타고 북쪽으로 향했다. 열흘이 지나 대동강 나루터에 도착하였다. 그는 평양에 들어가 만주행 기차를 타기 위해 평양성으로 들어가는 배를 기다렸다. 이 때 나루터에서 평양성으로 들어가기 위해 배를 기다리는 한 중년신사를 만났다. 그는 예수를 믿으라고 권하며 자신을 평양의 신암교회 김영용 집사라 소개하였다. 곤고한 환경에 처해있던 영윤은 자신의 처지를 김 집사에게 설명하였다. 영윤의 이야기를 들은 김 집사는 영윤에게 평양에 들어가 자신의 집에서 유하면서 앞날의 문제를 생각하자고 제안하였다. 영윤은 김 집사를 하나님의 보내주신 사람으로 여기고 그의 집으로 향하였다.

### 가정교사 활동과 숭실대학 입학

대동강 나루터에서 우연히 만난 신암교회 김영용 집사는 평양의 알아주는 부자였다. 신암교회는 숭실대학이 있던 평양 신양리에 있었는데 그는 1926년 장로로 장립을 받았다. 그는 일찍이 사법서사로 있으면서 돈을 모아 토지를 사들여 1년에 2,000석의 쌀을 수확하였다. 가정은 늘 행복하였고, 슬하에 세 딸을 두고 있었다. 영윤은 김 집사와 함께 평양성에 들어온 날부터 그의 집에서 기거하였다. 영윤은 아버지의 영향으로 특히 수학과목에 탁월하였는데 김 집사의 집에 있으며 딸 신덕에게 수학과 일본어를 가르쳤다. 영윤은 김 집사의 가정교사로 일하게 된 것이다. 당시 신덕은 15살로 평양 숭의여학교 2학년에 재학하고 있었다. 영윤은 김 집사의 집에서 1년간 기거하며 열심히 가르친 결과 신덕의 성적이 크게 향상되어 김 집사의 사랑을 받았다. 1919년 3.1운동 당시 계성학교를 졸업한 영윤은 상급학교로 진학하고 싶었다. 그래서 영윤은 3.1만세운동이 대중들에게 조금 잊혀지기 시작할 무렵인 1921년 초 어느 날 김 집사에게 숭실대학 입학을 도와달라는 부탁을 하게 되었다.

[ 숭실대학 본관 ]

영윤의 숭실대학 입학은 생각보다 쉽게 이루어졌다. 영윤은 혹시나 3.1만세운동 참여전력으로 입학이 불허될 것을 염려하여 그동안 써오던 달윤이라는 이름을 영윤으로 바꾸었다. 1921년 영윤이 숭실대학에 입학하였을 때 숭실은 일제하 독립운동가들과 한국교회의 지도자들을 배출하는 산실이었다. 당시 1921년의 졸업생 현황을 보면 문과 9명 이과 3명 실업과 1명으로 총 14

명이 배출되었다. 영윤은 수학에 탁월하였으므로 이과에 입학하였는데 이 때 동기생 가운데에는 오산학교를 졸업하고 숭실대학 이과에 입학한 한경직이 있었다. 이들은 숭실대학 재학 중에 절친한 친구사이가 되었고 대학 재학 3년 동안 항상 1,2등을 다투는 라이벌이기도 하였다. 대학에 입학하면서 영윤은 김 집사의 집에서 나와 숭실대학 기숙사에서 생활하게 되었다. 학비를 벌기위해 영윤은 시간제로 가정교사 일을 계속하였고 틈나는 대로 다른 아르바이트를 병행하였다. 새학기가 되면 어쩔 수 없이 등록금 송금을 부탁하는 편지를 고향집으로 띄어야 했다. 영윤의 집안은 넉넉한 살림이 아니었다. 할아버지는 조그마한 약방을 운영하였으나 수입이 신통치 않았다. 전답 또한 소작농으로 가족들이 먹고 살기도 어려웠다. 그러나 할아버지와 아버지는 어려운 살림에도 불구하고 영윤의 학업을 위해 빚을 내서라도 등록금을 마련해 주었다. 영윤은 고향의 할아버지와 아버지의 사랑에 보답하기 위해 열심히 공부하였다. 그 결과 3학년이 되자 탁월한 수학실력을 인정받아 교수회의 결정으로 학생의 신분으로 하급반 학생들을 가르치는 학생강사가 되었다. 숭실대학 학생강사가 되자, 그가 주일학교 반사로 출석하던 신암교회의 교인들은 그를 매우 아끼고 존경하였다. 누구보다도 김 집사의 가족들이 기뻐하였다. 영윤이 가르쳤던 김 집사의 딸 신덕은 더욱 더 기뻐하였다. 그녀는 그 때 숭의여학교를 졸업하였으나 일본 우에노 음악학원으로 유학을 떠나겠다는 계획을 미루고 있었다. 아마도 이 때 신덕의 마음 가운데 영윤이 자리 잡고 있었기 때문이었다.

[ 숭실대학 기숙사 ]

## 졸업과 결혼, 그리고 정명여학교 교사로 부임

1924년이 되자 영윤은 대학생활의 마지막 학년을 바쁘게 보내고 있었다. 이 때 영윤의 나이 이미 24세로 당시로서는 혼기를 놓친 노총각 신세였다. 1925년 대학 졸업을 앞둔 어느 날이었다. 신암교회 김영용 집사는 딸 신덕의 마음이 영윤에게 있음을 확인하고, 그를 집으로 초대하여 정식으로 청혼을 하였다. 영윤 자신도 김영용 집사의 집안이 자신을 사위를 삼고자 하는 마음을 이미 알고 있었고, 청혼이 오자 이를 흔쾌히 받아들였다. 이 때 영윤의 나이 25세, 신덕의 나이 20세였다. 평양출신 처녀와 혼인하게 되었다는 소식을 들은 고향 부모님들은 이북출신의 처녀와 결혼하겠다는 사실이 딱히 마음에 들지는 않았다. 그러나 처녀의 집안이 평양의 이름난 부자 집으로 더구나 신앙이 좋은 집안이라는 사실에 위로를 받고 혼인을 허락하였다. 결혼식에 그렇게도 손자의 앞날을 염려하고 후원하였던 할아버지는 연로하여 오지 못하고 아버지 김영수 장로와 영지사 주지 스님인 작은 할아버지가 올라왔다.

이제 영윤은 대학을 졸업하고, 한 가정을 이룬 가장으로써 가족을 부양해야하는 처지에 있었다. 이 때가 1925년 7월이었다. 당시 숭실대학 졸업생들은 상당수가 신학교에 입학하여 목회자의 길을 가거나 일선학교의 교사로 사회에 발을 들여 놓았다. 그러나 영윤은 대학시절 아르바이트로 일했던 일본인 회사가 신입사원을 뽑는다는 광고를 보고 입사원서를 내었다. 수학실력이 탁월했던 영윤에게 일반회계업무분야에 일가견이 있었기 때문이었다. 입사시험을 치른 영윤은 쉽게 입사가 결정되었다. 그러나 일본인 회사는 주일에도 근무를 해야 했기에 영윤은 주일성수를 위해 스스로 입사를 포기하였다. 이렇게 회사 입사를 거절할 수 있었던 용기는 영윤 자신의 신앙이요 성령의 인도하심이었다. 또한 이 신앙은 할아버지 김치곤 영수의 신앙적 교훈으로 온 것이기도 하였다.

주일성수 문제로 회사에 입사할 수 없었던 영윤이 갈 곳은 학교밖에 없었다. 그 때 마침 모교 계성학교에서 본교출신으로 대학을 나온 교사를 채용한다는 소식에 이력서를 제출하였다. 그러나 한 사람을 뽑는데 영윤 이외에 또 다른 사람이 응시하였다. 그는 영윤과 마찬가지로 계성학교와 숭실대학을 나온 박태준이었다. 그는 숭실대학 시절 이미 가곡 〈평온의 바다〉, 〈사우〉, 〈오빠생각〉을 작곡하여 학생들에게 이름을 날리고 있었고, 교남학생전도대를 조직하여 음악을 통한 복음전도에 열심히 다하고 있던 훌륭한 신앙인이었다. 계성출신의 훌륭한 교사후보를 놓고 학교는 고심할 수밖에 없었다. 결국 학생들의 투표로 교사를 결정하였는데 음악활동으로 잘 알려진 박태준이 초빙되게 되었다. 영윤은 모교의 교사가 되는 일이 어렵게 되자 약간의 실망을 하였으나 곧 전라남도 목포 있는 맥컬리기념여학교에 교무주임으로 초빙을 받았다. 정식대학을 나온 엘리트 교사가 목포에 오는 것은 학교로서는 행운이었다. 영윤은 부인과 함께 짐을 꾸려 목포에 있는 여학교에 부임하였다. 당시 학교는 석조건물 3층에 240평이나 되는 훌륭한 교사를 가지고 있었다. 이 학교는 원래 이름이 정명여학교였으나 영윤이 부임하기 2년 전 후원금 2만원을 기부한 맥컬리(H.D. McCallie, 孟顯理)의 이름을 따 맥컬리기념여학교로 명명하였다. 이 학교는 그 후 기숙사를 짓고 운동장을 마련하여 호남지역의 미션학교로 명성을 떨치게 되었다. 영윤은 이곳에서 교무주임으로 봉사하면서 학교를 위해 열심히 일하고 학생들을 가르쳤으며 부인인 신덕도 이곳에서 음악교사로 교편을 잡았다. 목포에서 교편을 잡고 있던 1926년 5월 9일 이들 부부는 첫아들 정식을 출산하였다.

영윤이 목포에서 교편을 잡고 있을 때 고향에서는 취학연령에 이른 두 동생이 있었다. 1912년생인 여동생 영희와 그 밑에 남동생 달봉이었다. 가난하지만 남다른 교육열로 가득 차 있던 영윤의 집안은 두 동생의 교육에도 정성을 다하였다. 영희는 어릴 때부터 공부에 대한 열의가 대단하였는데 마침 일본인 선교사의 호의로 대구에 있는 신명학교에 입학하였다. 그러나 가정형편상 학업을 계속할 수 없어 오빠가 있는 목포 맥컬리여학교에 편입하였다가 다시 신명학교로 돌아가 졸업을 하였다. 남동생 달봉도 대구 계성학교에 입학하여 공부를 하게 되었다. 두 동생이 학교에 입학하자, 영윤은 자신의 형편이 허락하는 대로 동생들의 학업을 도와야했다.

## 신학교 입학과 조사활동 그리고 신사참배결의 항의로 구류

[ 한경직 목사 ]

영윤이 목포에서 열심히 학생들을 가르치고 있는 동안, 숭실대학 시절 1,2등을 다투던 한경직이 1932년 미국유학길에서 돌아왔다. 숭실대학 1년 후배인 김성락도 철학박사 학위를 받고 귀국하여 신암교회 담임목사와 숭대의 교목과 교수로 활동하였다. 8년간 시골 여학교에서 교무주임으로 학생들을 가르치고 있는 동안, 동기와 후배는 기라성 같은 교회의 지도자가 되어 나타난 것이다. 영윤은 그 동안의 자신의 삶을 돌아보기 시작하였다. 지난 8년간의 세월을 자책하다가 위궤양이 발발하기도 하였다. 영윤은 조용히 묵상하는 가운데 옛적의 할아버지의 기도가 생각났다. "너는 하나님의 것이니라. 너는 이미 하나님께 바쳤느니라" 영윤은 할아버지의 이 말씀을 깊게 묵상하였다. 그리고 하나님과의 깊은 대화의 기도시간을 가지기 위해 예배당을 찾았다. 기도하는 동안 영윤에게는 어릴 적 할아버지가 말씀하신 하나님의 종이 되어야 한다는 자의식이 뚜렷해지기 시작하였다. 기도하는 동안 영윤은 점점 신학교에 들어가야 한다는 생각에 이르게 되었다. 결국 1932년 영윤은 9년 동안의 교편생활을 정리하고, 순천노회의 추천을 받아 평양신학교에 입학하였다.

영윤이 신학교에 입학한 그해에 39명의 목회자 후보생들이 입학하였다. 당시 신학교 신입생들은 숭실전문 12명, 연희전문 1명, 중학 졸업 및 성경학교 졸업이 2명, 성경시험면제자는 성경통신과 또는 성경학원 졸업자 3명, 과학시험면제자 13명, 그리고 별과 9명 등이었다. 이들 가운데 숭실출신은 영윤 이외에 훗날 공산당에 의해 피납된 김철훈, 송영길, 신후식, 이유택 등으로 모두 숭대후배들이었다. 신학교에 입학한 후 영윤은 열심히 공부에 전념하였다. 9년 동안 교편을 잡느라 학문에서 멀어져있던 터라 교회의 조사일도 하지 않고 2년 동안 공부에 전력을 다하였다. 1934년 2학년에 올라가면서 그는 제 46회 학생회 정기총회에서 부회장에 선출되었다. 당시 학생회에서 활동하는 재학생 중에는 숭실후배로 중국 산동성 선교사로 파송되어 활동했던 방지일과 새문안교회 담임목사와 서울의 숭실대학교 총장을 지냈던 강신명이 있었다. 1935년 졸업반인 3학년에 올라가자 친구인 한경직이 그에게 유학을 권유하였다. 한경직은 영윤이 비록 나이가 들었지만 결심만한다면 미국 프린스톤 신학교에 입학할 수 있도록 교섭을 해 놓겠다는 것이었다. 영윤은 인생의 좋은 기회라 생각하고 이를 수락하였다 .그러나 가족이 문제였다. 아내와 아이 둘의 생계를 책임질 수가 없었다. 영윤은 어쩔 수 없이 처가의 도움을 받고자 장인에게 도움을 요청하였다. 그러나 영윤의 기대와는 달리 장인은 이를 거절하였다. 영윤은 부자 장인의 거절에 커다란 실망을 하였으나 받아들일 수밖에 없었다. 친구 한경직으로부터 프린스톤 신학교로부터 입학허락이 되었다는 연락이 왔지만 영윤은 가겠다는 대답을 할 수 없었다. 영윤은 실의에 찬 1년을 보내야 했다. 이듬해인 1936년 신학교 졸업반이 된 영윤은 학교의 규칙에 따라 교회의 조사로 봉사해야했다.

[ 정일선 목사 ]

마침 황해도의 안악읍교회에 조사 자리가 공석이 되어 봉사할 신학생을 찾게 되었다. 담임 목사인 정일선은 평양에 있는 신학교로 찾아와 숭실후배인 영윤에게 함께 교회를 위해 봉사하자고 제안하였다. 당시 안악읍교회는 황해도 북부지역의 대표적 교회로 선교의 중심센터였다. 정일선 목사는 이 교회에 부임한지 23년으로 석조예배당을 건축하여 500여명의 신도들을 목양하고 있었다. 뿐만 아니라 그는 YMCA와 YWCA 등을 중심으로 지역사회에 기독교 정신을 고양시키기 위한 사회활동에도 열심이었다. 영윤은 신학교 재학 마지막 1년을 정일선 목사를 도와 조사로서 열심히 교회를 위해 헌신하였다.

1936년 초 졸업을 앞둔 3학기가 되었다. 당시는 일제의 중국침략과 식민지 조선에 대한 황민화 정책이 노골화 되던 시기였다. 더욱이 일제는 조선총독에 미나미가 부임하면서 관공서와 기관, 각급 학교는 물론 식민지 조선인들에게 창씨개명과 신사참배를 강요하고 있었다. 2월이 되면서 총독부는 신사참배를 국가의례로 규정하고 기독교회와 미션스쿨에 이를 강제하였다. 결국 천주교회와 감리교회가 이에 굴복하였고, 장로교 총회도 이어서 신사참배를 가결하였다. 장로교 노회가운데서는 평북노회가 2월 8일 봄노회에서 가장 먼저 신사참배를 가결하였다. 노회가 열리기전 신학교 내에서는 이번 노회에 친일파 김일선 목사가 피선되면 신사참배를 가결할 것이라는 소문이 돌았다. 2월 7일 노회가 열리고 김일선 목사가 노회장이 선출되었다. 이 소식이 신학교 기숙사에 전해지면서 신사참배를 결의했다는 내용으로 와전되었다. 이 때 평북노회 소속의 신학생이었던 장홍련은 기숙사 뜰에 심겨져 있던 김일선 목사의 졸업기념수를 도끼로 찍어 버렸다. 기숙사 학생들이 환호하였고 몇몇 학생들은 기념수 앞에 있던 비석도 뽑아버렸다. 얼마 후 형사들이 신학교에 나타났다. 아마도 신학생 가운데 그를 고발한 자가 있었던 모양이었다. 형사들은 기숙사의 방마다 돌아다니며 불온한 문서와 신사참배를 반대하는 설교노트들을 압수하고 10여명의 학생들을 연행하였다. 이 때 연행된 사람은 장홍련, 한창선, 장윤성, 조윤승, 장윤홍, 안광국, 김양선, 지형순, 배익조. 김영윤 등이었다. 이 밖에도 박형룡, 김인준 교수가 조사를 받기 위해 불리어갔고 산정현 교회 주기철 목사가 연행되어갔다.

영윤이 연행된 것은 그가 숭실재학시절부터 남다른 문장력으로 이름을 날렸고, 그의 설교노트에 여러 논설들을 기록하였는데 그 내용이 불온하다고 하여 잡혀간 것이었다. 이들 연행된 학생들과 교수들은 대부분 조사를 받고 풀려났으나 주모자인 장홍련과 배익조, 김영윤, 산정현 교회 주기철 목사는 한 달 동안 평양경찰서에 구금되어 있어야 했다. 아마도 영윤과 배익조가 오랫동안 구금되었던 이유는 3.1운동 때 시위전력이 문제가 되었던 듯하다. 영윤은 이 곳에서 심한 구타를 당하였고 한 달 넘게 구류 상태로 있었던 관계로 신학교 졸업식에도 참석하지 못하여 대신 동생 영희가 졸업장을 대신 받았다. 이 사건은 이제 한국교회와 영윤이 당할 수난의 전조곡이었던 것이다.

## 안악읍교회 부임과 노회장 사역

평양신학교를 졸업한 영윤은 황해노회에서 목사안수를 받고, 조사로 봉사하던 안악읍교회에 부목사로 청빙을 받았다. 경상도 출신의 김영윤이 관서지방 교회의 부목사로 청빙을 받게 된 것은 담임목사 정일선의 배려였다 그는 황해도 신천 출신으로 특히 지방색을 싫어하였다. 그는 김영윤 목사를 부목사로 청빙한 것은 전적으로 그의 능력과 신앙심 때문이었다. 김영윤 목사는 이런 담임목사의 기대에 부응하여 열심히 정 목사의 목회사역을 도우며, 그의 목회사역을 배워나갔다.

당시 안악읍교회 담임목사였던 정일선은 농촌에서 태어나 고학으로 어렵게 공부를 하여 목회자가 되었다. 27세에 숭실중학에 들어간 그는 40세가 되어서야 신학교를 졸업하였다. 그는 안악읍교회에 부임한 후 황해도에서 가장 모범적인 교회로 성장시켰고, 목회자로서 그의 사역과 인격은 많은 사람들의 존경을 받았다. 그는 목회를 기도로서 시작하고 기도로서 마무리 짓는 기도의 사람이었다. 심방할 때에는 그 가정의 식구들의 이름을 모두 불러가며 기도하여 교인들의 신뢰를 받았다. 이런 정일선 목사에게 1938년 장로회 총회의 신사참배 결의는 너무도 충격적인 사건이었다. 그에게 신사참배는 하나님께 대한 배교의 행위로 여겨졌다. 일경의 신사참배 압박이 계속되자, 1940년 어느 주일날 정일선 목사는 교회를 사임하고 목회 은퇴를 선언하였다. 기도와 말씀으로 섬겼던 안악읍교회를 떠난다고 하자, 교인들이 만류하였다. 그러나 정일선 목사의 결심은 요지부동이었다. 그는 자신의 후임으로 부목사인 김영윤 목사를 천거하여 담임목사로 세우고 안악읍에서 가까운 연등골 산기슭으로 들어가 은둔생활을 하였다. 일제의 강요로 신사참배를 마지못해 할 수 없었던 것이었다.

정 목사의 뒤를 이어 담임목사가 된 김영윤 목사는 전임자의 목회를 계승하면서 열심히 목회사역을 감당하였다. 심방을 할 때에는 정 목사처럼 일일이 가족들의 이름을 부르며 기도하였다. 새벽기도는 물론 저녁마다 강대상 밑에서 기도하였다. 1940년이 되면서 일제는 시국을 전시체제로 바꾸고 식민지 조선에 군수물자를 강제로 공출하고 창씨개명을 요구하였다. 1941년에는 미국에 선전포고를 하고 태평양전쟁을 일으켰다. 일제는 태평양전쟁 하루 전인 12월 8일 새벽 식민지 전역에 요시찰 인물들을 모두 예비 검속하였다. 선교사들은 미국의 스파이 혐의로 추방하였고, 한국인 목사들은 미국과 내통하거나 소요를 일으킬 염려가 있다고 하여 잡아간 것이다. 김영윤 목사도 안악읍경찰서로 잡혀가 100일 동안 유치장에 구금되었다. 전쟁 초기 일본은 동남아 일대를 파죽지세로 점령하였다. 그러나 1942년 6월을 기점으로 미국과의 전투에서 패하기 시작하자, 더욱더 식민지 조선에 대한 탄압과 수탈이 극에 달하였다.

김영윤 목사는 1943년 봄 황해노회에서 제 63회 노회장으로 선출되었다. 김 목사는 전시체제의 어려운 상황 속에서 노회의 일을 맡아보게 된 것이다. 김 목사는 노회의 일뿐만 아니라 교수요원이 부족한 평양신학교에 노회의 파송을 받아 구약신학을 강의하기도 하였다. 김영윤 목사는 1943년부터 1947년까지 황해노회의 파송을 받아 신학교 강사로 출강하면서 목회자들을 양성하였다.

그러나 한국장로회는 일제강점기에 1942년 10월 16일 제 31회 총회를 평양서문밖 교회에서 마지막으로 개최하고, 불행하게도 교단이 해체되어 1943년 일본기독교단에 흡수통합 되었다. 한국교회가 재건되기 위해서는 일제로부터 해방을 기다려야했다.

### 해방과 공산당과의 충돌 그리고 피납

해방이 되기 하루 전 일제는 전국적으로 목사와 장로들을 잡아갔다. 일제가 항복했을 경우 보복을 두려워하였기 때문이었다. 김영윤 목사도 이 때 잡혀가 15일 해방이 되자 하루 만에 풀려나왔다. 해방의 기쁨은 이루 말할 수 없었다. 온 겨레가 감격과 기쁨의 눈물을 흘렸다. 나라가 해방되고 독립이 되자, 독립운동을 한 애국지사들은 새나라 건설을 위해 분주히 움직였다. 해외에서 활동하던 민족지사와 독립운동가들은 하나 둘씩 귀국하여 새 국가 건설을 논의하기 시작하여 남에는 여운형 선생에 의해 건국준비위원회가 북에서는 조만식 선생에 의해 평남건국준비위원회가 만들어졌다. 그러나 우리 민족의 자주적 독립이 아니라 연합군에 의한 해방이었던 관계로 남과 북에는 미군과 소련군이 진주하여 새나라 건설의 꿈은 유보되고 있었다. 설상가상으로 신탁통치 결의안이 모스크바 삼상회의에서 통과되어 전국은 신탁통치반대운동으로 들끓었다. 한반도는 혼란을 거치면서 남에는 미국의 지지를 받는 이승만에 의한 단독정부가 들어서고, 북에는 소련의 지지를 받는 김일성의 공산당이 주도하는 조선인민공화국이 건설되었다.

이 무렵 김영윤 목사는 조만식 선생이 이끄는 조선민주당에 가입하고 안악읍 지역당 위원장으로 선임되어 민주주의 국가를 건설하는데 심혈을 기울였다. 그러나 이미 북한에는 소련군의 지원을 받는 김일성의 공산당이 서서히 장악하기 시작하였다. 신탁통치를 반대하던 민주진영의 인사들이 공산당과 소련군에 의해 감시와 탄압을 받기 시작하였다. 김영윤 목사도 안악읍 주둔 소련군 사령부에 잡혀가 고초를 겪었다. 다행히 일제시절 안악읍교회 목사관의 부엌일을 하던 청년이 소련군의 통역관으로 있어 그의 덕분으로 풀려날 수 있었다. 그러나 날이 갈수록 시국은 신탁통치 찬반문제로 혼란스러워졌고 폭력과 살인까지도 일어났다. 김 목사는 재건된 평양신학교에 출강하면서 목회자 양성에 힘썼다.

이런 가운데 김일성의 공산당은 1946년 11월 3일 주일날 북한전역에서 총선을 실시하겠다는 결정을 교회에 통보해왔다. 이 결정은 북한의 교회의 신앙을 시험하는 무서운 사건이었다. 대다수의 교회들은 주일날 선거하는 일은 십계명에 있는 성수주일을 위반하는 것으로 받아들일 수 없다고 철회를 요구하였다. 그러나 공산당은 주일 총선을 강행하고 목회자들과 교인들에게 선거참여를 독촉하였다. 안악읍교회의 김영윤 목사는 교인들에게 투표에 참여하지 말 것을 알리고 자신도 선거에 불참하였다. 이일로 인하여 김 목사는 공산당과 소련군의 감시의 대상이 되었다. 김 목사는 안악지구 소련군 사령부에 불려가 고초를 겪기도 하였다. 마침 통역을 맡은 교회청년의 도움으로 풀려날 수 있었다. 그 청년은 김 목사에게 시국이 어려우니 피신하는 게 좋겠다고 충고하였다. 월남을 하라는 이야기였다. 그러나 교회의 집사 가운데에는 매주일 김 목사의 설교를 요약하여 정치보위부의 끄나풀이 되어 당국에 보고하는 자도 있었다. 교회와 목회자들에 대한 공산당의 탄압이 날로 심해지자 목회자들 가운데 월남하는 사람들이 많아졌다. 그러나 북한교회와 성도들을 두고 갈 수 없다고 생각하여 남아있던 목회자들은 하나 둘씩 공산당에 의해 납치되어 사라져갔다.

[ 용산순교자기념관내 기념비 ]

김영윤 목사는 이 어려운 시기를 교회와 교인들을 지키며 견디어냈다. 그렇게 세월이 흘러 1950년 6월 15일 김 목사의 부인이 하혈로 인하여 해주 도립병원에 입원하였다. 의사의 진찰한 결과 자궁절제수술을 하게 되어 입원을 하였다. 김영윤 목사는 6월 25일 해주교회에서 주일 낮 예배 설교 부탁을 받고 전날 해주로 행하였다. 그러나 그 날 밤 김 목사는 정치보위부원들에 의해 강제로 연행되어 해주 형무소에 수감되었다. 6.25전쟁을 시작하면서 공산주의자들이 민주인사들을 전격적으로 체포 수감한 것이었다. 다음날 주일예배에 와서 설교해야할 김 목사가 나타나지 않자, 해주교회의 교우들이 김 목사가 묵은 여관으로 찾아갔다. 그러나 그 곳에서 김 목사를 발견할 수 없었다. 이미 김 목사는 전쟁이 발발하기 전 새벽에 연행되었던 것이다. 김 목사가 사라지자 가족들과 안악읍교회 교우들이 백방으로 그를 찾아 나섰다. 설상가상으로 김 목사의 부인은 부상병들이 후송되어 오자 병원에서 강제퇴원 조치를 당하고 여관에서 머물러 있어야 했다. 차남 정환의 호소로 교우 중 숭실대학 후배 민 집사가 김 목사의 부인을 모셔왔다.

그러나 안타깝게도 김영윤 목사는 연합군이 서울을 수복하고 평양으로 진격해오자 10월 중순 어느 날 공산당에 의해 해주 앞바다에 수장되어 최후를 맞았다. 향년 49세의 나이였다. 이렇게 김영윤 목사는 젊은 나이에 안악읍교회 목회 16년을 마감하고 순교의 반열에 올랐다. 그는 여러 번 월남의 기회가 있었지만 북한지역에 남아 있는 성도들을 지키기 위해 최후까지 남아있다 공산당에 의해 순교의 면류관을 쓰게 되었던 것이다.

### 참고자료


김수진, 『한국기독교회사, 호남편』(범논사, 1980)

김요나, 『일사각오』(도서출판주성, 1992)

김요나, 『순교자전기』(대한예수교장로회총회, 1994)

김양선, 『한국기독교사연구』(기독교문사, 1971)

숭실대학교, 『숭실대학교 90년사』(숭실대학교출판부, 1987)

# 김예진

## 숭실의 순교자

10명의 숭실 순교자들의 삶과 순교 이야기

# 김예진

## 믿음의 가정

김예진은 1898년 9월 5일 생으로 평안남도 강서군 성대면 삼성리에서 김두연의 장남으로 출생하였다. 아버지 김두연은 16세 때 예수를 믿어 가족의 첫 신앙인이 되었는데, 처음에는 가족의 심한 반대를 받기도 하였으나 결국 온 가족이 교회를 다니게 되었다. 김예진이 태어났을 때 아버지는 이미 교회의 영수였고, 어머니 당두찬, 할아버지 김윤섭, 할머니 이혜감은 모두 세례교인이었다.

그의 가정은 경제적으로 크게 어렵지 않은 집안으로, 일꾼을 부리면서 조농사를 크게 짓고 있는 자영농 신분계층이었다. 이런 믿음의 가정에서 성장하면서 김예진은 어려서부터 신앙에 깊은 관심을 가졌고 그로 인해 13세 때 주의 종이 되겠다고 서원하였다. 1915년 12월 23일, 만 17세가 되었을 때 그는 3살 연상인 한도신과 결혼하였다. 한도신의 가정은 그의 아버지 한성은이 소안론 선교사(W. L. Swallen, 1859-1954)를 통해 예수를 믿었기 때문에 결혼 당시 아버지가 장로가 되어있었으며, 한도신은 역시 그러한 영향으로 인해 12세 때 소안론 선교사에게 세례를 받았다.

[ 소안론 선교사 ]

김예진은 13세 때 가족이 평양 순영리로 이사하여 정미소를 운영하기 시작하였다. 이 사업이 성공적으로 안착하면서 계속 번창하여 이후 '평일 정미소'라는 큰 사업장으로 발전하였는데, 이곳에서 여러 일꾼과 식구들이 함께 일하며 살았다. 김예진은 19세 때 평양 산정현 교회 집사가 되었다. 당시 산정현 교회는 600여명의 등록교인 출석하고 있었는데, 여기서 그는 주일학교 부장, 찬송 인도, 오르간 연주, 제직회 서기 등을 맡았다.

## 숭실에서 무기정학

김예진의 교육은 선교사들이 운영하던 평양 숭덕초등학교에 입학하는 것으로 시작되었다. 그러나 당시는 집이 아직 평양으로 이사하기 이전이어서 어린 나이에 집을 떠나있는 것의 어려움이 많아 이후 집 근처 학교로 전학하여 학업 마치게 되었다. 이후 평양의 숭실중학교로 진학하였다. 숭실중학교를 다닐 때 성적은 보통이었으나 남 돕는 일이나 노방전도에는 열심이었다. 이는 당시 숭실중학교 재학생들이 늘 하던 일들이었다. 졸업 후 1916년에 숭실대학에 입학하여 수학하였는데, 이듬해인 7월에 교내 웅변대회에서 "민족의 십자가를 지자"라는 주제로 연설을 한 후 일제에 의해 불온하다고 체포되어 일주일간 구류를 살게 되었다. 이 일로 총독부는 학교에 압력을 가했고 결국 김예진은 웅변 대회에 함께 동참한 이수일, 설명화, 김취성 등과 더불어 무기정학을 받게 되었다.

정학당한 후 그는 채정민 목사의 도움을 통해 평북 순천 제남에 있는 교회 담임전도사로 봉직하게 되었다. 그리고 약 1년 후 숭실대학은 총독부에 진정서를 넣었고, 그 결과 1919년 봄 학기에 김예진은 숭실에 복학할 수 있게 되었다. 그는 복학과 동시에 일찍이 결정한 목회자의 길을 가기 위해 평양신학교 입학 수속을 하였는데, 당시 숭실은 이런 이중 학적을 인정하고 있었다.

## 3.1 운동과 상해로 탈출

주의 종으로 목회자의 길을 가겠다고 하였지만 그러나 그는 먼저 독립운동에 뛰어들었다. 이것은 아마 당시 시대 상황이 그러하였고 또한 그가 젊었기 때문일 것이다. 그 첫 사건이 위에서 언급한 숭실대 2학년 때의 웅변대회였고, 이어 3.1 독립만세운동이다. 1919년 복학이 되어 숭실로 돌아오게 되었을 때 김예진은 3월 1일 독립만세운동을 준비하기 위해 친구 3, 4인과 함께 2월 28일 자신의 집에서 태극기를 만들었다. 그의 집은 커서 몰래 이 일을 할 수 있는 공간이 있었다. 이들은 일일이 종이에 태극기를 그려 수백 개의 국기를 만들었고 부인 한도신은 재봉틀로 대형 태극기를 만들었다.

다음 날 아침 이들은 밤새 몰래 만든 태극기를 자루에 가득 넣어 집결장소인 숭실대학 교정에 나가 모인 사람들에게 나누어 주었고, 김예진은 한도신이 만든 대형 태극기를 휘두르며 시위대 맨 앞에 서서 행진을 시작하였다. 이때부터 숭실대학 학생들을 비롯한 수천 명의 사람들은 '대한독립만세'를 외쳤다. 일제는 이 만세운동을 총과 칼로 진압하였고 이로 인해 평양에서 수많은 사람들이 사망하거나 부상당하였다.

일본 경찰은 이 운동의 주모자들을 색출하기 시작하였고 김예진은 주모자로 간주되어 구속되었다. 김예진은 결국 8월 9일에 징역 6개월을 선고받았다. 그러나 이미 몇 달에 걸친 심한 고문과 옥살이로 김예진은 감옥에서 심장병이라는 질병을 얻게 되었다. 이로 인해 그는 그 달 말에 산정현교회 소속 기업인 김동원 장로 등의 보증과 500냥의 보증금으로 기홀 병원에 병보석으로 입원하게 되었다. 그런데 선교사가 만든 이 기홀 병원은 대한민국애국부인회의 비밀 회집 장소였다. 또한 이곳이 병원이어서 감옥과 달리 외부와의 접촉이 상대적으로 용이했다. 이러한 환경으로 인해 김예진은 김구의 연락원이었던 한 지인을 병실에서 만날 수 있었고 그를 통해 상해 임시정부와 접촉이 가능하게 되었다. 결국 김예진은 상해로 도피하는 계획을 준비하기 시작하였다. 치료 시작 후 몇 달이 지난 11월 그는 비밀리에 병원을 탈출하여 황해도 봉사 당포 마을의 이영배의 집으로 가서 그곳에서 소금 배를 타고 상해로 떠났다. 병원을 빠져나갈 때 기홀병원장과 미국 선교사들이 비밀리 뒤에서 도왔다.

일제는 이후 김예진과 그의 본가를 계속 추적, 주시하였는데, 몇 달 후 김예진의 부친이 아들과 상해에서 알던 임시정부 연락원들을 자신의 집에 숨겨주는 일이 있었다. 이 일은 결국 일제에 노출되었고 일본 헌병들은 김예진의 본가를 포위하여 연락원들과 함께 수십 명의 가족들을 연행하였고 독립군에게 보내려고 마련해둔 군자금도 압수해갔다. 가족들은 모진 고문 후에 풀려났지만 이 일의 여파로 가족이 운영하던 정미소의 문은 닫게 되었고 사업은 파산하게 되었다. 김예진의 부친은 3.1운동 전부터 자주 상해임시정부에 많은 독립금을 보냈는데 이제 그는 만주로 몸을 피해야 하였고, 김예진의 부인은 친정으로, 나머지 가족들은 뿔뿔이 흩어지게 되었다.

### 무력 투쟁: 평남도청 폭파 사건

1919년 11월 중순경 상해로 탈출한 김예진은 임시정부로부터 평안남도 청년단 조직과 결사대 조직의 지령을 받고 권총과 폭탄을 가지고 다시 조선으로 돌아왔다. 그러나 이미 집은 팔린 상태라 결국 수소문 후 처가 댁으로 갔다. 그러나 처가에 가자마자 곧 형사들이 들이닥쳐 체포되었으나 장인의 도움과 김예진의 기지로 탈출에 성공하였고, 이후 때로는 변장으로 때로는 만난 사람들의 도움으로 무사히 활동을 계속할 수 있었다. 그는 감시망을 피하면서 대한민국의용단에 참가하여 서무부장을 맡았고 대한일신청년단을 조직하여 독립전쟁을 준비하였으며 여자청년단 조직도 시도하였다. 그러면서 준비한 거사가 1920년 8월 평남도청 폭파 사건이었다. 이때를 거사 시점을 잡은 것은 미국 국회 외교위원단이 8월 24일 경 한국을 방문하는 일정이 있었기에 이 투쟁사건을 통해 조선의 독립의지를 세계에 전할 수 있다고 생각하였기 때문이다.

1920년 8월 3일 김예진은 문일민 그리고 여성동지 안경신과 한 조가 되어 평남도청에 폭탄을 투척하였다. 당시 김예진의 조 외에도 2개조가 더 있어 각각 평양시청, 평양경찰서 그리고 평남도청에 일시에 폭탄을 던지는 것이 계획이었는데 그 중 김예진 조만 성공하게 된 것이다. 이 사건은 전국적으로 큰 반향을 일으켰다. 연일 신문에서 집중적으로 사건을 다루었으며 많은 이들의 관심을 불러일으켰다. 폭탄 투척 후 김예진은 산정현교회 유계준 장로의 집으로 몸을 숨겼다. 이미 준비된 일이었다. 사건 다음 날부터 일제는 총력을 기울여 수색을 하였지만 유계준의 벽장 속에 숨어있는 김예진을 찾지 못했다. 유계준은 중국과 무역업을 크게 하고 있었기에 김예진을 위해 배를 준비할 수 있었고, 일주일 후 새벽에 김예진은 상해로 비밀리에 출발할 수 있었다.

[ 평안남도 도청 ]

상해 도착까지도 순조로운 일정이 아니었다. 죽을 고비를 몇 번 넘기면서 김예진은 상해에 도착하게 되었다. 이때부터 상해 망명이 시작되었다. 그리고 이 시기를 기점으로 김예진은 항일무장투쟁에서 거리를 둔다. 이것은 당시 항일 무장 투쟁이 가지고 있는 한계 그리고 시대의 변화에 기인되었다.

일제가 통치 방식을 강압에서 회유로 방향을 틀게 되었기 때문이다. 역사학적으로 볼 때 항일 무장투쟁은 1919년 3.1운동 후 2·3년 내에 주로 일어난 일이다. 물론 김예진의 기독교 신앙도 무장 투쟁으로부터 멀어지는 한 요인으로 작용하였다.

상해에서의 삶은 고단하였다. 부인 한도신이 고향에서 취업을 해 받은 돈의 일부를 상해로 보내 그것으로 생활을 영위할 수 있었다. 힘든 취업 활동으로 인해 부인의 몸이 피폐해져가고 있을 때 상해로부터 연락이 왔다. 김예진이 상해에 주재하고 있는 외국계 전차회사에 취직을 하였으니 가족을 데리고 상해로 오라는 전갈이었다. 한도신은 자녀 둘을 데리고 상해로 가서 김예진을 만났다. 그러나 생각과 달리 경제적인 형편은 매우 열악하였다. 월급을 받고는 있었으나 주위에 필요한 도움이 있으면 거절하지 않는 김예진의 성격으로 인해 받은 돈 대부분이 지출되고 있었다. 또한 독립운동과 관련된 활동이나 인사들을 돕기 위해서도 돈을 내고 있었다. 이런 형편이다 보니 빚도 지게 되고 가정의 물건을 저당 잡히는 일도 빈번하였다.

그러던 어느 날 김예진은 일본 형사들에게 체포되고 만다.(1926년 5월 15일) 발단은 상해 일본 영사관에 한국인들이 잡혀있는 것을 알게 된 한국인 몇 명이 영사관에 폭탄을 던진 것이다. 일본은 김예진을 범인으로 지목하여 체포를 시도하기 시작하였고, 결국 그가 일하고 있던 전차회사를 통해 김예진을 체포했다. 조사과정에서 일제는 그의 고향에 신원조회를 하였고 그 결과 그가 평남도청 폭파사건의 주동자로 수배를 받고 있는 것이 밝혀져 결국 강제 압송 당하게 되었다. 평양형무소에 수감된 김예진은 그 때부터 길고도 끔찍한 고문 취조를 받게 되었다. 일제의 고문은 수단과 방법을 가리지 않은 잔혹한 고문이었다. 이러한 수감 생활이 거의 2년 동안 계속되었다. 2여년에 걸친 일본 검찰의 조사는 1927년 9월 19일이 되서야 끝났다. 그러나 검찰은 확실한 증거를 확보하지 못했다. 갖은 고문과 취조에도 불구하고 김예진이 입을 굳게 닫아 자신은 물론 다른 독립 인사들에게 피해를 주지 않았다. 일제는 할 수 없이 다른 몇 가지 혐의를 모아 그를 재판에 회부하였다.

그의 재판은 세간의 관심이었다. 신문들도 이 사건에 대해 관심을 보이며 보도를 하였고 이로 인해 직접 재판장을 찾아온 사람들도 많았다. 인파가 많은 관계로 재판은 여러 번 연기되는 사태도 맞았다. 재판에서 일본 검사는 징역 15년을 구형하였다. 그러나 최종 재판에서 김예진은 3년을 언도를 받았다. 도청 폭파의 증거가 없었을 뿐만 아니라 한국 변호인들의 적극적인 변호가 결실을 이룬 것이다. 가족과 산정현 교인들을 포함해 많은 사람들이 기뻐하며 환호하였다. 이미 미결수로 1년 이상 복역하였기에 1년 후가 지나면 출소가 가능했다. 그리고 1928년 12월 2일 그는 특사로 가석방 되었다. 물론 이후에도 일제의 감시나 예비 검속(19회)은 계속되었다. 이런 상황에서 김예진은 평양에서 직장을 얻어 일을 하면서 지냈다.

### 주의 종 서원을 지키다

김예진은 출옥 후 한원준이 평양 대동문 안에서 운영하던 서점 서기 등으로 2년 동안 직장을 다니다 평양신학교에 입학하였다.(1931년) 평양신학교는 이미 그가 숭실대학을 다닐 때 입학 수속을 하였으나 그간의 독립 운동으로 다니지 못한 상태였다. 평양신학교를 다니면서 그는 자신이 어려운 시간을 보낼 때 후원해준 산정현 교회에서 전도사로 봉직하였다. 신학공부 그리고 목회 활동에 참여하면서 그는 점차 독립운동에서 신앙운동으로 전환하기 시작하였다. 그는 무장 투쟁의 한계를 느꼈다. 또한 일제의 감시와 검속이 끊임없이 계속되어 더 이상 무장 운동이 가능하지 않은 상황이었다. 그리하여 그는 신앙을 통해 민족을 살리고 구원할 수 있는 길을 걷기로 했다. 이미 그는 13세 때 주의 종이 되겠다고 서원했고 독립 운동 중에도 신앙의 끈을 놓지 않았다. 중국 상해로 탈출할 시 배에서 큰 곤란이 생겼을 때 기도를 통해 위기를 극복하였고, 상해에서 안창호 선생이 민족과 나라를 위해 목숨을 바치는 것을 조항으로 하는 흥사단에 가입을 권유했을 때 비록 안창호 선생과 가까운 사이인데도 불구하고 주께 목숨을 바치기로 결의하였기에 가입을 사양하였다. 평양 이송 후 감옥에서 성서를 19번이나 완독하기도 하였다. 이런 그가 이제 평양신학교 입학수속을 낸지 12년 만에 신학교에서 공부하게 된 것이다. 그의 나이 서른 세 살 때였다. 그리고 1938년 3월에 졸업을 하게 된다.

평양신학교에서의 7년 기간 동안 김예진은 여러 사건에 접하거나 영향을 미치게 된다. 그리고 이 사건들은 그의 신앙의 색깔을 보여주는 동시에 그의 신앙에 영향을 미치기도 하였다. 마포삼열 기념 동상 건립을 저지한 사건이 그 중 하나이다. 마포삼열(Samuel Austin Moffet, 1864~1939)은 미국에서 온 장로교 선교사로 평양을 중심으로 서북지역 기독교 전도에 혁혁한 공을 세운 사람이다. 1890년대부터 평양에서 길거리 전도를 하면서 갖은 박해와 위협 속에서도 꿋꿋이 선교의 열정을 놓지 않아 결국 평양을 한국의 예루살렘이라고 불릴 정도로 전도를 일으킨 뛰어난 선교사였다. 그런데 김예진이 평양신학교에 입학했을 때인 1930년이 마침 마포삼열 선교사의 사역 41년째가 되는 해이었다. 자연히 이 선교사의 헌신과 공적을 높이고자 그의 전기 발간 및 기념 동상을 세우는 것을 장로교 총회 의견으로 모았다. 서울에 이미 언더우드 선교사(Horace Grant Underwood, 1859~1916)와 에비슨 선교사(Avison, Oliver R., 1860~1956)의 동상이 있었으므로 그것을 따라 평양에 마포삼열 동상을 세우겠다는 생각이었다. 김예진과 더불어 몇몇 인사는 이 계획에 대해 극명하게 반대하였다. 만일 동상이 세워지면 도끼로 찍어 버리겠다는 언급도 하였다. 이것은 마포삼열 선교사에 대한 반대가 아니었다. 이들 모두는 이 선교사를 존경하였다. 그러나 그렇다고 동상을 만드는 것은 있을 수가 없다고 생각했다. 자칫 우상이 될 수 있다고 생각했다. 김예진은 동상 건립을 강력하게 반대하는 동시에 대안으로 기념 체육관을 지어 유익한 일에 쓰자고 하였다. 결국 이들의 강력한 반대활동으로 인해 동상 건립 계획은 기념관을 세우는 사업으로 변경되었다.

[ 마포삼열 선교사 ]

김예진의 이러한 반대는 우상 문제만 아니라 더 깊은 뜻도 있었다. 곧 하나님의 일을 한 것에 대해 세상 사람들로부터 칭찬이나 보답을 받는 것은 바람직하지 않다는 것이다. 칭찬이나 상이 있다면 그것은 단지 하늘에서 받으면 된다는 것이다. 김예진은 이러한 지론을 다른 사람들에게 뿐만 아니라 자신에게도 적용했다. 그는 자신이 도와준 일에 대해 보상을 받을 수 있는 기회가 여러 번 있었지만 이를 미리 차단하여 보상 받기를 거부하였다. 1931년에 발생한 만보산 사건(중국 화교 박해 사건)이 그 예이다. 그는 이 사건을 통해 위기에 처한 화교들을 물심양면으로 도왔지만 의도적으로 자신의 인적 사항을 알려주지 않아 그들을 도운 다른 사람들과 달리 아무 보답도 받지 못했다.

평양신학교 재학 시 김예진이 깊숙이 관여한 또 다른 사건은 소위 '평양기도단' 운동이다. 이 운동은 김예진의 신앙생활의 중요한 한 측면을 보여주는 사건이다. 이 사건은 김예진이 독립운동으로부터 신앙운동으로 더욱 깊이 들어가는 것을 나타내는 지표가 되기도 한다. 기도운동의 시발점은 1930년 2월에 평양중앙교회에서 열린 이용도 목사의 부흥회로 볼 수 있다. 이 부흥회는 회개 운동을 일으켰고 사람들로 하여금 기도에 몰입하게 만들었다. 김예진 역시 부인과 함께 이 부흥회에 참석하여 깊은 영향을 받아 기도를 시작하였다. 처음에는 소수가 모여 기도하였는데 점점 이 무리의 수가 불어나게 되었다. 그리하여 밤새 산에 가서 기도하기도 하고 주일이면 교회에서 새벽

기도회를 열기도 하였다. 새벽 기도는 길선주 목사가 1900년도 초에 시작했으나 시간이 흐르면서 한국 교회에서 사라져갔다는데 이번을 기회로 그 불길이 다시 붙기 시작한 것이다. 교회들이 새벽 기도회를 시작하면서 교회 교인수가 증가하기도 하였다.

기도하는 사람들이 늘자 김예진과 그의 기도단 일행들은 서문밖 교회 지하실을 빌려 매주 한번 기도회를 개최하였고, 소식을 들은 사람들은 이곳으로 계속 모이게 되었는데 이로 인해 문제가 발생하게 되었다. 수가 많아지고 사람들의 관심을 받다보니 의심의 눈초리도 받게 된 것이다. 특히 샤머니즘적인 요소가 문제시되었다. 아무래도 이 기도회는 부흥회와 관련하여 시작된 기도 운동이다 보니 조용히 기도하는 것이 아니라 소리를 내고 기도하는 경우가 있었고, 또한 이용도 목사가 신비주의 의혹을 받을 수 있는 사람이었기에 이 기도 운동이 무속적이라고 인식될 수 있었다. 이 운동에 참여한 일부 광신도들도 기존 교회와 목회자들의 신앙과 삶의 태도를 노골적으로 공격하기도 하였다. 이로 인해 이 기도회는 기존 교회에 의해 위험시 되거나 비판을 받게 되었다. 김예진 역시 자신이 소속된 산정현 교회에서 기도회를 시작하였는데 3주가 못되어 당회로부터 해산 명령을 받았다. 결국 평양노회는 조사 연구원을 선정하여 이 운동을 조사하도록 명하였다.

이 조사위원회는 자신들의 조사한 내용을 토대로 노회에 건의안을 올렸다. 건의 내용은 기도를 제한하고, 타 교파 강사 및 무인가 강사 초청을 제한하며, 무인가 기도 단체를 해산시켜야 한다는 것이었다. 이에 대해 노회는 찬반 논쟁 속에 건의안을 통과시키게 되었다. 이에 기도 운동은 큰 타격을 받았고, 김예진도 장대현교회에서 더 이상 전도사직을 수행하지 못하고 1932년 7월에 신암교회로 자리를 옮기게 되었다. 그리고 그 다음 노회에서 다시 이 문제로 기도단이 공격을 받을 때 방청석에서 듣고 있던 김예진은 단상에 올라가 노회원들을 향해 소리쳤다. "노회원들아, 너희가 마땅히 회개할 것이어늘 어느 때까지나 진리를 거역하겠느냐, 이용도면 어떠나 진리면 받을 것이지!"

이 일로 김예진은 징계를 받아 평양신학교에 더 다닐 수 없게 되었고 신암교회에서도 계속 있을 수 없게 되었다. 이로 인해 김예진의 삶은 이후 3년 동안 많은 어려움에 처해지게 되었지만 이 기도 운동은 그 후에도 계속 이어져 결국은 기도 운동에 대한 선입관을 변화시키는 결과를 초래했고 그리하여 김예진은 다시 학교에 복학이 허락되었으며 덕천교회의 담임목사직도 받게 되었다.

김예진의 목회 활동은 초반기에는 신학교 재학 중에 진행되었다. 자연히 목회 시간이 부족하였고 생활비도 빠듯하여 어려움이 많았다. 첫 교회였던 덕천읍교회는 평안북도에 위치하고 있어 평양신학교로의 통학이 쉽지 않았다. 이곳에서 2년간 봉직 후 평안남도에 있는 평리교회로 옮겼으며 여기서 신학교를 졸업하였다.

[ 평양신학교 졸업시 가족사진 ]

## 설교할 수 없는 목사

졸업 후 그는 평원군에 있는 갈원교회로 청빙되었다. 시간과 경제적으로 여유가 생겼고 김예진은 모든 역량을 동원해 충성스럽게 교회를 섬겼다. 그런데 신사 참배 문제가 발생하였다. 그곳에 부임한지 1년 후쯤 일이었다. 어느 겨울 날 일본인 앞잡이 하던 길목사라는 자가 김예진의 교회를 순시하러 찾아왔다. 이때는 이미 조선의 기독교가 신사 참배를 수용하기로 총회에서 결정한 후였다. 그 목사는 김예진에게 왜 '가미다나'가 없느냐고 물었다. '가미다나'는 일본의 시조신을 모시는 제단으로, 일제는 조선인들로 하여금 신사참배와 함께 각 가정이나 교회에 이 신단을 설치하게 하여 그것에 절하도록 하였다. 시찰을 나온 목사는 일본을 향해 동쪽에 놓아두어야 할 '가미다나'가 없음에 대해 물었고 김예진은 신앙 양심에 허락이 되지 않아 보이지 않는 곳에 치워두었다고 대답하였다.

이것이 화근이 되었다. 며칠 후 일제는 그를 소환하여 이 일을 조사하면서 그가 신사참배를 하지 않았다는 사실을 알게 되고 그를 감금하게 되었다. 그들은 추운 겨울이었음에도 불구하고 준비도 없이 간 그를 40일 동안 차가운 감옥에 가두면서 만일 신사 참배를 하면 풀어주겠다고 회유했다. 김예진의 신사참배 거부와 구금이 계속되자 온 교회 교인들이 철야 기도회를 하기 시작했고 급기야 노회가 나서서 중재를 하게 되었다. 결국 김예진은 설교권을 정지당한 후 풀려나게 되었다. 이후 그는 모든 예배에서 설교를 할 수 없게 되었다.

설교는 교회 목회에서 가장 중요한 일이었다. 특히 목회자에게 있어 설교는 가장 중요한 책무이자 권리였는데 김예진은 이를 못하게 된 것이다. 그러니 매 예배 때 마다 김예진은 계속 일반 교인 석에 앉아있어야 했다. 이는 매우 고통스러운 일이었다. 목사이면서 교인들에게 설교를 하지 못하고, 교인이면서 담임 목사의 설교를 듣지 못하는 이 상황에서 목회자로 계속 지낸다는 것은 김예진에게 큰 괴로움이었다. 당시의 심정을 김예진 목사의 부인 한도신은 아래와 같이 토로하였다.

> 설교를 못 하니 마치 나는 새가 지치개(날개)를 잘린 것과 같았다. 목사가 설교를 못하고 평교인석에 앉아 있는 것을 짐작해 보라. 교인들 보기에 염치가 없거니와 하나님께 송구스러웠다. 한두 달 생활비를 교회로부터 여전히 받아

먹고 거저 앉아 있자니 마음 괴로워 죽을 지경이었다. 교인들은 목사님이 옆에 가만히 있어만 줘도 은혜가 된다고 한 1년만 그냥 있으라고 했다.

그러나 설교 정지가 언제 풀리지 모르는데 마냥 이렇게 지낼 수는 없었다. 그렇다고 신사 참배를 수용할 수 없었던 그는 결국 교회를 떠나기로 결심하였다. 그의 결심이 알려지자 떠나려는 그를 막으려고 교인들이 나섰으나 눈물을 흘리는 교인들을 뒤로하고 그는 평안북도의 오지인 용천의 구읍교회로 향했다. 그러나 그곳에서도 일제의 간섭과 박해는 계속되었다. 이미 과거에 항일 무장투쟁으로 징역을 살았고 또한 지금 신사 참배를 반대하므로 그곳의 일본 경찰은 끊임없이 감시하면서 그와 그의 교회를 괴롭혔다. 수시로 당국에서 조사가 나왔고 예배 때면 일본 경찰들이 아예 교회에 와서 같이 예배를 보았다. 설교 내용이 그들의 마음에 맞지 않으면 설교 중에도 질책하였다. 또한 매주일 마다 설교제목과 요지를 미리 경찰서에 제출해야만 했다. 그밖에도 수시로 예비 검속이 있었으며 여행 제한도 내려졌다.

결국 김예진의 가족은 이런 일제의 간섭을 피해 고국을 떠나 만주로 가기로 하였다. 만주 봉황성에 있는 봉황성 교회 목회자로 가기로 한 것이다. 이미 그는 망명한 적이 있어 고국을 떠나는 것은 생소한 것이 아니었다. 그러나 그곳 역시 일제의 영향권 아래에 있었다. 봉황성은 안동(현재 단동)과 봉천(현재 심양) 사이에 있는 중소도시로 일본이 세운 만주국의 일부였기 때문이다. 만주 봉황성교회로 간지 얼마 지나지 않아 일제는 이 교회를 그곳에 있는 다른 교회와 통합시켰고, 봉황성 교회는 자신들의 사무실로 사용했다. 그리고 김예진 목사는 관청에서 일을 보라고 조치하였다.

이 같은 조치를 따를 수 없었던 김예진은 관청 일을 거절하는 대신 생활을 위해 부인과 함께 그곳에서 콩나물 공장을 시작하였다. 그런데 이 사업이 잘되어 공장은 크게 번창하게 되었다. 경제적 삶은 안정되었으나 김예진 목사의 마음은 편하지 않았다. 그는 목회를 하지 못하는 상태로 언제 끝날지 모르는 그 암담한 시기를 참고 보내야만 했다. 자신의 교회가 사라져 설교를 못하니 다른 교회에 다니며 주일에 오르간을 치면서 마음을 달랬다. 그러던 중 해방이 찾아왔다.

### 해방 후 남한에서 힘든 목회지만 찾아다니는 목사

김예진은 해방을 기쁨과 감격으로 맞이하였다. 그럴 수밖에 없었다. 숭실대학에서 웅변대회를 시작으로 끊임없이 조국의 해방을 꿈꿔왔고, 무장투쟁을 비롯한 여러 독립운동을 실천하다 일제에 의한 온갖 간섭과 감시를 받던 중 해방이 되었으니 기쁘지 않을 수가 없었다. 그는 감격과 기쁨에 겨워 큰 종이를 구하여 붓으로 '대한독립만세' '조국해방만세'라고 써 태극기와 함께 집에 게시해 많은 사람들에게 보여주었다. 이어 그곳에서 대한거류민단을 조직해 초기 단장을 맡았다. 그리고 중국인들의 약탈로부터 조선인들을 보호하고 조국으로 돌아가려는 사람들을 돕는 일을 수행하였다.

그러던 어느 날 그의 항일운동 전적을 알고 있는 세 명의 중년 남자가 김예진을 찾아와 긴 이야기를 나누고 떠났다. 과거 1920년 경 김예진이 평양에서 비밀청년결사대를 조직해 독립투쟁을 할 때 무기를 제공하였던 사람들이다. 이들은 김예진에게 함께 평양으로 가서 김일성과 함께 나라를 세우자고 하였다. 그러나 김예진은 평양으로 가지 않았다. 상해 임시정부의 김구 선생 및 임시정부 요인들이 곧 서울로 들어간다는 소식을 들었기 때문이다.

김예진은 서울로 내려와 후암동에 정착했다. 그는 해방 후 만주에 진군한 소련군의 행패와 해악을 보았다. 김예진은 그런 소련군이 장악한 북한으로 돌아가기 보다는 남한으로 가서 목회하기를 원했다. 또한 서울에는 상해에서 긴밀히 교제하였던 여러 독립 인사들도 있었다. 김예진은 서울에서 김구를 자주 만났고, 김구 역시 김예진이 도움이 필요할 때 도움을 제공하였다. 남산 기슭 후암동에 2층식 일본 주택을 구입하도록 김예진에게 3만원을 준 사람도 김구였다. 그러나 김예진은 점차 정치에서 멀어져갔다. 상해에서 독립을 쟁취하기 위해 삶을 바쳤던 인사들이 남한 정치권에서 배제되고 오히려 친일파들이 해방 후에도 계속 득세를 하는 현실을 바라보아야 했다. 그리고 그가 따르고 모시던 김구나 여운영이 정치세력에 의해 암살당하는 것을 목도해야 했다. 그는 점차로 정치권과 거리를 두게 되었다. 서울에 와서 잠시 삼일동지회나 반탁투쟁위원회에서 참여하였으나 그 이상의 정치활동을 하지 않았다. 그러면서 남한 전역에 복음을 전해야겠다는 사명감이 강해졌다. 남한으로 내려온 이유 중 하나였다. 그는 먼저 이북 피난민이 많이 살던 후암동에 거처를 정하고 그곳에서 후암교회를 개척하였다. 어려운 상황에서도 정성껏 목회를 하여 어느 정도 교회가 안정되었을 때 수색에 있는 수색교회에서 교역자가 없다고 하여 6개월간만 목회를 해달라고 부탁이 와서 후암교회를 놔두고 수색교회를 봉사하였다.

50대 초반의 김예진 목사

남쪽에 복음을 전해야 한다는 그의 열정은 이후 그가 전국을 돌면서 교회 없는 면 소재지에 13개의 교회를 세우는 결실로 연결된다. 그는 면 단위 교회 분포 실태를 조사한 후 교회가 없는 지역을 찾게 되면 그곳에 가서 기독교를 전도하고 교회를 세웠다. 무교회 지역에 교회를 세우는 일을 시작한 것이다. 그러나 그 일은 결코 쉬운 일이 아니었다. 그럼에도 그는 사명감을 가지고 헌신하면서 이 일을 이어나갔다. 또한 이를 통해 당시 일어났던 300만 구령운동에 박차를 가하려는 시도도 하였다. 비록 이 부흥운동이 목표대로 성취되지 못했지만 그는 빛도 없이 소리도 없이 뒤에서 이를 도왔다.

이렇게 전국을 돌며 전도활동을 하는 동안 가족의 삶은 어려웠고 그 어려움을 부인 한도신이 감당해야만 했다. 한도신은 사실 김예진의 대일 무장투쟁을 할 때부터 남편과 함께 고난의 길을 걸었다. 상해에서도, 평양에 돌아와 김예진이 수감과 재판의 기간을 지낸 때도, 그리고 목회 활동에서도 그는 남편을 돌보아야 했고 특히 가정 경제를 책임져야 했다. 김예진은 가정에 관심하기보다는 어려움과 도움이 필요한 사람들을 돕는데 더 관심을 두었다. 이런 그의 성향은 이미 학창시절부터 시작된 것이다. 예를 들어 '삼일우지묘 사건'이라는 것이 있었다. 평양에서 숭실학교를 다니던 때 그는 병든 거지 노인이 추운 겨울에 길가에 쓰러져 있는 것을 보았다. 몸은 부어있고 열은 심해 거의 죽어가고 있는 그를 아무도 거들떠보지 않았지만 김예진은 자신의 명주 두루마기를 벗어 덮어주고 그를 엎어 만수대 양로원으로 향했다. 가는 도중에 노인의 핏물이 흘러내리고 온갖 냄새가 남에도 불구하고 그는 그 거지 노인을 양로원에 데려다 주었다. 그런데 양로원은 무연고인 그 노인을 받기를 거절하였다. 이에 김예진은 자신이 가지고 있는 돈을 모두 털어 주며 다시 올 때 돈을 더 가지고 오겠다고 하였다. 며칠 후 등굣길에 그는 그 노인이 사망했다고 들었고 시신을 가져가라는 연락을 받았다. 그는 시청에 가서 사정을 설명한 후 돈 7원을 얻어 관을 마련해 그 노인을 공동 묘지에 안장하였다. 묘비명에 적을 그 노인의 이름을 알 수 없기에 김예진은 '삼일우지묘' 곧 '사흘간의 친구였던 사람의 묘'라고 써넣었다.

이 같이 김예진은 학창 시절부터 자기 몸을 돌보지 않고 어려운 이웃들을 위해 헌신하였다. 교회와 교인들을 위한 헌신은 그가 목회한 어느 곳에서든지 꽃피워 올랐다. 때로는 무모할 정도의 헌신이라고 생각될 수 있는 경우도 많았다. 후암동에 교회를 세운 후 부인 한도신은 다음과 같은 글을 남겼다.

> 후암동 집에 있는 동안 머물다 간 친척과 교인들 식구는 무려 열한 집이다. 홀몸으로 와서 얻어먹고 나간 이는 수없다. 제일 속히 나간 이가 일주일

이고 열흘, 20일, 한 달, 석 달, 반년, 1년 반까지 있다가 살림 차리고 나간 이도 있다.

교회 월급도 충분치 않은 상황임에도 불구하고 그와 그의 가족은 주위 사람들을 물심양면으로 도왔다. 물론 이런 일을 할 수 있었던 이유는 부인과 자녀들이 이런 김예진의 신앙과 삶의 모습을 수용하고 따라주었기 때문이었다. 김예진의 전기를 쓴 이민성은 한도신의 위의 글을 인용한 후 다음과 같은 글을 남겼다.

> 이 일은 결코 쉬운 일이 아니었다. 때로는 20여 명이 먹을 한 끼 쌀을 얻기 위해 먼 곳까지 쌀을 얻으러 가야했고, 돌아오는 길에 쌀을 넣은 자루가 터져 길에 앉아 울던 때도 있었고 잘 먹어야만 낫는 병으로 앓던 여섯 살 막내 딸 명자에게 먹고 싶어 하던 사과 한 알을 사주지 못했고, 온돌방에서 자고 싶어 하는 아이를 산기가 있는 산모에게 온돌방을 내어주고 추운 방에서 자게 하여 죽어가는 것을 지켜볼 수밖에 없던 그들이었다. 도대체 신앙이 무엇이기에 이렇게 철저한 희생만을 강요하는지.

그들의 딸 명자가 그 즈음에 병으로 죽는 일이 발생한 것이다. 이렇듯 도움이 필요한 사람들을 돌보는 것이 자신이나 가족보다 우선이었다.

### '민족 반역자요 미 제국주의자'라고 적힌 명패

전국을 돌며 교회를 세우던 김예진은 6.25 전쟁이 발발하기 전 일본 도쿄의 한인교회의 청빙을 받아 일본으로 가기 위해 수속을 밟고 있었다. 무교회 지역 전도를 마무리 하고 서울에 올라온 그는 8월에 일본으로 가기 위해 필요한 준비를 하고 있었던 것이다. 그런데 그는 왜 일본으로 가려하였을까? 김예진은 일본으로부터 수없는 고통과 핍박을 받았다. 자연히 일본에 대한 강한 반감을 갖고 있었다. 후암교회 재직 시절 그는 일제의 잔재를 없애고자 하여 새벽기도 후 돌아오는 길에 남산 중턱에 가득한 벚꽃나무를 톱으로 몇 개씩 반쯤 잘라 결국 죽게 만들곤 하였다. 한 번은 어떤 중년 신사가 자신의 아들에게 일본어로 이야기 하면서 지나갔다. 김예진은 그들이 일본인인지 한국인인지 물었고, 이에 한국인이라고 답하자 다짜고짜 그들의 뺨을 때리고 한국인이면 한국말을 하라고 호통을 쳤다. 이에 이들은 일본에서 갓 돌아와 실수하였다고 하면서 사죄하면서 한국말을 쓰겠다고 하였다. 이런 모습의 김예진이 일본으로 가서 목회를 한다는 것은 그 이유가 신앙과 관련된 것이 아니었다면 가능한 일이 아니었다. 국가나 민족도 중요하지만 복음은 그것보다 더 중요하다는 마음을 가지고 있었을 것이다. 더구나 그곳에는 재일동포들이 있었다. 그러나 이 일은 6.25 전쟁 발발로 실현될 수 없었다.

김예진과 그 가족은 피난을 가지 않았다. 피난 갈 형편도 되지 않았고 이념이나 정치에 관여하지 않았기에 별 걱정을 하지 않았다. 그러나 공산당의 통치 그리고 폭격과 식량문제는 계속 어려운 상황을 야기하였다. 공산당원들이 김예진을 찾아와 자신들에게 협조할 것을 요구하였다. 그러나 김예진은 협조할 생각이 없었다. 이런 상황에서 김예진은 가족을 안전한 곳으로 옮기고 싶었다. 그러던 중 7월 30일에 김예진은 금식 기도를 하기 위해 삼각산에 올라갔다. 3일을 금식한 후 8월 1일 오후에 집에 내려온 김예진은 죽으로 음식을 채운 후 그 다음날 아침에 시골에 가족들이 거할 곳을 알아보기 위해 미사리의 최장로집을 향해 나섰다. 이것이 가족과의 마지막 이별이었다.

집을 나선 김예진은 도중 동행하는 사람이 있어 그 사람에게 전도를 하였는데, 그 사람이 하필 사복을 입은 북한 내무서 사람이었다. 결국 그는 체포되었고 심문과 고문이 시작되었다. 그러나 김예진은 언제나 그러하였듯이 신앙과 삶에 대해 자신의 주장을 꺾지 않았다. 공산당들은 김예진을 중죄인으로 분류하여 처형하기로 하였다.

공산군은 그를 처형장으로 끌고 가면서 그의 가슴에 '딸을 미 제국주의자들에게 팔아먹고 일본으로 도망하려던 민족반역자'라는 글귀가 적힌 종이를 붙였다. 그의 딸이 당시 미국의 필라델피아로 유학 준비를 하고 있었기 때문이다. 공산군은 가는 도중 계속 가슴에 붙인 글을 크게 소리 내어 읽으라고 강요하였다. 그 때마다 그는 자기를 끌고 가서 죽이려는 자들에게 '예수를 믿으시오. 그리고 회개하시오. 그러면 당신들의 죄를 용서해 줄 것이오'라고 외쳤다. 그러자 그들은 더욱더 그를 총과 몽둥이로 내려쳤다. 그럼에도 그는 기도를 쉬지 않았고 '예수 믿고 구원 받으시오'라는 말을 남기면서 쓰러졌다. 그날이 8월 10일, 장소는 경기도 광주 경인리(일명, '석받이')라는 곳이었다. 그는 그곳에서 20여명의 다른 사람들과 함께 총살당한 후 매장되었다. 평소 그는 '삶은 조국에, 목숨은 하나님께'라는 신조를 가지고 있었는데, 이제 그 신조대로 순교하게 된 것이다.

그의 나이 52세였다. 일제와 공산당의 압제 속에서도 신앙과 민족애를 꺾지 않으며 자신이 따라야 할 길을 걸어간 김예진 목사는 이렇게 자신의 생을 마감하였고, 평남도청에 함께 폭탄을 던진 문일민과 같이 현재 국립묘지 애국지사 묘역에 묻혀있다. 김예진의 시신을 찾을 수 없었기에 그곳에는 유품만 모셔졌다.

2007년 10월 10일, 숭실대학교는 개교 110주년을 맞이하여 학업 도중 독립운동 참여로 인해 학업을 마치지 못한 김예진에게 명예졸업장을 수여하였다.

## 참고자료


김수철. 『순교열전』 서울: 한국기독교순교자유족회, 1994.

김요나. 『순교자 전기 4: 김예진 목사』 서울: 대한예수교장로회, 1996.

백하나. 『하나됨을 위하여: 팔순 기념 김동수 회고록』 파주: 한울, 2016.

이민성. 『김예진: 그의 생애와 사상』 서울: 쿰란출판사, 2010.

한도신. 『꿈 갓흔 옛날 피 압흔 니야기』 서울: 돌배게, 1996.

# 김철훈

## 숭실의 순교자

10명의 숭실 순교자들의 삶과 순교 이야기

# 김철훈

## 성장배경과 출생

김철훈 목사는 1905년 11월 3일 경기도 양평(지평)에서 부친 김경덕(원명 극선)의 3남으로 태어났다. 아버지 김극선은 고종황제가 대한제국을 세우고 교육진흥 법령을 발했던 1898년 5월 1일 사숙 사범강습소를 입학하여 교육을 받았다. 그는 1년 후인 1899년 4월 20일 21세의 나이로 양평군 용문면 광탄리에 광홍의숙(현 광탄초등학교)을 설립하였다. 김극선은 1905년 이후 지평, 양평 지역으로 순회전도차 온 곽안련 선교사를 만나 예수를 믿게 되었다. 1909년 그는 정윤수, 김성실 등과 함께 선교사의 조사로 선임되어 양평 일대의 교회들을 순회하며 관리하였다. 이 때 그는 목회자의 길을 가기로 결심하였고, 1913년 8월에 성서공회의 매서인으로 위촉 받아 성경 보급에 힘썼다. 김극선은 평일에는 각 지역을 다니며 성경책을 팔다가도 주일이면 지평리로 돌아와 자택에서 동리의 주민들을 모아 예배를 드렸는데 이것이 지평리 교회의 시작이었다.

김극선은 1915년 12월 1일 목사후보생으로 선발되어 이듬해인 1916년 평양장로회신학교에 입학하였다. 1919년 3.1운동이 일어난 후 각도대표자들이 모여 후속운동을 논의하였는데 김극선은 신학생의 신분으로 이 모임에 참여하였다. 김양선 교수는 〈3.1운동과 기독교계〉이란 논문에서 다음과 같이 김극선의 3.1운동 참여를 말하고 있다.

---

*이 글은 김요나 「순교자전기」 (대한예수교장로회 총회, 1994)에 의거하여 기술하였다.

민족 대표자들이 계획한 제2진의 독립운동이 함태영의 체포수감으로 지도자를 잃게 되어 계속되지 못하고 있을 때에 서울 안동교회 목사 김백원, 승동교회 목사 차상진, 의주교회 경영의 양실학교 교사 문일평, 정주 덕달교회 장로 조형균, 양평교회 경영의 광탄학교 교사 김극선, 문성호, 백관형 등이 주동이 되어 3월 12일 서울 서린동 중국 음식점 영흥관에 모여 13도 대표의 이름으로 〈조선 독립은 2,000만 동포의 요구이다. 우리들은 33인 민족 대표자의 후계자로서 조선 독립을 요구한다〉라는 취지의 〈애원서〉를 만들어 차상진, 문서호가 당일에 총독부에 제출하였고 김백원, 문일평, 김극선, 조형균 등은 종로 보신각 앞에 시민을 모아 문일평이 애원서를 낭독한 후 시가를 행진하면서 만세 시위를 벌였다.

이 만세시위운동으로 일본 경찰에 의해 13도 대표들이 체포 구금되었고, 이때 김극선도 체포되어 1심 재판에서 무기징역을 2심 재판에서 3년 8개월의 형을 선고받고 서대문 형무소에서 옥고를 치렀다.

## 숭실중학 입학과 신앙교육

아버지 김극선이 3.1운동으로 옥고를 치르던 때에 김철훈은 보통학교 4학년이었다. 철훈은 다니던 보통학교에서 일제에 항거한 인물의 아들로 알려져 일본인 교장으로부터 학교생활에서 많은 수모를 당하였다. 아버지가 없는 관계로 집안은 경제적으로 어려워 끼니를 걱정해야만했다. 이러한 상황에서 철훈은 어머니와 상의한 후 서울로 상경하여 고학을 하기로 결심하였다. 서울에 올라온 철훈은 학비를 스스로 벌면서 야간학교를 다닐 요령이었다. 그러나 한 달 동안 온갖 노력을 다해도 학비는커녕 생활비도 충당이 어려웠다.

실의에 빠져 있던 어느 날 양평 일대에서 아버지 김극선 조사와 함께 전도 여행을 했던 곽안련 선교사가 평양신학교에 교수로 있다는 소식을 전해 들었다. 철훈은 그를 만나 사정을 이야기하면 학업을 할 수 있으리라 생각하고 무작정 평양행 기차에 올랐다. 평양에 도착한 철훈은 곽안련 목사 사택을 방문하여 인사하고 자신이 양평 지평리 김경덕 조사의 셋째 아들로 고학을 하기 위해 찾아왔노라고 말씀을 드렸다. 철훈의 이야기를 들은 곽 선교사는 철훈이 자신의 집에서 있으면서 중학교에 다니도록 배려해 주었다. 뜻밖에 곽 선교사의 배려로 철훈은 숭실중학교에 입학하는 행운을 얻게 되었다.

[ 숭실중학교 학생들 ]

당시 숭실중학은 평양선교부가 설립한 대표적인 중등교육기관이었다. 1897년 배위량 선교사에 의해 설립되어 엄격한 학칙준수와 철저한 기독교 신앙교육으로 유명하였다. 그 이유는 기독교 신앙에 철저한 지도자를 양성하고자 하는 설립자 배위량 선교사의 교육철학 때문이었다. 배위량 선교사는 학생들에게 매주 성경공부와 주일예배를 철저히 지킬 것을 강조하였다. 그는 성수주일은 물론 금주, 금연 그리고 조상제사 등을 못하도록 엄격히 규제하였고, 심지어 주일에 물건을 사고파는 일이나 운동이나 산책도 금하였다. 이러한 그의 청교도적이고 금욕주의적인 신앙의 훈련은 학생들에게 하나님의 말씀에 충실하고 세상에서의 빛과 소금의 역할을 감당하는 청지기적 일꾼으로 성장시키는데 있었다.

숭실중학에서의 이러한 훈련은 훗날 철훈으로 하여금 무신론 공산주의와 싸워 순교자가 되는 신앙적 기반이 되었다. 또한 이 시기 철훈은 숭실중학과 평양신학교의 교수를 겸하고 있던 곽안련 선교사의 도움으로 숭실중학을 무사히 마칠 수 있었다. 곽안련 선교사는 철훈에게 물심양면의 도움을 제공하여 철훈이 공부하는데 아무런 걱정이 없도록 배려하였다.

1922년 봄 아버지 김경덕(김경덕) 조사는 3.1운동에 참여하였다는 이유로 3년 8개월의 옥고를 치르고 풀려나 평양으로 왔다. 3.1운동에 참여하여 옥고를 치르는 동안 마치지 못한 신학수업을 계속하기 위함이었다. 그러나 1920년 이미 평양신학교의 학제가 5년제에서 3년제로 바뀌어 아버지는 평양신학교 제 16회로 졸업하고 목사안수를 받을 수 있었다. 한편 철훈은 중학에 재학하는 동안 누구보다도 열심히 공부하며 기도생활에 힘썼다.

## 숭실전문 입학과 투옥 그리고 전도활동

철훈은 24세가 되던 1928년 숭실중학을 졸업하고 하나님의 은혜로 숭실전문 문과에 입학하였다. 당시 숭실전문은 선교부 소속의 대표적인 미션 학교로 특히 학생전도대의 활동이 활발하였다. 학생들은 조를 짜 전도대를 조직하고 전국각지를 돌아다니며 전도 강연을 실시하였다. 전도를 앞세워 개최하는 집회는 언제나 대성황을 이루었다. 뿐만 아니라 일제 하 숭실전문은 민족운동의 온상지였다. 1905년 을사조약이 체결되었을 때 숭실학생들은 학교당국의 만류에도 불구하고 서울의 대한문 앞 시위에 참여하여 국권

[ 봉천 전도대 ]

회복운동에 참여하였고, 1910년 한일합병이 되자 숭실졸업생들과 재학생들은 조선국민회라는 비밀결사 조직을 만들어 국가의 독립운동을 도모하기도 하였다. 1919년 3.1운동 시에도 숭실중학과 전문의 졸업생들은 평양은 물론 서울에서도 만세시위운동을 주도하였다. 이러한 숭실 출신들의 민족운동은 1920년대 와서도 계속되었다.

숭실학교의 학생들은 1926년 6월 10일에 일어난 6.10만세운동과 1929년 11월 3일 광거학생의거에도 참여하여 민족운동의 선봉에 섰다. 특히 1929년에 일어난 광주학생의거는 전국적으로 확산되어 학생들이 참여하였는데 평양에서는 그 해 12월 14일 숭실전문 학생들의 동맹휴교를 시작으로 숭실중학, 광성고보, 평양여자고보, 숭인학교, 평양농업학교 등으로 전파되었다. 평양의 학생운동은 방학으로 잠시 주춤하였다가 개학이 되면서 다시 불붙기 시작하여 1월 21일 숭실전문 전교생 600여명이 참석하는 만세시위로 발전하였다. 이 일의 주동인물 가운데 한사람이 당시 학생회의 종교부장을 맡고 있던 김철훈이었다. 그는 친구 강태민과 함께 이 만세시위운동을 주도하였다. 이 날의 평양만세시위운동은 수 천명의 학생들이 참여하였고 일경은 이 가운데 173명의 학생을 체포하였다. 이 날 숭실전문의 학생은 67명, 숭실중학의 학생은 40명이 체포되어 체포된 총 173명의 3분의 2에 해당하는 숫자였다. 이러한 사실은 당시 숭실의 민족주의 사상과 교육이 어느 정도였는지 미루어 짐작할 수 있다. 철훈은 강태민과 함께 학생만세운동의 주동자로 체포 구속되어 재판을 받았다. 격문을 붙인 사람 12명, 만세 시위에 연류 된 자 8명 총 20명이었다. 이 밖에도 체포되지 않은 사람은 김양선을 비롯한 3명이 더 있었다. 재판 결과 6명이 보안법 위반으로 기소되었고 2차로 검사국에 이송된 숭실전문의 김철훈과 강태민, 숭실중학의 이상규는 기소 유예로 풀려났다. 철훈은 한 겨울에 한 달 간의 옥고를 치르면서 갖은 고문과 고통을 당하였으나 곽안련 선교사와 아버지의 면회로 견디어 낼 수 있었다.

1930년대 숭실은 국내의 미션스쿨 가운데 선교활동이 가장 활발하였다. 당

[ 학생기독청년회(1921) ]

시 기독학생회는 그 대표적인 조직이었다. 철훈은 졸업반에 진급하던 1931년 학생회의 새로운 임원을 개선하여 종교부장에 피선되었다. 당시 종교부는 기독학생회의 가장 핵심적 부서였다. 이 부서의 장은 누구보다도 신앙심이 두텁고 리더십이 있는 학생 중에 선출되는 자리인데 철훈이 뽑혔던 것이다. 이는 철훈이 학우들의 신뢰와 존경을 받고 있기 때문에 가능한 일이었다. 기독학생회는 연간 사업으로 종교부가 중심이 되어 전국 각지에 전도대 파송과 하기아동학교운영과 각 지역 아동 성경학교 교사를 파송하였다. 당시 동아일보에 게재된 기사에 의하면 숭실 학생전도대는 길주와 명산군 일대에 파송되어 1만 여명의 청중들에게 강연을 하여 300여명의 신입교인을 얻었다.

1931년에 숭실전문은 기존의 문과와 이과에 더하여 농과를 설치하여 농촌지도자 양성에 심혈을 기울였다. 기독학생회의 종교부도 전도활동과 함께 농촌운동도 병행하였다. 학생들의 전도활동은 학업 중에도 진행되어 평양 시내와 인근 교회에 나가 교회 일을 돕거나 주일학교, 야학교, 면려회 활동을 수행하였고, 상급생의 경우 교역자가 없는 개척교회에서 선교까지 담당하였다. 이러한 숭실전문의 신앙적이고 민족주의적 분위기 속에서 철훈은 장차 한국교회의 미래를 짊어질 목회자로 지도자로 성장하고 있었다. 그러나 아직은 그의 마음에 목회자가 될 생각은 없었다. 그는 어린 시절부터 꿈이었던 의사가 되고자 하였다.

한편 1931년은 숭실학교의 설립자인 배위량 박사의 선교 40주년이었다. 학교는 숭실학교에 평생을 바친 배위량 박사의 노고를 치하하는 기념식을 거행하였다. 그러나 안타깝게도 배 박사는 기념식이 지나고 얼마 되지 않아 장티푸스에 걸려 10월 28일 하나님의 품으로 갔다. 30일 숭실 대강당에서는 배위량 박사의 평생의 동역자요 친구인 마포삼열 목사의 집례로 6000명이 운집한 가운데 장례식이 거행되었다.

## 신학교 입학과 결혼 그리고 숭실학교 교목 부임

숭실전문학교를 졸업하고 의사가 되기 원했던 철훈은 장래문제를 놓고 곽안련 선교사와 의논하였다. 철훈은 이야기를 들은 곽 선교사는 의사가 되어 병든 사람들을 치료해주는 것도 좋지만, 아버지의 대를 이어 목회자가 되어 한국교회의 지도자가 되라고 간곡하게 권면하였다. 철훈은 곽선교사의 간절한 부탁에 감명을 받고 평양신학교에 입학하기로 결심하였다. 신학교에 입학하기로 결정한 후 철훈은 장래 자신의 목회사역의 방향을 정하고 하나님의 음성을 듣기 위해 묘향산에서 금식기도를 가졌다. 이 곳에서는 그는 한국교회가 장차 신차참배 문제로 큰 환란과 시련을 당하리라 내다보았다.

철훈은 1932년 평양신학교를 무시험으로 입학하였다. 숭실전문을 나온 학생들에 대한 특별한 배려였다. 당시 신입생은 모두 48명으로 서울에서 2명, 경기도에서는 김철훈 한명이었고 이남에서는 모두 16명이 입학하였다. 당시 신학교는 서북세가 강하였다. 철훈이 막상 신학교에 입학해 보니 숭실전문에서의 생활과는 매우 달랐다. 학생들의 연령도 다양하여 아버지뻘 되는 학생들과 동기생인 경우도 있었다. 더욱이 1930년대 초 일제의 식민지정책이 더욱 강화되면서 신학교는 생동감이 점점 사라져갔다. 대부분의 신학생들은 가난과 싸우면서 공부와 교역을 병행해야 했다. 철훈은 신학교 3년동안 기숙사에 있으면서 새벽기도회를 통하여 목회적 영성 강화에 힘썼다.

그러나 그는 신학생 신분이라 가난하여 결혼은 꿈에도 생각지 못하였고, 차일피일하는 동안 27세의 노총각이 되었다.

[ 평양 신학교 새교사 ]

철훈은 신학교 졸업반으로 나이 30이 되어서 자신의 처지를 곰곰이 생각하게 되었다. 목사가 되기 위해서는 독신자의 신세를 면해야 하기 때문이었다. 철훈은 새벽마다 하나님께 배우자를 위해 기도하였다. 어느 날 고향의 아버지에게서 연락이 왔다. 신갈 보통학교에서 교사로 있는 27세의 노처녀가 있는데 선을 보라는 것이었다. 철훈은 서울로 올라와 보통학교 교사인 연금봉과 맞선을 보고 서로 결혼하기로 약속하였다.

연금봉 사모는 경기도 광주군 남한산성에서 태어났다. 아버지가 면장을 지냈으나 4살 때 돌아가시고 홀어머니 밑에서 자랐다. 고향마을에 성결교회가 세워져 교회에 나가기 시작하였다. 교회가 운영하는 사립학교를 나와 숙명여학교를 졸업하고 신갈보통학교의 교사로 학생들을 가르치고 있었다. 연금봉은 공희찬 목사의 소개로 김철훈과 선을 보게 된 것이었다.

이렇게 하여 연결된 김철훈 목사와 연금봉 사모는 1935년 12월 곽안련 목사의 주례로 숭실전문학교 강당에서 결혼식을 치르게 되었다. 결혼식 후 사모는 학교에 사표를 내기 위해 용인으로 돌아갔다. 철훈은 그 사이에 신학교를 졸업하고 봄 노회에서 목사 안수를 받고 숭실중학의 교사(당시 명칭은 교유)

로 내정되어 있었다. 그러나 평양시 학무국의 승인 절차에서 문제가 생겼다. 김철훈은 요시찰 인물이요 사상이 불순하고 재학시절 평양만세시위운동의 주모자라는 것이었다. 더욱이 철훈의 아버지 김극선 목사는 3.1운동에 참여한 민족주의자였다. 학무국은 철훈의 교사 부임을 승인하지 않고 오히려 형사를 숭실학교에 파견하여 수업 중에 있던 철훈을 학교 밖으로 내몰았다. 이러한 상황을 모르고 있던 연금봉 사모는 남편이 있는 평양으로 왔다. 그러나 이미 철훈은 일제에 의해 학교 뿐만 아니라 사택에서도 쫓겨나 여관에서 지내는 신세였다. 연금봉 사모는 신혼을 여관에서 보내면서도 남편이 용기를 잃지 않도록 희망을 불어넣어주었다. 김철훈 목사는 숭실중학 교사에 취임하지 못하는 어려운 상황이었지만 백방으로 시무할 교회를 수소문했다. 얼마 지나지 않아 용강읍 교회에서 연락이 왔다.

## 용강읍교회 부임과 신사참배 거부

용강읍교회는 1902년 최초의 한국인 목사 가운데 하나인 방기창의 전도로 김창문, 서정문, 서정안 등 3인이 믿고 시작한 이 고을의 모교회이다. 김철훈 목사가 부임한 주일 날 교회당은 초만원을 이루었다. 숭실전문을 나온 유명 목사가 온다는 소식에 읍내의 주민들이 모인 것이었다. 김 목사는 용강읍 교회가 첫 목회지라 조심스럽게 목회사역을 감당하였다. 그는 학교에서 배운 목회원리를 기초로 기도와 말씀 증거, 심방을 통해 양무리를 돌보았다. 미나미 총독 취임 후 일제의 신사참배 정책이 더욱 더 강화되자, 김 목사는 매일 아침 새벽기도를 드리고 성경을 가지고 산에 올라가 밤 기도를 드렸다.

그러던 어느 날 경찰서장이 용강군의 22개 교회 목사들과 당회원들을 소집하여 황국신민의 서사를 가정이나 각종 집회, 학교에서 제창하도록 지시를 내렸다. 이 지시 사항에 김철훈 목사가 이의를 제기하였다. 그는 예배시간에 황국신민의 서사를 제창하는 것은 예배를 모독하는 것으로 반대한다고 주장하였다. 서장은 국가의 시책이니 꼭 따르도록 강조하고 회의를 마쳤다. 마을로 돌아 온 장로들은 김철훈 목사의 고집으로 교회가 어려움을 당할까 염려하여 연금봉 사모를 설득하여 김철훈 목사의 주장을 꺾으려 하였다. 당시 교회의 장로들 가운데 일부가 기관을 상대로 하는 직업에 종사하여 당국의 지시를 따르지 않을 수 없었기 때문이었다. 그러나 김 목사는 국기게양은 물론 황국신민의 서사를 제창하지 않았다. 그 사이에 김 목사는 여러 번 경찰서에 불려서 회유를 당하였다. 김철훈 목사는 차라리 예배당을 폐쇄할지언정 그들의 종교의식을 예배시간에 행할 수 는 없다고 생각했다. 일제의 압력은 날로 강화되어가고 있었다. 어느 날 신학교 동기생 명신홍 목사가 찾아와 김철훈 목사에게 도미하여 공부를 더 할 것을 제안하였다. 신학교 교장인 나부열 선교사도 이에 동조하여 힘을 써주었다. 그러나 하나님께서 허락지 않아 그만두었다.

1938년이 되면서 일제의 신사참배 강요는 더욱더 집요하였다. 김 목사는 장로들의 비협조로 더 이상 용강읍교회에서 목회사역을 감당하기 어렵다고 판단하고, 박형룡 박사에게 부탁하여 다음 목회지를 찾았다. 1938년 2월 20일 대동군 송산교회에서 청빙이 와 목회지를 옮기게 되었다.

[ 조선신궁 학생 집단 참배 ]

## 송산교회에서 신사참배 거부로 구속

평북 대동군 고평면 송산리에 위치한 송산교회는 신흥리교회의 지교회로 남리에서 시작하였으나 교회를 송산리로 옮겨 송산교회가 되었다. 1920년 스왈론 선교사가 김재석, 임제훈 등에게 전도하여 인근 6개 마을의 주민들이 예배를 드렸다. 100평 규모의 예배당에 교인이 500명이 넘게 출석하였다. 김익두 목사의 부흥집회로 초대교회의 성령의 역사와 열성적인 개인전도, 성경읽기로 무장하였다. 교회가 부흥하자 교회 부속 교육기관으로 신망학교를 세웠고 후에 송산고등농사학원으로 바꾸었다. 설립자 겸 원장은 김두혁 장로, 교사에는 함석헌, 노윤고 목사 등이 수고하였다. 이 교회는 후에 총신대 총장을 지낸 김득룡 목사외 10여명의 유명 목사들이 배출되었다.

김철훈 목사는 1938년 3월 초 송산교회에 부임하였다. 김 목사는 부임하여 새벽기도회를 강화하고 저녁이면 밤마다 뒷산으로 올라가 나라와 민족을 위해 기도를 하였다. 이 곳에서도 신사참배 문제는 지역교회와 목회자들의 큰 논쟁거리였다. 어느 날 서장과 형사부장이 고평면에 들러 교회 목사들과 장로들을 강당에 불러 모아 신사참배를 강요하는 연설을 하였다. 김 목사는 서장의 연설에 이의를 제기하였다. 그러나 서장은 신사참배는 국가의식이지 종교의식이 아니라고 강변하고 신사참배를 거부하는 사람은 손을 들도록 하였다. 이 때 김철훈 목사는 유일하게 손을 들었다. 연설이 끝나고 형사부장은 김 목사에게 경찰서에 가서 계속 토의하자고 요구하였다. 김 목사는 마침 오늘이 토요일이니 주일예배를 드리고 월요일에 출석하겠다고 답하였다. 주일예배를 드리고 다음 날 김 목사는 약속대로 경찰서에 출두하였다. 형사부장은 김 목사를 지하의 한 방으로 안내하였고 그곳에서 갖은 고문을 자행하였다. 김 목사가 잡혀가자 교회는 김 목사의 석방을 위해 매일 밤 모여 철야 기도를 하였다. 한 달이 지나도 김 목사가 석방되지 않자 교회의 장로들은 모임을 갖고 김 목사와 함께 고난을 받기로 결의하고 신앙심이 깊은 신풍윤 장로와 홍봉식 장로가 경찰서로 자발적으로 출두하여 한 달 간 억류되어 고생하였다. 그러나 김철훈 목사는 9월 제 27회 총회가 끝나고서야 9개월 만에 석방되었다. 김 목사는 9개월 동안의 고초로 몸은 매우 수척해져 나왔다.

## 1938년 의성농우회 사건으로 투옥

김철훈 목사가 출옥 후 얼마가 지나지 않아 평양경찰서에서 형사가 찾아왔다. 그는 경북 의성 경찰서 소속의 배민수 형사였다. 그는 김 목사를 농우회 사건의 혐의자로 체포하러 온 것이었다. 일경에 의하면, 의성읍 교회에서 시무했던 유재기 목사가 평양신학교 시절 배민수, 박학전, 송영길, 김철훈 등 10명과 함께 농우회를 조직하고, 졸업 후에도 독립운동을 전개하고자 이들을 이끌어 왔는데, 이것이 소위 농우회 사건이라는 것이었다. 일경은 이 사건의 배후인물로 평양 산정현 교회의 주기철 목사를 지목하고 연행하였고, 김 목사도 연행하여 경북의성으로 끌고 간 것이었다. 김 목사가 신사참배 문제로 옥고를 치른 지 얼마 안 되어 또 다시 연행되자 연금봉 사모는 더 이상 교회에 폐해를 끼칠 수가 없었다. 교회의 장로님들에게 후임교역자를 청빙하도록 부탁하였다. 교회의 장로님들이 극구 말렸으나 짐을 꾸려 서울의 시댁 큰 집으로 들어갔다. 서울에 올라온 연금봉 사모는 의성경찰서에 잡혀간 남편의 소식을 백방으로 수소문하였다. 심한 고문을 당하여 몸이 많이 상했다는 소식이 전해졌다. 당시 농우회 사건으로 잡혀간 주기철 목사와 박학전 목사 등이 심한 고문을 당한 사실이 장안에 펴졌기 때문이었다. 그러나 어떤 이유에서지 모르지만 다행히 김 목사는 큰 고통 없이 석방이 되었다. 김 목사가 서울로 올라오자 서울 지역의 동역자들이 그 동안의 옥고에 대하여 위로와 격려를 아끼지 않았다.

김목사가 서울에 오자 안국동 교회에서 담임목사로 청빙하겠다는 연락이 왔다. 그러나 김 목사는 사임도 하지 않은 상태에서 교회를 떠날 수 없다며 극구 송산리 교회로 돌아갔다. 그러나 지역의 형사가 매일 같이 찾아와 김 목사와 신사참배 논쟁을 벌였다. 분위기가 좋지 않게 흐르고 국내의 정세가 전시체제로 흐르자, 김 목사의 숭실전문 동기인 강태국 목사가 김목사가 더 이상 국내에 있으면 안 된다고 판단하고 만주로 데려갈 준비를 하고 있었다. 한편, 송산리 교회를 사임하자 이 소식이 알려져 사방에서 청빙의뢰가 왔다.

안주노회장이 찾아와 안주에서 목회할 것을 제안하였고, 평양의 모 교회로부터도 청빙의뢰가 왔다. 그러던 중 중화군의 삼성리교회 장로들이 찾아와 담임목사로 오시기를 간청하였다. 김 목사는 자신은 요시찰 인물이라는 꼬리표가 붙어 국내에서 목회하기가 어려워 이 기회에 만주로 가 목회를 하겠다는 의견을 피력하였다. 이 이야기를 들은 삼성리 교회 장로 한 사람이 "목사님 염려하지 마세요. 꼬리표는 제가 고등계 형사한테 이야기해서 떼어드리겠습니다. 저희 교회로 가시죠" 말하고 몇 일 후 차를 끌고 와 김 목사의 이삿짐을 가져가 버렸다. 김 목사는 만류할 겨를도 없이 하나님의 뜻에 이끌리어 식구들을 데리고 삼성리 교회에 부임하게 되었다.

## 1942년 〈성서조선〉필화사건과 투옥

일제는 태평양 전쟁을 일으켜 식민지 한반도를 병참기지화 하여 갖은 수탈을 자행하였다. 이 암울한 시기에 김교신을 중심으로 일부 교계인사들이 신학잡지 〈성서조선〉을 발간하였다. 이 잡지는 교계로부터 김교신의 무교회주의로 인하여 후에 이단으로 정죄되었고, 일경은 불온한 사상을 퍼뜨린다하여 사찰 대상으로 삼았다. 이러한 상황 속에서 일제는 1942년 3월 제 158호롤 발간된 〈성서조선〉의 내용 중 〈조와〉라는 수필문을 문제 삼아 〈성서조선〉을 폐간하였다. 총독부의 폐간이유는 〈조와〉가 개구리의 소생을 비유하여 조선 민족의 소생을 노래했다는 것이다. 뿐만아니라 총독부는 〈성서조선〉 관계자들과 독자들 수십 명을 소환하여 이들을 조사한 후 그 가운데 13명을 체포 구금하였다. 당시 〈성서조선〉의 독자는 300명 정도였는데 일경은 이들을 모두 불러다 조사하였다.

김철훈 목사는 〈성서조선〉의 독자였는데 그가 몇 차례 불온사상으로 구속된 전력이 있어 구금되었다. 김목사가 구금되자 교회의 장로들은 김 목사의 석방을 위해 백방으로 노력하여 수 개월 만에 풀려날 수 있었다. 그러나 얼마 지나지 않아 형사들이 교회의 사택으로 들어와 다시 김 목사를 연행해갔다.

연금봉 사모에게 곧 풀려난다고 형사가 귀띔을 해주었으나 해가 지나가도 풀려나지 못하였다. 사건이 점점 더 확대되면서 독립운동사건으로 둔갑해 가자 김 목사는 사모에게 변호사로 있는 조만식 장로의 사위인 정재윤 장로를 찾아 상의해 달라는 부탁을 하였다. 백방으로 석방을 위해 노력하였으나 김 목사는 〈성서조선〉 사건에 연루되어 결국 8개월간의 옥살이를 하였다.

한편 김목사의 부친인 김득선 목사는 당시 양평읍 교회에서 시무하고 있었다. 그 또한 3.1운동 당시 3년 8개월 동안의 투옥 경험으로 일경의 요시찰 대상이었다. 김철훈 목사가 〈성서조선〉 사건으로 투옥되어 있을 때 아버지인 김득선 목사도 미국 선교사들과 친하다 해서 미국 간첩혐의로 두 달 동안 투옥되어 있다가 1943년 3월 30일 석방되었다. 그러나 그 해 12월 1일 김득선 목사는 70세의 고령에도 불구하고 다시 체포되어 추운 겨울을 감옥에서 보내다 2개월 만에 석방되었다. 아버지가 석방되자 김목사는 아버지의 마지막을 예감하고 고향을 다녀왔다. 김 목사가 고향을 다녀온 온지 9개월 후 아버지 김득선 목사는 하나님의 부름을 받았다. 이 때가 해방을 8개월 남긴 1945년 1월 1일이었다.

[ 동평양 교회 ]

## 조만식 위원장 보필과 동평양교회에 청빙

해방이 되자 김철훈 목사는 마을 사람들을 모아 매일 예배당에서 애국가를 부르고 또 불렀다. 해방의 감격이 가시지 않던 어느 날 송산리 교회의 장로들은 김목사를 찾아와 과거 자신들이 김 목사를 잘 모시지 못했다고 고백하고 다시 오시기를 간청하였다. 그러나 김 목사는 정중히 이들의 요청을 거절하였다. 이런 일이 일어나고 있던 중 해방정국은 급격히 요동치고 있었다. 이남지역에는 미군이 들어왔고 이북에는 소련군이 들어와 진주하고 있었다. 김목사는 정세가 궁금하여 어느 날 평양을 방문하여 평남건국준비위원장으로 있던 조만식 장로를 찾아갔다. 조 장로는 숭실전문학교 다닐 적 스승이었다. 조 장로는 김 목사를 만나자 일제 때 고생한 김 목사를 위로하고 함께 일할 것을 제안하였다. 스승에 요청을 승낙한 김 목사는 일본인들이 공장에 남기고 간 생필품들을 수거하는 일을 맡아 보게 되었다. 이 무렵 김목사는 월요일에는 평양으로 가 조 장로와 함께 일했고, 토요일에 삼성리로 돌아와 예배준비와 주일 예배를 인도하였다. 그러나 몇 달이 흘러가면서 공산당의 행패가 날로 심해져 갔다. 이북에는 공산주의자들에 의해 폭력이 난무하고 있었다. 평남건준위에 참여한 인사들 가운데서도 남한으로 월남을 하고자 하는 인사들이 나타났다.

이런 와중에 김목사가 평양으로 간 후 상당히 오랫동안 교회로 돌아오지 않아 사모와 교회의 장로들이 걱정하는 일이 생겼었다. 한참이 지난 후 김목사가 초췌한 모습으로 집으로 돌아와 자초지정을 전해주었다. 이야기인즉, 김 목사가 조만식 장로로부터 이남에 공문서를 전달해 달라는 부탁을 받고 서울로 갔다. 이승만 박사를 면담하고자 했으나 실패하고 대신 건국준비위원회 위원장인 여운형 선생을 만나 공문서를 전해주었다. 놀랍게도 거기에는 조만식 선생의 사신이 따로 있었는데 공문서를 가져간 김철훈 목사가 똑똑하니 이남에 일자리를 마련해 주라는 내용이었다. 김목사는 서울에 온 김에 고향 양평에 계시는 어머니를 만나고 다시 평양으로 돌아오게 되었다. 그러나 문제가 발생하였다. 서울 역에서 평양행 기차에 일본인과 한조가 되어 타는 바람에 정치보위부원들에게 붙잡혀 구타를 당하고 거의 죽음을 당할뻔 했다는 것이다. 집으로 돌아온 김 목사는 연 사모에게 어머니의 간곡한 부탁과 이북에서의 공산당의 만행으로 남한으로 갈 것이니 월남할 준비를 서두르라고 전했다. 김 목사는 이 후 일체 정치에 관여하지 않고 목양에만 전념하기로 결심하였다.

김목사는 아내에게 월남을 준비시킨 후 동역자들에게 작별 인사를 하기 위해 가을 노회가 열리는 평양으로 갔다. 김목사는 마지막으로 노회에 참석하여 노회원들에게 월남할 의사를 피력하였다. 그런데 김 목사는 노회가 끝나고 돌아가는 길에 동평양교회의 김인규 장로와 허섭 목사가 찾아와 황은균 목사의 후임으로 와달라는 부탁을 받았다. 이들의 간곡한 요청에 김목사는 월남하기로 한 마음을 돌려 동평양교회에 부임하였다. 하나님의 섭리로 이남으로 가기위해 싸놓은 이삿짐을 다시 평양으로 돌리게 된 것이다. 신도수가 800명이 넘는 동평양교회에 부임한 김 목사는 기도와 성경공부에 목회의 중심을 놓고 교회를 이끌어갔다. 새벽기도회는 매일 신도들이 가득 찼다, 토요일 밤에는 철야기도를 하고 주일에는 온종일 금식을 했다. 그러나 시국은 공산당의 탄압으로 기독교인들의 위기의식은 더 심화되어 가고 있었다. 목회사역이 순조롭게 되어갈 즈음 3.1절 사건이 터지게 되었다. 공산당에 의해 기독교인들에 대한 연행과 납치가 빈번히 일어났다. 사회 분위기가 경색해지자 이북에 있던 목회자들과 기독교인들 가운데 월남하는 인사들이 많아졌다. 이러한 상황 속에서도 김목사는 더욱더 주님께 기도로 매달리고 교회 일에 전념하였다. 노회의 일과 평양신학교 강의에도 최선을 다하였다. 어려운 상황이었음에도 김 목사는 교인들에게 하나님의 말씀을 온전히 전하기 위해 설교준비에 대부분의 시간을 할애하였다.

그러나 시국은 날이 갈수록 악화되어 갔고, 공산당은 급기야 1946년 11월 3일 주일에 총선을 치러 기독교인들을 시험하였다. 김목사는 당시 이북 5도 연합회의 서기로 있으면서 동평양교회가 선거에 참여하지 않도록 단속하였다. 토요일 밤부터 전교인 철야기도회를 실시하여 밤을 새웠다. 이튿날은 금식기도일로 정하고 모두 찬송과 성경공부에 참가시켜 총선에 참여치 못하도록 하였다. 공산당원들이 수시로 교회에 와 교인들에게 투표를 독려하였으나 교인들은 묵묵히 기도만 할 뿐이었다. 그렇게 무사히 총선일이 지나갔다. 그러나 김목사는 공산당에 의해 요시찰 명단에 이름을 올렸다. 1947년을 보내고 이듬해가 되자, 공산당의 탄압은 날로 심해졌다. 목회자들 가운데 납치되어 사라지는 사람들이 많아졌다. 이 무렵 김 목사는 고한규 장로, 석선진 장로 등과 함께 예배를 드리며 시국에 대해 논의하였다. 두 장로는 김목사를 금강산 휴양소로 보낸 후 월남시키고자 하였다. 뿐만 아니라 미국에서 귀국한 배민수 목사가 하루 빨리 월남을 하도록 세 번에 걸쳐 독촉 편지를 보내왔다. 그러나 김 목사는 월남을 원했으나 선뜻 결심을 못 내리고 있었다. 그 이유는 무엇보다도 양떼를 두고 떠난다는 사실이 목회자로서 양심이 허락하지를 않았다. 시국이 어렵고 공산당의 탄압이 심하다하여 양떼를 버리고 도망가는 것은 주님을 사랑하는 사람의 자세가 아니라고 생각하였다.

[ 산정현 교회 교인들과 함께 한 주기철 목사 ]

### 산정현교회 시무와 행방불명

산정현교회는 일제 강점기에 신사참배를 거부하다 순교한 주기철 목사가 시무하던 교회였다. 그러나 산정현 교회는 해방 후 신사참배 거부 문제로 교세가 약화되어 교회 복구를 놓고 교인들 간에 다툼이 있었다. 출옥성도인 방

[ 산정현 교회 ]

계성 전도사는 복구 개혁에 강경노선을 취하였고, 주기철 목사의 옥바라지를 한 유계준 장로를 중심으로 한 교인들은 온건노선을 택하였다. 이들은 공산정권치하에서도 시국에 대한 대처 방법을 놓고 의견이 갈리었다. 전자는 정권을 상대로 싸우는 것을 성경에 위반된다고 보았고 후자는 무신론 공산당과 싸우기 위해 평양의 교회들과 연합해야 한다고 생각하였다. 이 갈등은 오정모 사모가 사망한 후 더욱 노골화 되어 강당쟁탈전으로 비화하였다. 싸움이 치열해지면서 상처받은 교인들은 교회를 떠나가게 되어 1000명에 이르렀던 교회가 뿔뿔이 다른 교회로 흩어져갔고, 150명의 교인들은 방전도사와 함께 분열해 나갔고 마지막까지 남은 교인들은 200여명에 불과하였다. 교회가 작은 교회로 전락하자 유계준 장로를 비롯한 교인들은 교회를 부흥시키고 이끌어갈 능력 있는 목회자를 수소문하였다. 유계준 장로는 마침 동평양교회의 담임 목사로 있던 김철훈 목사를 적임자로 보고 김 목사를 방문하였다. 그는 김 목사에게 순교자 주기철 목사가 봉사했던 산정현 교회를 일으켜 달라고 간청하였다. 그는 산정현 교회가 이처럼 된 것은 평양의 수치요 한국교회의 가슴 아픈 일이라고 설득하였다. 김 목사는 유 장로의 설득으로 산정현 교회를 다시 회복시켜야 한다는 생각으로 산정현교회 부임을 결심하였다. 그러나 이 소식이 동평양교회에 알려지자 교인들의 반대가 심하였다. 그러나 김 목사는 교인들에게 "내가 편한 교회로 간다면 미안하지만 좋은 교회를 두고 시끄럽고 어려운 교회로 가지 않습니까? 동평양교회 목사보다 한국교회 목사라 생각하세요. 산정현이 무너지면 한국교회가 무너집니다"고 설득하였다. 그리하여 1948년 3월 김목사는 산정현 교회에 부임하게 되었다. 막상 산정현 교회에 부임하니 교회가 썰렁하기 그지없었다. 새벽기도회를 인도하니 몇 사람의 성도들만이 참석하였다. 김 목사는 우선 새벽기도회 부터 살려야겠다고 결심하고 동평양교회의 교인들에게 편지로 중보기도를 부탁하고 자신은 성가대석 옆 작은 방을 기도실로 삼아 그곳에서 밤새 기도와 설교준비를 하였다. 며칠이 지나자 새벽기도회에 교인들이 몰려오기 시작하였고 교회는 다시 부흥하기 시작하였다. 김 목사는 낮에는 교인들을 심방하고 밤에는 철야기도를 이어갔다. 대외활동에도 열심히 하여 평양신학교 강의도 나갔다.

김목사가 산정현 교회에 부임한 후 교회가 부흥하고 있던 것과는 달리 시국은 더욱더 살벌한 분위기로 변해갔다. 유계준 장로는 공산당에 의해 김목사가 위해를 받을까 하여 백인숙 전도사에게 항상 김 목사를 수행하도록 하였다. 그러나 유 장로의 우려가 현실로 다가왔다. 1948년 6월 25일 이 날은 금요일로 평소 친하게 지내던 연동교회 전도사의 장례식 날이었다. 김목사는 집을 떠나기전 이순겸 목사를 모 교회 집사와 만나게 해주고 연동교회로 혼자 출발하였다. 그러나 그것이 김 목사의 마지막 모습이었다. 몇 일을 산정현 교회 교인들과 가족들이 찾아 나섰으나 행방이 묘연하였다.

훗날 연금봉 사모는 김철훈 목사가 남한의 스파이로 지목되어 연동교회로 가는 길목을 지키고 있던 소련군 특무대에게 연행된 것으로 판단하였다. 사모는 지금도 김목사가 분명 소련으로 끌려갔을 확률이 많다며 그 때를 아쉬워했다.

김철훈 목사 또한 다수의 교회지도자들처럼 공산당의 예비검속 인물로 분류되어 납치된것 이었다.

[ 용산순교자기념관내 기념비 ]

## 연금봉 사모의 월남과 순교자유가족회의 발족

산정현 교회는 김철훈 목사가 납치되고 난 뒤에도 김목사의 가족에게 사례비를 지불해 드렸다. 가족들은 사택에서 머물고 있었는데 백인숙 전도사가 와서 동숙해주기도 하였다. 그 후 김철훈 목사의 가족들은 6.25가 발발한 후 북진했던 유엔군이 중공군의 개입으로 1.4후퇴를 시작하자 월남하였다. 연금봉 사모는 부산 피난지에서 순교자 유족들이 많이 피난 온 것을 알고 순교자 유가족회를 조직하여 회장에 선출되었다. 서울에 올라온 후 연 사모는 두 가지 일을 위해 심혈을 기울였다. 하나는 순교자유가족들이 살아갈 수 있는 숙소를 마련하는 일이었다. 연 사모는 이를 위한 진정서를 황해노회 노회장 이근형 목사에게 올렸다. 동 노회는 이 진정서를 제 39회 총회에 헌의하여 사정하였고 정치부는 이를 구제부로 넘겨주었다. 그 후 선교부는 서울의 현 엠버서더 호텔 앞 어느 가구공장을 매입하여 창고를 방으로 꾸미고 유가족 30세대를 입주시키고 이곳을 순혜원이라 하였다. 연 사모는 원장직을 사양하고 총무로 봉사하였다. 이 순혜원의 운영을 위해 총회는 초대 위원장으로 이환수 목사와 다음으로 안광국 목사를 선임하였고 그 후 전필순 목사, 위두찬 선교사 등이 책임을 맡았다. 다른 하나는 서울에 산정현 교회의 설립하는 일이었다. 그녀는 동분서주하여 1956년 2월 첫 주일에 설립예배를 드렸다. 서울 산정현 교회는 초대 목사로 황봉찬 목사가 맡았고, 연금봉 사모는 전도사로 봉사하였다. 연금봉 사모는 1969년까지 시무하다 사임하였다. 그 후 강원도에서 금화중앙교회를 개척하여 봉사하던 중 1983년 영세교회의 명예전도사로 부임하였다. 1988년에 김종수 목사가 70세 은퇴할 때 함께 은퇴하였다.

### 참고자료


김양선, "3.1운동과 기독교" 『3.1운동 50주년 기념 논문집』

김요나, 『순교자전기』(대한예수교장로회, 1994)

김요나, 『일사각오』(1992)

김흥수, 『해방후 북한교회사』(다산글방, 1992)

조선예수교장로회사기(상)(1927)

평양노회사편찬위원회, 『평양노회사』(1990)

# 박 경 구

## 숭실의 순교자

10명의 숭실 순교자들의 삶과 순교 이야기

# 박경구

## 부전자전

박경구는 1903년 황해도 황주군 청룡면 포남리 608번지에서 태어나 자랐다. 그 마을은 약 10채의 초가집으로 이루어진 금화촌 혹은 순 우리말로 '소꼬지'라고 불리는 동네였다. 이곳은 경의선 철도의 침촌역에서 북서쪽으로 약 5킬로미터 떨어진 곳으로, 동네 앞쪽에는 전부 논이었고 마을 북쪽과 동쪽에 밭들이 조금 있었다. 이곳에서 그는 아버지 박태화 장로, 어머니 송태신 권사의 장남으로 태어났다.

아버지 박태화 장로는 원래 불신자였는데 그의 형이 1898년경 처음으로 예수를 믿고 동생들을 전도하면서 기독교 신앙이 이 가족에게 들어오기 시작하였다. 신앙을 전도한 이 형이 바로 한국 최초의 선교사로 알려진 박태로 목사이다. 그는 1912년 평양신학교를 6회로 졸업한 후 황해노회에서 안수를 받고 황해도 재령읍교회를 위임목사로 섬기다가 1913년 중국 산동성으로 건너가 그곳에서 중국선교사로 헌신하였다. 이 해는 한국의 장로교가 처음으로 독립노회(총회)로 세워진 이듬해이다. 이에 독립노회 설립 기념으로 해외에 처음으로 선교사 세 명을 파송하게 되었는데 그 중 한 선교사가 바로 박태로 목사였다. 그러나 아쉽게도 산동성으로 간 박태로 목사는 3년 후 풍토병에 걸려 귀국하였고 이 후 1918년 9월, 그의 나이 48세 되던 해 병으로 사망하였다.

[ 박태로 목사 ]

박경구의 부친 박태화는 매우 진취적이고 모험심이 강한 사람이었다. 신식 교육을 전혀 받지 않았지만 늘 '활천'이나 '농민생활'이라는 잡지 등을 구독해 보면서 새로운 소식에 접하려 하였고, 새로운 것들이 있으면 시험을 해 보려는 적극성을 가지고 있었다. 과수원을 사서 사과나무를 재배하고, 양돈, 양봉, 사탕수수, 사탕무, 약초, 삼배, 양잠 등과 같은 새로운 농작물의 재배도 시도하였다. 또한 당시 시골 사람들은 생각지도 못할 전기 시설을 세워 배터리를 통해 전깃불을 사용하기도 하였다. 그리고 동네 공동 우물만 사용하던 그 시기에 펌프를 들여와 설치함으로써 집안에서 편하게 물을 사용할 수 있게 했다.

그러면서도 교회 일이라면 항상 앞장 서 헌신하였고, 교회에 필요한 것이 있으면 아낌없이 바치는 신도였다. 교회당을 세 번 이상 신개축 할 때도 항상 먼저 모범을 보였다. 한 번은 교회 지붕이 빗물로 인해 새게 되어 지붕을 새로 해야 할 형편이 되었을 때 그는 한 마리밖에 없는 자기 집 소를 우시장에 팔기 위해 끌고 나가기도 하였다. 이 일은 후에 한국 교회 강단에서 예화로 많이 회자되었다. 부친의 이 같은 진취적이고 헌신적인 모습은 박경구의 이후 삶에서 종종 나타났다.

예를 들어, 그의 나이 30세가 되던 1933년 초가을 경 박경구는 백두산 탐험대를 조직하고 대원을 모집하기 위해 동아일보에 공고를 내었다. 자전거를 타고 황해도에서 출발하여 서울과 금강산을 거쳐 백두산을 탐험하고 묘향산을 돌아오는 계획이었다. 이 일은 지금도 쉽지 않은 일이지만 당시는 더욱 험난하고도 위험한 도전이었다. 신문 공고를 통해 단원을 모은 후 박경구는 단장으로 이 탐험대를 이끌었다. 이 팀이 금강산에 이르렀을 때 대원들의 일부 가족들이 백두산 근처에 비적들이 출몰하다는 소식을 듣고 자녀들에게 탐험을 중지하기를 극구 요청했다. 당시 비적들은 만주와 북한 북부 산악지대에 출몰하여 사람들을 약탈하고 행패를 일삼던 자들이었다. 이 소식을 접한 가족들은 자녀들의 계속적인 탐험을 만류하였고 결국 박경구와 이봉선이라는 청년만 남고 모두 중도하차하고 말았다. 그럼에도 이 두 사람은 끝까지 포기하지 않고 백두산까지 가서 자전거를 메고 올라가 탐험을 마치고 돌아왔다. 모진 어려움과 두려움을 극복하고 도전을 이루어 낸 것이다.

박경구는 이십대 즈음에 황해도 황주군 천주면에 살고 있던 김재목 장로의 셋째 딸 김몽애와 결혼하게 된다. 천주면은 '새뒤이'라고 불리는 동네였는데, 동네 앞쪽으로는 시내가 흐르고 있었고, 언덕 위에 약 30호가 함께 모여 살고 있는 아름답고 평화로운 마을이었다. 김재목 장로는 그곳 지역에서 넓은 논밭과 과수원을 운영하는 갑부였고 자연히 가장 좋은 곳에 큰 기와집을 짓고 살았다. 김몽애는 이런 집에서 곱게 자란 규수였다. 이 집안 역시 일찍 기독교를 받아들였다. 김재목 장로의 동생이 평양신학교 7회 졸업생인 김유목 목사였다. 박태화 장로와 김재목 장로는 모두 황해 노회에 소속되어 있어 피차 잘 알고 있었는데, 이 결혼으로 인해 이제 이 두 집안은 사돈지간이 된 것이다.

부잣집에서 자란 김몽애는 박태화 장로의 며느리로 와서 고생을 많이 하였다. 경제적 형편이 본가 보다 넉넉지 않았고 딸린 식구들도 매우 많았다. 이전에는 하지도 않았던 농사일도 거들어야 했었다. 어렵고 고된 시집살이가 아닐 수 없었다. 그럼에도 불구하고 김몽애는 집안 살림과 자녀 교육에 최선을 다해 흠 없이 화목한 가정을 꾸며갔다. 박경구 역시 남편과 아버지의 역할을 잘 감당해 그의 집안에는 불화나 갈등이 없는 평온하고 안락한 가정이 유지되었다.

## 목회 보다는 먼저 교육 운동을

박경구가 태어난 곳은 시골지역으로 일종의 벽촌이었으므로, 이런 지역에서 근대식 신식 교육을 받는 것은 쉬운 일이 아니었다. 더욱이 그 지역에는 학교가 없어 만일 학교를 다니고자 한다면 집에서 4km 정도 떨어진 침촌 초등학교까지 통학했어야만 했다. 박경구의 부친은 근대 교육의 중요성을 알고 있었기에 모든 자녀를 다 학교에 보낼 수는 없었지만 장남만이라도 정식 교육을 받게 하겠다고 결심하여 박경구를 초등학교에 보냈다. 그리고 그 후 졸업과 함께 그곳에서 40km 정도 떨어져 있는 평양으로 보내 숭실중학을 다니게 하였다. 당시 시골에서 고등교육을 받는 것은 쉽지 않은 일이었는데 부모의 관심과 헌신으로 인해 박경구는 공부를 할 수 있게 된 것이다.

숭실중학 시절 박경구는 강양욱을 친구로 만나게 된다. 강양욱은 후에 김일성과 친인척이자 김일성의 초등학교 교사였던 관계로 해방 후 북한 정권 실세로 등극하여 기독교를 탄압한 목사이다. 강양욱이 박경구와 매우 친했던 사이였다는 사실은 박경구의 부친 박태화 장로가 고향에서 환갑을 맞았을 때 강양욱은 차재일이라는 성악가와 함께 평양에서 소꼬지까지 내려와 축가를 불렀다는 사실에 알 수 있다. 강양욱은 목소리도 좋아 노래하기를 즐겨하였다.

숭실중학을 졸업한 후 박경구는 가족의 후원을 얻어 숭실대학에 진학하였다. 그는 숭실 재학 중 공부에 뛰어난 능력을 보였다. 그는 수석으로 졸업까지 하였다. 자연히 숭실의 선교사와 교수들은 박경구에게 유학도 목사도 권유하였다. 그러나 박경구는 조국이 일제에 침탈돼 어려움을 당하고 있는데 이런 상황에서 목회나 유학은 마땅치 않다고 생각하였다. 이 나라를 살리기 위해서는 교육이 필요하다고 생각하였던 것이다. 이런 생각을 가지고 그는 졸업하자마자 바로 교육 현장으로 뛰어들었다.

[ 박경구 목사의 숭실대 졸업사진 ]

졸업 후 박경구는 황해도 신천에 있는 경신학교 교사로 봉직하였는데 얼마 후 사리원에 있는 덕성 고등학교 교장으로 청빙을 받아 가게 되었다. 경신학교 시절에는 아내와 자녀들을 본가에 두고 혼자 지냈으나 이제는 함께 지낼 수 있게 되었다. 그러나 일제는 박경구가 3.1운동에 가담한 전력을 근거로 사상이 불온하다고 판단하여 그의 덕성학교 교장직을 취소해 버렸다. 결국 교장으로 부임한 지 일 년 만에 학교를 그만둘 수밖에 없었다.

그 무렵 일제는 사리원 지역에서 한국인들의 논과 밭은 빼앗으려는 시도를 노골적으로 수행하기 시작하였다. 일제는 1908년부터 동양척식회사를 차려 움직이고 있었는데 이 조직의 주목표가 조선의 땅을 빼앗는 것이었다. 처음에는 호남 지역에서 주로 하던 이 수탈이 시간이 지나면서 북쪽으로 계속되어 결국 황해도 사리원에서 시작되는 재령평야도 잠식하기 시작했다. 이 일을 위해 일제는 소위 '수리조합'이라는 것을 각 지역에 세워 이를 통해 수탈을 감행하였다. 이에 박경구는 일제의 의한 토지 수탈을 막을 요량으로 소위 '어지둔 수리조합반대사무소'를 세워 활동을 시작하였다. 그리고 서울 조선총독부를 수시로 찾아가 총독과 면담을 하면서 일제의 수탈 정책에 항거하였다.

[ 동양척식회사 ]

한편, 이 때 박경구는 평신도임에도 불구하고 종종 사경회를 인도하려 지방을 다녔다. 비록 교육에 먼저 몸을 담았으나 신앙과 교회에 대한 관심 또한 적지 않았다. 당시에는 아직 앰프가 없던 시절이라 오직 육성으로만 사경회를 인도하였기에, 한 주간 일정을 모두 마치면 목이 쉰 채로 돌아오곤 하였다. 그는 뛰어난 웅변가였다. 한번은 서울서 열린 전국 웅변대회에서 우등을 한 일도 있었다. 또한 책을 좋아하여 젊어서부터 많은 독서를 하였다. 이러한 자질과 소양은 후에 그가 뛰어난 설교를 하는 목회자가 될 수 있는 기반이 되었다.

그러던 중 1935년 평안남도 진남포에 득신학교 교장으로 청빙을 받아 부임하게 되었다. 그 지역의 비석리 교회가 지원하는 미션스쿨이었다. 전해지기로는 그곳에서 교사로 봉직하던 강양욱이 소개해서 오게 되었다고 한다. 박경구는 가족과 함께 학교 내 사택에 머물면서 교장직을 수행하였다. 그로부터 한 해 뒤인 1936년, 강양욱은 목사가 되겠다고 평양신학교로 진학하였고 이후 박경구도 목사가 되기로 결심하고 그가 35세가 되던 해인 1937년 평양신학교에 입학하여 1941년 제 36회로 졸업하였다.

박경구가 신학을 공부해 목회자가 되기로 결심한 데에는 아마도 그간 다니던 사경회들을 통해 가졌던 경험과 생각들 그리고 같이 지내다 신학교로 떠난 강양욱의 영향이 작용하였을 것이다. 또한 자신이 하고 있던 일반 교육보다는 기독교 신앙과 교회가 민족과 국민을 위해 더 효과적이고 중요하다고 생각하였을 수도 있다. 평양으로 올라간 그는 대동강 상류에 있는 이천장로교회 전도사로 봉직하면서 매일 자전거를 타고 12km 정도의 길을 달려 평양신학교에 가 공부하였다.

[ 평양신학교 전경 ]

## 있지도 않았던 '정방산 비밀 결사사건'

신학교에 들어간 지 일 년 후인 1938년에 평양신학교는 신사 참배 문제로 인해 폐교되었다. 따라서 학생들은 학교에 가지 못하고 대신 통신 교육을 통해 학업을 이어나갔다. 그러던 중 1940년에 신사 참배를 하기로 한 사람들 중심으로 평양신학교가 다시 문을 열었고 박경구는 이듬해 그 신학교에서 졸업장을 받게 되었다.

졸업하자마자 박경구 목사는 황해도 장연에 있는 서부교회로 가게 되었다. 당시 황해도 장연군 장연읍에는 2개의 교회가 있었다. 하나는 동부교회, 다른 하나는 서부교회인데, 동부교회는 4층 목조건물로 지어진 '대형교회'였다. 동부교회가 부흥하자 이 교회에서 개척하여 세운 교회가 서부교회였다. 이 서부교회에 박경구 목사가 졸업 후 부임하게 되었는데 그는 장연 사람들의 관심과 사랑을 많이 받았다. 그는 키도 크고 얼굴도 빼어난 미남형 신사였다. 여름에는 흰 양복을 위아래로 입고 다녔는데 당시 일류 배우를 무색케 할 정도의 모습이었다고 한다. 그리하여 그가 지나가면 다시 한 번 쳐다보지 않는 사람이 없을 정도였다.

서부교회를 1년 쯤 섬기던 박경구는 겸이포 중앙교회로 사역지를 옮기게 되었다. 겸이포 교회 담임이었던 이승길 목사가 사임을 하여 그 교회를 맡게 된 것이다. 당시는 태평양 전쟁 말기여서 일본 정부가 기독교를 말살하려고 시도하던 때였다. 교회를 통폐합한다든지 혹은 교회당을 몰수하여 가마니 짜는 공장으로 만들었고 유명 목회자들을 교직에서 물러나게 하기도 하였다. 박경구 역시 겸이포 교회에서 1년 남짓 봉직하다가 일제에 의해 쫓겨나게 되었다. 그는 하는 수 없이 교향인 황주로 내려가 침촌 역전에 있는 초가집 하나를 얻어 살면서 아버지 집의 과수원 일을 돕게 되었다. 목회자가 목회를 하지 못하고 과수원을 돌보는 일이 이상스러울 수 있으나 그 때는 그럴 수밖에 없는 시대였다.

이곳에서 지내고 있을 때 소위 '정발산 비밀 결사사건'이 발생하였다. 이 사건은 일제가 기독교를 탄압하기 위해 헌병대와 경찰을 동원해 조작한 사건이었다. 교회를 잃은 목사들이 목회를 할 수 없으니 가끔 모여 산으로 소풍을 다녔다. 박경구 목사도 친구 한 두 사람과 만나 근교 정방산에 등산을 갔다. 이것이 빌미가 되었다. 일제는 목사들이 반일 비밀 결사를 하기 위해 산에 모였다고 사건을 조작하기 시작하였다. 1945년 4월 6일, 평양 일본 헌병대 사복형사들이 박경구의 집에 들어와 서재를 수색하면서 그를 찾았다. 그의 아들이 아버지가 사과밭에서 일한다고 하자 그들은 그 길로 달려가 그에게 수갑을 채우고 침촌역으로 돌아와 기차를 타고 평양으로 압송해 갔다. 그 때부터 심한 고문과 협박이 시작되었다. 없는 것을 있는 것으로 만들기 위해서는 심한 고문을 자행할 수밖에 없었다. 함께 수감된 한 목회자는 모진 고문으로 인해 목숨을 잃기도 하였다. 일제는 결국 박경구가 이 사건의 주모자라는 허위 조서를 꾸며서 이들을 평양구치소에 수감시켰고, 8.15 해방 때까지 그곳에서 옥고를 치르게 하였다.

감옥 수감 중 한번은 그의 장남(박창환, 전 장신대 학장)이 면회를 왔다. 며칠 내로 일본군으로 징집이 되어 일본 해군 훈련소로 떠나야 할 상황이 되어 아버지를 만나러 온 것이다. 일본 헌병의 입회하에 면회가 시작되었다. 박경구는 아들을 위로한 후 '사필귀정(事必歸正)'이라는 말을 하였다. 다시 말해 '자신은 아무 죄를 지은 것이 없으니 안심하라'는 뜻이었다. 모진 고문과 협박 속에서도 그는 마음의 평정을 이루고 있었던 것이다. 해방 후 출옥한 박경구는 "정방산 사건"이라는 이름의 소책자를 등사본으로 만들어 출간하였다.

### "황해도 최고 악질분자 박경구"

해방이 되자 한반도에는 새로운 희망의 빛이 가득했다. 드디어 길고도 어두운 일제 통치의 시대가 종말을 고한 것이다. 박경구는 감옥에서 돌아와 고향에 머무르면서 그곳 침촌의 건국준비위원회의 중책을 맡아 수행하였다. 그리고 그는 다시 장연의 서부교회에 초빙되었다. 하지만 해방으로 희망에 들뜬 조국은 이내 북한 공산주의 정권으로 인해 고난의 시기를 맞게 되었다.

이즈음 박경구의 부친으로부터 위급 전보가 장연에 도착하였다. 위독하다는 내용이었다. 박경구는 만사를 제쳐놓고 부리나케 고향집으로 향했다. 그런데 위독하다는 아버지는 멀쩡하게 앉아있었다. 박경구외 다른 자녀들도 그리고 교인들도 불러 모아 놓았다. 알고 보니 부친은 자신의 죽을 날짜를 하나님으로부터 미리 받아 이제 별세 준비를 한 것이다. 부친은 박경구에게 임종 설교를 하라고 하였다. 성경 본문도 지정해 주었다. 디모데후서 2장 15절이었다. 설교를 마친 후 부친은 조용히 숨을 거두었다. 디모데후서 2장 15절의 말씀의 핵심은 '너는 하나님께서 인정해 주시는 사람, 부끄러울 것이 없는 일꾼, 진리의 말씀을 옳게 분별하는 사람으로, 하나님께 자신을 바치도록 힘써라'는 것이었다. 이 말씀이 부친을 위한 것일 수도 있으나 박경구를 위한 것일 수도 있었다.

부친 박태화 장로는 이렇게 평안히 죽음을 맞이했다. 그것은 또한 복된 죽음이기도 했다. 이제 곧 북한 교회와 성도들이 받을 환난을 받지도 보지도 않을 수 있는 죽음이었기 때문이었다. 북한 정권은 기독교와 기독교 인사들을 조직적으로 통제하거나 제거하기 위해서 노동당 안에 기독교도연맹이란 것을 조직하고, 김일성의 외조부 강양욱 목사를 그 조직의 책임자로 임명하였다. 이미 앞서 언급한 대로 그는 박경구 목사와 친구 관계였다. 그는 박경구 목사과 동년배였고 숭실과 평양신학교를 비슷한 시기에 다녔다. 이런 관계로 강양욱은 기독교도연맹을 준비하면서 박경구 목사의 협조와 동참을 요청하였다. 그러나 박경구 목사의 생각은 달랐다. 그는 기독교도연맹과 뜻을 같이 할 생각이 없었으며 강양욱의 친공산주의적 행보에 찬동할 수가 없었다. 자연히 두 사람의 관계는 소원해지기 시작하였다.

한번은 남쪽에서 북파된 소위 '대한정치공작대' 대원들이 강양욱을 암살하고자 그의 자택을 습격한 적이 있었다. 1946년 3월 13일의 일이였다. 다섯 명으로 구성된 단원들은 38선을 넘어 평양으로 잠입하여 강양욱이 가족들과 머물고 있던 평양 기림리 소재 고정교회 사택에 권총과 수류탄을 들고 들어가 공격하였다. 이 암살 시도로 인해 강양욱의 큰 아들과 딸이 그곳에서 즉사하였고, 강양욱은 얼굴과 팔에 경상을, 부인 송석정은 머리를 다쳤다. 강양욱은 당시 이러한 암살 시도를 당할 만큼 공분의 적이 되어 있었다. 암살 시도에서 구사일생으로 살아난 강양욱은 그 후 장연읍 서부교회의 박경구 목사를 찾아가 마음의 아픔을 토로하며 위로를 구하고자 하였으나 박경구는 강양욱을 질책하고 문전 추방하였다. 비록 일전에는 매우 가까운 친구 관계였으나 공산정권이 들어선 후 강양욱의 반기독교적 행보는 두 사람 사이에 건널 수 없는 틈을 만들게 되었다.

그해 11월 경 박경구는 조용히 아들(박창환, 전 장로회신학대학 학장)을 불렀다. 아들은 평양신학교 학생이었으나 신학교가 공산당국의 계속된 간섭과 통제를 인해 별로 배울 것이 없게 되자 장연으로 내려와 부친의 교회를 돕고 있었다. 평양신학교의 상황을 잘 알고 있었던 부친은 아들에게 38선을 넘어 남한으로 가라고 말하였다. 그곳에는 제대로 된 학교와 공부가 가능하니 월남하여 신학 수업을 계속하라는 뜻이었다. 박경구는 이제 이북에서 제대로 된 신학교육이 가능하지 않다는 것을 알았던 것이다. 박경구는 아들의 월남을 직접 준비했다. 배를 가지고 있던 교인에게 부탁하여 바닷길을 통해 남하하도록 하였고, 떠나는 날 자전거에 아들을 태워 약속된 해안가까지 데리고 갔다. 그 길로 아들을 떠나보냈고 이후 몇 차례 서신 교환은 있었지만 아들을 다시 볼 수는 없었다.

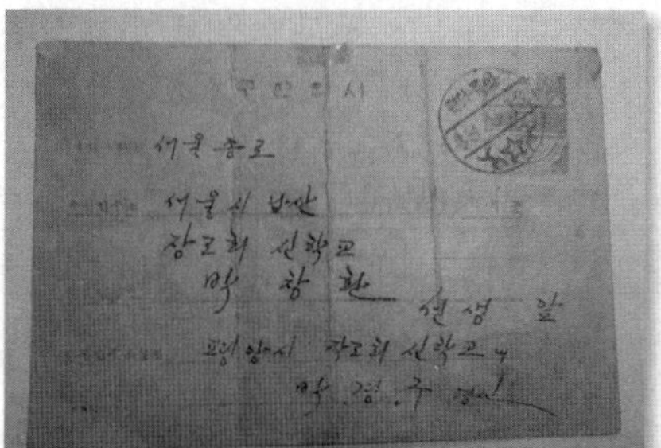

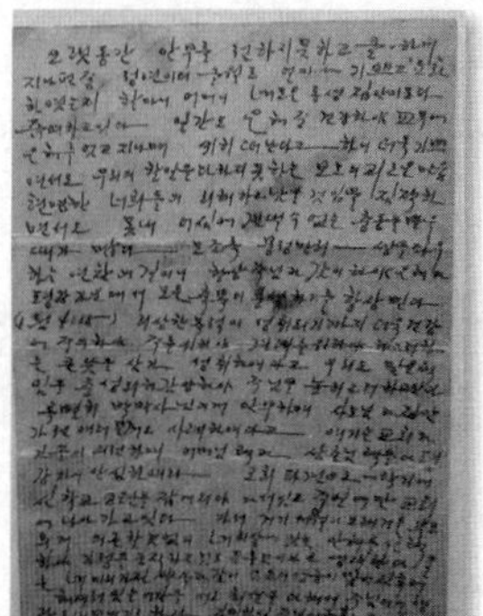

[ 박경구 목사가 평양신학교 재직 시 아들에게 보낸 1949년 9월 13일자 소인 엽서 ]

시간이 지날수록 북한 정권과 기독교연맹의 강압과 박해는 심해졌다. 해방 당시 평양신학교 학장을 지내던 채필근은 친일파라는 죄목 하에 소련군에게 끌려가 버렸고, 이후 학장으로 봉직하게 된 김인준 역시 북한 정권에 동조하지 않는다는 이유로 시베리아로 유배를 당하였다. 이런 사태들이 계속 발생하자 여러 평양신학교 교수들이 공산정권의 박해를 피해 남쪽으로 월남하였다. 자연히 평양신학교는 교수진의 부족을 겪게 되었고 결국 신임

학장 이성휘는 이북 장로교 총회와 논의하여 각 노회에서 교수될 만한 목회자들을 평양신학교에 파견해 줄 것을 각 노회에 요청하였다. 이에 박경구 목사도 황해노회에서 파견 교수로 발탁되어 주중에 학교에서 가르치고 주말에는 교회로 돌아오게 되었다.

그는 로마서와 목회서신에 대한 과목을 맡아 열심히 가르쳤는데, 학생들에게 그의 강의는 명강의로 회자되었다. 이렇게 감명을 주고 인기 있는 교수였지만 계속 교수직을 수행할 수 없었다. 기독교도연맹이 더욱 노골적으로 평양신학교의 학사를 간섭하면서 통제하기 시작하였기 때문이다. 그러자 박경구 목사는 이러한 간섭에 단호히 항의하는 차원에서 교수직을 사퇴해버리고 말았다. 이때부터 강양욱과의 관계는 절교에 가까운 상황이 되었다. 일설에 의하면 강양욱이 초반에는 박경구 목사에게 기독교도연맹의 황해도 지부장을 맡기려는 시도까지 했는데 박경구 목사는 이를 단호히 거부하였다고 한다.

북한 정권의 압제가 심해지자 주위에서 박경구에게 월남을 권유하는 목소리들이 많았다. 평양의 정치 상황을 잘 아는 친지들이 특히 많이 권유하였다. 박경구가 신학교에서 강의하기 위해 평양에 가면 대동강 건너편 선교리에서 살고 있던 누이 박경윤 권사의 집에 주로 머물렀다. 박경윤은 박경구를 볼 때 마다 "동생! 어서 남한으로 피신하게"라고 강권했는데 그 때마다 그가 듣는 대답은 "내 양을 버리고 어딜 간단 말입니까"이었다. 박경구가 시무하던 황해도 장연은 바닷가에서 멀지 않았고 또한 해안에 살면서 배를 가지고 있는 여러 성도들이 있어 마음만 먹으면 어렵지 않게 선편을 통해 남하할 수 있었다. 그러나 박경구는 그럴 마음이 없었다.

그러다가 6.25 전쟁이 발발하였다. 그날 박경구 목사는 평소대로 새벽기도회를 인도하러 교회당으로 향했는데 교회 안에서 기다리고 있던 보안서원들이 그를 체포하여 해주 감옥으로 이송하였다. 감옥에서 옥고를 치루고 있는 동안 유엔의 인천상륙작전으로 인해 인민군이 수세에 몰리게 되고 결국 공산군은 평양에서 퇴각하기 시작하였다. 그러자 공산 당국은 감옥에 있는 모든 죄수들을 사살하고 떠나라는 지령을 각 지역에 내렸다. 박경구가 감금되어 있던 해주 감옥도 예외가 아니었다. 해주 감옥을 지키고 있던 인민군들은 죄수들을 기관총으로 사살하고자 모두 한 곳에 모아놓았다. 집행관은 기총소사에 앞서 박경구 목사를 불러내었다. "황해도 최고악질분자 박경구 나와!" 박경구 목사가 죄수들 앞으로 끌려나왔다. 집행관은 "이런 놈은 총알이 아까워서 총으로 쏘아 죽일 수 없다."고하면서 칼을 꺼내 박경구 목사의 손과 발을 토막 내어 죽게 하였다. 그 후 인민군들은 기관총으로 죄수들을 쏜 후 불을 질러놓고 북쪽으로 퇴각했다. 이런 경황 중에 구사일생으로 살아나온 장연읍의 한 청년이 이 사실을 모두 목도하고 전해주었다. 그 날이 1950년 10월 15일이었다. 이후 국군이 이곳에 진군하였지만 박경구의 시신은 어디에서도 찾을 수 없었다.

## 참고자료


박창환. 『회고록』 미발행 문헌.

유관지. 『해방 이후 북한교회사에서 강량욱의 위치와 역할에 관한 연구』 호서대학교 박사 학위 논문. 2003.

임희국. 『기다림과 서두름의 역사: 한국 장로교회 130년』 서울: 장로회신학대학교 출판부, 2013.

홍만춘. "북한 인물 연구:북한 초기의 기독교와 강양욱" 「북한」 1990. 2.

# 박석훈

## 숭실의 순교자

10명의 숭실 순교자들의 삶과 순교 이야기

# 박석훈

## 출생과 가정환경

박석훈 목사는 1883년 12월 30일 평안남도 강서군 함종면에서 태어났다. 조부 박희순은 농업과 어업에 모두 종사하였는데 강서군 일대에 부자로 소문나 있었다. 이런 할아버지의 재력 덕분에 아버지 박종권은 서북인들에 대한 조정의 차별이 있었지만, 관직에 나가기 위해 과거시험을 준비하였다. 아버지는 글공부에 재주가 있어 소과(小科)에 응시하여 100명의 합격자 가운데 한 사람으로 무난히 합격하여 진사가 되었다. 아버지 박종권은 대과(大科)에 응시하고자 열심히 준비하였으나, 고생한 보람도 없이 1895년 6월 갑오경장으로 과거시험제도가 폐지됨으로 그토록 원하던 관직에 오를 수 없었다.

3대 독자인 석훈이 태어나자 집안의 기쁨은 이루 말 할 수 없었다. 그러나 석훈은 태어났을 때 언청이라는 약간의 신체적 결함을 지니고 있었다. 지금은 의학이 발달하여 큰 문제가 아니었으나 당시로서는 커다란 흠이었다. 그럼에도 불구하고 석훈은 어릴 때부터 기골이 장대하고 정의감이 넘치는 아이였다. 교육열이 남달랐던 아버지 박종권은 3대 독자로 태어난 석훈에게 네 살 때부터 서당에 보내어 한학을 배우도록 하였다. 학문에 대한 애착이 남달랐던 선비집안에서 태어난 석훈은 몇 달 안 돼 천자문을 다 외웠고 시간이 갈수록 학문이 깊어져갔다.

석훈이 어렸을 당시 조부 박희순은 동학에 입교하였다. 원래 동학은 최시형에 의해 창도되어 1860년대 이후 삼남 일대에 널리 퍼졌다. 이 동학이 서

---

*이 글은 김요나 「순교자전기」 (대한예수교장로회 총회, 1994)에 의거히여 기술하였다.

북지역에 전파되기 시작한 것은 1890년대이다. 이 때는 기독교도 청일전쟁을 거치면서 급격히 성장하기 시작하였는데 동학 또한 서북지역의 의식 있는 지식인들에게 커다란 영향을 미쳤다. 1893년 어느 날 석훈의 조부 박희순은 용강에서 황해도와 평안도의 수접주로 포교에 힘쓰던 홍기조로부터 동학의 교리를 듣게 되었다. 이후 박희순은 홍기조의 가르침을 따라 동학의 교리를 실천하였고, 친구 강경설과 함께 강서군에서 처음으로 동학에 입교하였다. 그 후 박희순은 친구 강경설과 함께 강서군 일대의 여러 곳을 다니며 동학의 포교에 힘썼고, 접주가 되어 자신의 집 사랑방에 접소를 정하고 동학의 의식을 거행하기도 하였다. 그러던 중 동학은 1894년에 반봉건, 반외세의 기치를 내건 동학농민운동으로 발전하였고, 이에 위협을 느낀 조정은 청나라 군대를 끌어들여 이들을 진압하였다. 동학농민운동의 실패는 석훈의 가정에 커다란 시련을 가져다주었다. 강서군의 접주를 맡았던 조부 박희순은 신사 해월의 기포령을 받자, 자신이 포덕하여 입교시킨 동학도들을 낫과 죽창, 삽, 도끼 등으로 무장시키고 이웃 용강군의 동학도들과 함께 일본군과 일전을 벌였다. 대부분 가난한 농민들로 구성된 동학농민군은 변변한 전쟁물자와 식량을 구비하지 못하였었다. 접주를 맡았던 박희순은 그동안 모았던 전 재산과 빚까지 내어 동학군의 전쟁물자와 식량을 공급하였다. 그 해 가을부터 시작된 전투는 총과 포 등 압도적 화력으로 무장한 일본군에 의해 무자비하게 진압되었다. 전쟁이 끝나고 조부 박희순은 강서군의 접주로 주모자 급에 해당되어 끝내 효수를 당하고 말았다. 석훈의 집안은 하루아침에 가장과 재산을 모두 잃고 생계를 걱정하는 처지가 되었다.

동학농민혁명으로 조부 박희순이 처형당하고 집안이 망하게 되자, 아버지 박종권 진사는 동학도들에 대한 대대적인 탄압에도 살아남은 부친 박희순의 친구의 권유로 가족들을 데리고 함종면으로 이사를 가게 되었다. 동학의 접주였던 박희순 옹의 순도(殉道)를 안타깝게 여긴 동학도들은 그의 유족들을 동정하여 박종권에게 마을 서당에서 아이들을 가르치도록 배려해주었다. 서당훈장으로 있던 박종권은 가난한 생활 속에서도 동학을 사랑하여 열심히 포교에 힘썼다. 동학도들은 1900년대에 들어서면서 더욱더 포교에 열을 올렸고, 다시 신도들의 숫자가 증가하기 시작하였다. 동학농민혁명으로 크게 위협을 느꼈던 조정은 다시금 동학도들을 핍박하기 시작하였다. 당시 동학의 지도부는 송암 손천민과 구암 김연국과 의암 손병희였다. 1900년 가을이 되면서 조정의 탄압이 시작되면서 송암과 구암은 체포되어 각각 교수형과 종신형에 처해졌다. 의암 손병희는 간신히 일본으로 망명하여 5년 동안 숨어 지내는 신세가 되었다. 조정은 각 지역의 동학도들도 체포하여 구금하였다. 이 때 평안도 지역의 무수한 동학도들도 체포되어 옥살이를 하였다. 이들 가운데 일부 동학도들은 체포되어 심문받는 과정에서 기독교도임을 거짓으로 자처하고 풀려나는 사람들도 있었다. 아마도 잡혀온 사람들 가운데 상투를 자른 기독교인들이 함께 체포되어 풀려나게 되었는데, 동학도들이 살고자 하는 욕망에 자신을 기독교인으로 자처했으리라 여겨진다. 어쨌든 동학도들이 대박해를 당하자, 기독교로 개종하는 일이 전국적으로 벌여졌는데, 평양신학교 제 1회 졸업생인 방기창 목사도 황해도 도접 및 도령장이었는데 1893년 마펫의 전도로 기독교로 개종하였다.

### 강서에 뿌려진 복음의 씨앗

석훈의 고향인 평안도 강서군에 처음으로 복음이 전해진 것은 감리교 선교사 홀에 의해서이다. 서북지역에 동학의 포교가 활발하던 1883년 강서군에서 처음으로 복음을 받아들인 사람은 감리교 선교사 홀의 전도를 받아 입교한 전삼덕이라는 양반집 부인이었다. 그녀는 서북인으로 조정에 출사하여 공조참의, 우부승지를 역임한 김선주의 부인이었다. 그런데 김선주는 당시 조선의 풍습대로 여러 명의 첩을 거느리고 살아갔다. 이에 조선의 대부분의 여성들처럼 고독하게 삶을 살아야 했던 부인 전삼덕은 어느 날 평양에서 서양 사람들이 남녀의 차별을 두지 않는 예수교를 전한다는 소식을 들었다. 이 소식을 들은 전심덕은 1893년 어느 날 용기를 내어 4명이 드는 교자를 타고 100리길이나 되는 평양에 도착하여 홀 선교사가 운영하는 병원을 찾아갔다. 홀 선교사는 그녀를 매우 정중하게 맞이하고, 강서군 출신의 오석형에게 기독교 진리를 소개하도록 하였다. 홀 선교사는 그녀에게 〈신덕경〉과 〈세례문답〉 그리고 〈미이미교회문답〉 책을 선물하였다. 이후 전삼덕 부인은 평양을 계속 방문하여 홀 선교사에게 복음을 배웠다. 그러나 안타깝게도 홀 선교사가 청일전쟁 후 창궐한 콜레라에 감염되어 소천하였고, 의사인 스크랜턴 선교사가 후임자로 평양에 왔다. 스크렌튼은 1895년 어느 날 전도인 오석형, 김창석, 이은승과 함께 전삼덕의 집을 방문하였다. 이날 스크렌튼 선교사는 전삼덕 부인에게 세례 받기를 권하여 그녀와 그녀의 딸이 함께 세례를 받았다. 전삼덕은 평양에 계속 왕래하며 예배를 드렸고, 그녀의 며느리도 세례를 받았다. 그 후 그해 12월 노블 선교사는 전삼덕 부인의 노고를 덜어주기 위해 전도인 김재찬과 의논하고 강서군에 교회를 세우기로 하였다. 이에 전삼덕 부인의 두 아들 김익수와 김진수가 교회설립에 재정지원을 하여, 드디어 강서군 최초의 감리교회가 세워졌다. 전삼덕 부인은 교회가 세워지자 교회부설로 여성교육을 위한 학교를 설립하였고, 자신도 여자성경학교에 참석하여 졸업장을 받고 교회당 안에서 아이들을 가르치기 시작하였다. 1901년에는 평양지방 여선교회를 관장하던 에스티(E. M. Estey) 선교사가 전삼덕을 전도인으로 삼아 함종면 지방에 파송하였다. 전삼덕 전도인은 함종면에서 장 모 씨의 집을 빌려 3명의 여학생들에게 신식학문을 가르치기 시작하여 큰 인기를 끌었다. 그녀는 전도에도 힘써 함종교회를 설립하였다. 그런데 이 때 강서군 일대에서 전삼덕의 전도로 기독교인이 된 사람들이 600여명에 이르렀다.

이 무렵 석훈은 아버지가 훈장으로 있던 함종면에 머무르고 있었다. 석훈은 집안의 어른들이 동학도에 가담하여 집안이 망하자, 동학에 대한 강한 불만을 품게 되었다. 마침 함종면에 전삼덕이 교회를 세우고 예수교 신앙을 전파하자

이에 강한 호기심을 갖게 되었다. 뿐만 아니라 그 당시 불기 시작한 신교육에 대한 열망으로 가득 차게 되었다. 이 때 전삼덕 부인이 석훈에게 복음을 전해 주었고, 석훈은 함종교회에 참석하여 예배를 드리기 시작하였다. 그 때 석훈의 나이 20세로 당시로서는 노총각이었으나 공부에 대한 미련을 버리지 못하고 있었다. 그는 신교육을 통하여 입신양명 하고자 하는 열망으로 가득 차 있었다. 그런데 마침 1903년 2월 신정면 구연리에 신교육을 실시하는 사달학교(四達學校)가 개교하였다. 석훈은 아버지에게 사정하여 입학허락을 받았다. 학교에 입학하자, 선비집안 출신인 석훈은 이미 한문 실력이 상당한 경지에 있었기에 새로운 학문을 대하자 실력이 일취월장하였다. 특히 교과목 중에 성경공부에 커다란 흥미를 가졌다. 당시 이 학교에서는 전삼덕 부인에게 전도를 받고 기독교인이 된 오신일이 교사로 있었다. 석훈은 오신일 선생이 가르치는 성경공부를 통하여 기독교 진리를 배우고 깊은 감화를 받게 되었고, 이것은 훗날 석훈이 목회자의 소명을 갖게 되는 계기가 되었다.

### 결혼과 신학문을 배우러 평양숭실학교 입학

석훈은 언청이로 태어난 신체적 결함으로 혼기가 지났음에도 결혼을 하지 못하고 있었다. 이를 안타깝게 여기고 있던 함종교회 전삼덕 부인은 석훈을 평양의 기홀병원으로 데려가 수술을 받도록 주선해주었다. 석훈은 다행스럽게도 서양의술의 도움을 받아 이목구비가 반듯한 청년으로 거듭났다. 석훈의 아버지 박종권 진사는 아들의 혼례를 서둘렀다. 중매쟁이의 주선으로 석훈은 마침내 신정면에 사는 연상의 여인과 1904년 가을 혼례식을 치르게 되었다. 막상 결혼을 치르니 석훈은 가장으로서의 책임감으로 강하게 느끼게 되었다. 당시 조선은 러일전쟁으로 전국이 매우 시끄러웠다. 석훈은 함종면에서 농사를 지으면서 전쟁이 끝나기를 기다렸다. 석훈의 부모님들도 아들을 따라 동학을 버리고 기독교 개종하여 교회에 출석하고 있었다. 기독교로 개종한 석훈의 가족은 가난하지만 영적인 행복으로 충만해 있었다. 1906년

1월에는 첫 아들이 태어나 온 집안의 기쁨은 이루 말할 수 없었다. 석훈은 이 모든 일이 하나님의 축복으로 여기고 감사의 기도를 드렸다.

[ 배위량 ]

1907년이 되자, 평양에서는 대부흥운동이 활화산처럼 일어나고 있었다. 평양 장대현 교회에서는 부흥사경회가 개최되었다. 이 사경회는 연합사경회로 평양 인근 지방의 2000명이 넘는 신자들이 참석하여 만원을 이루고 있었다. 평양대부흥운동은 원래 원산에서 선교사로 활동하던 하디선교사에 의해 점화되었다. 하디는 열매가 없는 자신의 선교사역을 돌아보고 그동안 조선인들에 대한 차별적 태도가 자신의 죄이었음을 깨닫고 통회자복하게 되었다. 이 하디의 통회자복은 다른 선교사들에게 영향을 주었고, 선교사들의 죄고백은 다시 조선인들에게 영향을 주었다. 평양의 부흥사경회는 길선주 장로가 인도하였다. 집회는 10일간 계속되었고, 청중들은 강력한 성령의 역사를 체험하였다. 석훈도 이 집회에 참여하여 성령의 은사를 체험하였다. 10일 집회가 끝나는 마지막 날 숭실학교 교장인 배위량 선교사의 설교가 있었다. 고린도 전서 12장 27절 "너희는 그리스도의 몸이요 지체의 각 부분이라"는 제목의 설교는 장내에 참석한 청중들을 감동시켰다. 이날 성령의 감동을 받은 석훈은 이제 주의 종이 되겠다는 결심을 하게 되었고, 이를 위해 공부를 다시 시작하기로 결심하였다. 마지막 날 집회가 끝나고 이튿날이 되자 석훈은 숭실학교 배위량 교장 선생님을 만나 입학과 관련된 정보를 얻고 고향인 강서군으로 돌아왔다.

고향집을 찾은 석훈은 아버지에게 장차 목회자가 되겠다는 결심을 피력하였다. 당시 석훈은 24세의 나이로 이미 결혼하여 첫 아이를 낳은 가장의 몸이었다. 석훈의 이야기를 들은 아버지는 목회자가 되려면 고등보통학교를 나와야 되는데 어느 학교를 진학할 것인지를 되물었다. 석훈은 평양 숭실학교 교장 배위량 선교사를 만난 이야기를 들려주고, 학비는 숭실학교 내 기계창에서 일하면서 해결하겠노라고 말씀을 드렸다. 당시 숭실학교는 미북장로교선교부가 평양에 세운 대표적인 미션스쿨이었다. 일찍이 1897년 배위량 선교사가 자신의 사랑방에서 시작 한 후 1901년 신양리에 건물을 세우면서 숭실중학으로 발전하였다. 그 후 교장 배위량 선교사는 1905년 서울 이화학당에서 개최된 감리교 연회에 참석하여 교육사업에 있어서 장감이 연합사업을 할 것을 제안하여, 그 해 가을 160여명의 재학생 중 15명의 감리교 학생들이 입학하였다. 이듬해인 1906년에는 대학부를 세우고 국내최초의 대학교육을 실시하고 있었다. 특히 숭실학교는 재학생들의 학비와 기숙사비를 마련하도록 하기 위해 학내에 학생 근로자조부인 기계창을 운영하였다.

[ 숭실 기계창 ]

감리교 함종교회의 교인이었던 석훈은 전삼덕 전도인과 그곳 지방회 감리사의 추천을 받아 1908년 봄 숭실중학교에 입학하였다. 늦은 나이였지만 석훈이 숭실중학에 입학한 것은 중학졸업 후 신학교에 입학하여 목회자가 되기 위함이었다. 당시 숭실중학은 5년제로 운영되고 있었는데 신입생의 나이는 10대 중반의 어린아이로부터 30대에 이르러 평균 연령은 20세 정도에 해당되었다. 석훈의 입학 동기가운데에는 훗날 관서지방의 대표적인 민족지도자인 고당 조만식과 산정현 교회의 담임목사를 역임하고 6.25 때 순교한 정일선 목사가 있었다. 석훈의 바로 윗 상급반에는 해방 후 야당 당수를 지내고 대통령 후보로 작고한 조병옥 박사, 서울대 총장을 지낸 장이욱, 설교가로 유명한 김화식 목사, 졸업반에는 훗날 상해 임시정부의 의정원 의장을 지낸 감리교 손정도 목사, 독립운동가 선우혁 선생, 평양신학교 교수와 교장을 지낸 이성휘 목사 등이 있었다. 한반 아래 후배로는 훗날 순교자가 된 기주복, 임기주, 김예진 목사가 있었다.

석훈은 만학도였으나 새로운 학문에 대한 열정과 호기심으로 열심히 학문에 정진하였다. 교장 배위량 선교사는 전형적인 청교도적 인물이었다. 그는 학생들에게 신앙적 규율들을 철저히 지킬 것을 강조하였는데, 특히 성경공부와 예배, 성수주일 등에 있어서 그러했다. 그러나 교장 배위량 선교사는 신앙적 훈련에 있어서는 학생들에게 엄격하였지만, 학생들의 개인적 사정을 헤아려 배려하는 따뜻한 인물이기도 하였다. 석훈은 숭실중학에 재학하는 동안 기계창에서의 근로로 바쁜 나날을 보냈으나 열심히 학업에 정진하였고, 주일이면 평양지역에 감리교가 세운 대표적인 교회인 남산현 교회에 출석하여 교회학교 교사로 수고하였다. 드디어 1913년 봄 석훈은 오랜 기간의 학업을 마치고 숭실중학 제 10회로 동기생 33명과 함께 졸업을 하게 되었다. 그때의 나이가 30세였다.

[ 기계창에서 작업하는 학생들 ]

### 협성신학교 입학과 민족의식의 고양

석훈은 숭실중학 졸업과 동시에 지방감리사의 추천을 받아 감리교 직영 신학교인 서울의 협성신학교에 입학하였다. 이 신학교는 남북 감리교단이 연합하여 교역자 양성을 위해 1907년 신앙부흥운동의 결과로 세운 신학교였다. 그래서 신학교의 공식 교명은 〈협성신학교(協成神學校)〉, 영어로 Union Theological School이었다. 이 학교는 남북감리교회가 서울시 서대문 냉천동에 5,000평의 대지를 6,000불에 구입하여 교사와 기숙사를 건립하고 동수의 이사를 파송하여 운영하고 있었다. 울창한 숲과 계곡으로 둘러싸인 협성신학교 캠퍼스에서 석훈은 3년간 교과목 수강과 독서, 그리고 기도와 명상으로 목회자 훈련을 받았다. 신학 수업과목으로는 조직신학, 주석학, 역사신학, 실천신학 분야를 교수하였고 교양과목으로는 종교교육, 비교종교학, 영어, 일어, 국어작문 등이 있었다.

석훈은 숭실중학 재학시절 기계창에서 학비를 조달하였으나 신학교 시절에는 학교에서 주는 장학금과 선교부에서 주는 보조금, 그리고 교회에서 봉사로 받는 사례비로 학비와 기숙사비를 충당하였다. 석훈이 장학금과 보조금을 함께 받을 수 있었던 것은 함종교회 전도인 전삼덕 여사의 도움이 있었기 때문이었다.

이 무렵 협성신학교의 분위기는 나라를 잃고 고통당하는 민족의 독립운동을 위해 헌신하고자 하는 사람들이 많이 입학하였다. 학교에서는 독립을 염원하는 기도모임이나 설교를 하는 학생들이 있었다. 석훈도 숭실학교 시절부터 독립을 염원하는 민족주의에 투철한 친구들과 교우관계를 맺으며 살아왔다. 특히 신학교의 윗반에 있던 손정도는 석훈보다 3살이 위이었으나 기숙사에서 한방을 쓰며 단짝으로 지냈다. 이들은 둘 다 숭실학교 출신인데다 고향도 같은 강서군이었다. 손정도는 숭실학교 시절부터 남달리 민족의식이 확고하였고, 석훈에게 사상적으로 영향을 준 가장 친한 친구요 선배였다. 훗날 손정도는 만주지역에서 선교활동을 하면서 상해 임정에 참여하여 의정원 의장으로 민족운동사에 큰 족적을 남겼다.

• 서대문밖 냉천동에 소재한 협성신학교 초기 교사

신학교 시절 석훈의 또 다른 친구 중에는 오화영 목사가 있었다. 그는 석훈보다 4살이 연상으로 이미 신학교 재학 중 집사 목사로 안수 받아 목회일선에서 봉사하고 있었다. 그는 1919년 3.1운동 시에 민족대표 33인 가운데 한 사람이었을 정도로 민족의식이 투철한 사람이었다. 석훈은 이 두 사람의 사상적 영향을 받아 신학교 재학시절 투철한 민족의식과 독립정신을 가지고 있었다.

한편 석훈은 협성신학교 재학 중 집사 목사로 안수를 받았다. 당시 북감리교회는 신학교를 나오지 않아도 전도인으로 2년 이상 교역에 종사하면 통신교육 과정을 통하여 시험에 통과하면 목사 안수를 주었는데 연회의 준회원으로 이것을 집사 목사라 하였다. 여기에 다시 2년을 더 통신교육을 받으면 장로목사 되는 안수례를 받고 연회에 정식회원이 되었다. 석훈은 신학교 졸업을 6개월 앞둔 1918년 6월 29일 제 11회 미감리회 조선연회가 열린 정동 제 1예배당에서 집사목사로 안수를 받았다. 이날 10개의 지방회 회원들 147명이 모인 가운데 안수례가 진행되었다. 이 날 안수식에는 집사 목사 7인과 본회 목사 4인이 안수를 받았다. 안수를 받았으나 석훈은 아직 한 학기를 남긴 신학생의 신분이었다. 그러나 석훈은 집사 목사 안수식 때 이미 평양 제1교회 즉 남산현 교회의 부목으로 배정이 되어 있었다. 졸업식이 다가오면서 석훈은 그동안 신세를 졌던 사람들에게 편지를 보내 고마움을 표했다. 드디어 1918년 12월 12일 목요일은 석훈이 목회자 수업을 마치고 대망의 졸업식을 갖는 날이었다. 전날 저녁에 졸업생들은 정동교회당에서 수요예배 시간에 6명의 졸업생들과 교수, 이사 그리고 교단의 지도자들이 함께 모여 사은회 겸 송별예배를 드렸다. 그 후 졸업생들은 마지막 밤을 기숙사에서 보내며 잠자리에 들었다. 그러나 새벽기도회를 앞둔 시간에 협성신학교의 상징 건물이나 다름없는 갬블기념관에서 화재가 발생하였다. 강의실과 도서관을 겸했던 이 건물은 영문도서 1,500여권이 있었는데 모두 건물과 함께 화재로 소실되고 말았다. 졸업생들과 재학생 그리고 교수들과 교회 관계자들의 슬픔은 이루 말 할 수 없었다. 석훈은 모교의 건물이 소실되는 안타까움 속에서 신학교를 졸업할 수 밖에 없었다.

[ 신학교 졸업식 사진: 앞줄 좌에서 두 번째 ]

## 남산현 교회 부임과 주일학교 교육

석훈은 신학교를 졸업하고 평양의 남산현 교회의 부목으로 첫 목회를 시작하였다. 감리교회가 평양에 처음으로 선교를 시작한 것은 1892년 8월 25일 제 8회 선교회에서 홀(Rev. W. J. Hall) 박사를 파송하면서부터이다. 홀 선교사는 조사 김창식과 함께 당시 평양시 대찰리에 초가집 13간과 대지 200여 평을 엽전 2000냥에 기와집 한 채를 3,500냥에 각각 매입하여 선교기지를 설립하였다. 이후 감리교 선교회는 이 기지 위에 기홀병원을 세워 의료사역을 광성중학교를 설립하여 교육사역을 시작하였다. 선교초기 평양 주민들의 무고로 조사 김창식이 관청에 구속되는 어려움을 겪다 풀려난 적이 있었다. 1894년 청일전쟁이 일어나고 평양을 비롯한 서북지역이 전쟁터로 바뀌고 부상자와 전염병이 창궐하였는데, 이때 홀 선교사는 환자들을 치료하다 전염되어 안타깝게도 1894년 11월 24일 소천을 하였다. 이후 홀의 후임으로 포웰(D. Fowell) 의사가 부임하였고, 한국인으로 의사가 된 박 에스더가 미국에서 귀국하여 부인병원을 세웠다. 이 병원은 후에 광혜여원이 되었다.

1896년에는 노블 선교사가 평양을 방문하여 전도사역을 감당하였다. 이때 한국의 기독교인들이 헌금하여 평양부 남산현 수옥리 332번지에 교회 대지 1,456평과 324번지에 주택대지 450평을 매입하였다. 그 후 이 땅위에 교회당, 학교, 병원을 건축하였고 1910년대에 와서 붉은 벽돌집으로 예배당 80평을 지었다. 이것이 남산현 교회이다. 1914년에는 2층 연와로 교육관을 지었다. 이 교육관은 1000명을 수용할 수 있었는데 부채꼴 모양으로 13개의 교실이 있었다. 당시 평양시내에는 남산현 교회를 중심으로 감리교의 기관들이 자리하고 있었다. 그 가운데 수옥리에 남산현 유치원과 정의여자고등보통학교, 여자고등성경학교인 성화신학교, 남산현야학교 등이 있었고, 신양리에 광성보통학교, 대찰리에 정진여자보통학교, 맹아학교, 기독병원 간호원 양성소, 요한신학원, 연합기독병원 등이 있었다. 그리고 순양리에는 평양여자관 등이 있었다.

박석훈 목사가 남산현 교회의 동사목사로 부임할 때 까지 1896년 선교리교회, 1897년 칠산교회, 1903년 채관리교회, 1904년 중앙교회, 1905년 건지리교회, 1906년 박구리교회, 1910년 역포교회, 1911년 신양리교회, 1912년 유정교회, 1920년대에 두로도교회를 설립하였다. 이 교회들은 모두 30년대에 평양의 대교회로 성장하였다. 이렇게 박석훈 목사가 평양에서 가장 오래된 역사와 전통을 지닌 감리교회의 남산현 교회 동사목사로 부임한 것은 박 목사 뿐만 아니라 남산현교회에도 하나님의 커다란 축복이었다.

박석훈 목사가 남산현 교회에 부임한 것은 처음부터 주일학교 교육을 위한 것이었다. 한국교회는 이미 1905년 선교사공의회에서 주일학교위원회를 발족하여 어린이 종교교육에 심혈을 기울였다. 서울에선 연동교회, 평양은 장대현교회와 남산현교회, 선천은 북교회, 전주는 서문교회 등에서 소아회(小兒會)를 조직하여 신앙교육을 실시하였다. 박석훈 목사는 남산현 교회 부임 첫날부터 주일학교 예배설교를 시작으로 주일학교사역에 종사하였다. 이듬해인 1919년에는 주일학교의 교장으로 임명을 받아 13세까지 소아반, 20세까지 유년 반으로 나누어 교육을 실시하였는데 당시 주일학교 출석인원은 1,000여명에 이르렀다. 뿐만 아니라 교회가 운영하는 야간학교와 주간학교에 학생들이 주일학교로 몰려오자 박석훈 목사는 이들을 효과적으로 가르치기 위해 시청각 교육 자재들을 개발하여 교육하기도 하였다.

[ 평양 최초의 감리교회 남산현 교회 ]

[ 평양 감리교 선교본부와 기관들 ]

## 평양 3.1만세운동과 박석훈 목사의 활약

박석훈 목사가 남산현 교회의 주일학교위원회로부터 주일학교 교장으로 임명을 받아 교회교육에 전념하던 해는 일제의 무단통치에 항거하여 전국적으로 3.1만세운동이 일어난 1919년이었다. 평양만세운동은 1919년 2월 상해에서 온 숭실중학 출신 선우혁으로부터 시작되었다. 상해의 독립운동가들은 제1차 세계대전이 끝나고 전후 문제를 처리하기 위해 파리에서 열리는 만국평화회담에 조선의 독립을 호소하기 위해 김규식을 조선의 대표로 파송하기로 결정하였다. 또한 이들을 이에 필요한 자금의 확보를 위해 선우혁을 국내로 파송하였다.

선우혁은 국내로 들어와 선천의 양전백과 정주의 이승훈을 만나 상해의 상황을 설명하였고, 이승훈은 5,000원을 내주고 평양의 길선주 목사를 만날 수 있도록 추천서를 써주었다. 길선주 목사는 선우혁의 방문을 받고 변인서 목사를 소개해주었다. 변인서 목사는 1911년 105인 사건에 옥고를 치른 동지들인 서문밖교회 김선두 목사, 산정현교회 강규찬 목사와 김동원 장로, 장대현 교회 이덕환 장로, 윤원삼 장로와 감리교의 김성택 목사를 규합하였다. 이들은 선우혁의 제안을 받아들여 평양에서 만세시위운동을 계획하고 운동의 자금을 모으기로 하였다. 선우혁이 상해로 다시 돌아가고 평양의 기독교계 인사들은 평양단독으로 만세운동을 벌이기로 하였다. 그러나 정주의 이승훈 장로가 손정도 목사를 통해 장대현 교회 길선주 목사와 남산현교회 신흥식 목사를 만나 서울에서 천도교측과 협의하여 거국적으로 만세시위를 갖기로 합의하였다. 남산현 교회의 담임목사인 신흥식 목사는 이 사실을 박석훈 목사에게 알리고 장로교와 협력할 것을 당부하였다. 이미 평양의 예수교서원에서는 장로교 지도자들인 윤원삼, 곽권응, 박인관, 안세환 등이 제 1차로 모임을 갖고 평양의 독립만세시위의 성공을 위해 감리교회와 협력할 것을 결의하였다.

1919년 2월 20일에는 예수교 서원에서 독립만세시위의 성공을 위하여 제 2차 회담이 개최되었는데 장로교 측에서는 박인권, 윤원삼, 황찬영과 감리교측에서는 박석훈, 도인권 등이 참석하였다. 이들은 거의 모두가 숭실출신으로 박석훈 목사와 선후배 사이였다. 26일이 되자 평양의 지도자들은 3월 1일 만세시위의 장소와 시간 그리고 행사 순서를 정하고 독립선언서와 태극기를 미리 준비하도록 하였다. 장로교 측에서는 숭덕과 숭현 두 학교 학생들이 독립선언서와 태극기를 만들었고, 산정현 교회 김예진 전도사와 박현석 여사는 자기의 집에서 만들었다. 감리교 측에서는 안정석의 집에서 광성과 숭의의 남녀 학생들을 모아 만들었다. 박석훈 목사는 1919년 2월 21일경 광성고보의 동문들을 모아 장지림의 집에서 300여장의 태극기를 제작하여 숭의여고 학생인 박현숙을 시켜 남산현 교회에 숨겨 두었다가 배포하였다.

[ 3.1 운동당시 한국인 처형 장면 ]

3월 1일 되자, 평양에서의 만세운동은 세 곳에서 일어났다. 장로교인들과 시내 유지들은 숭덕학교 운동장, 감리교인들은 남산현 교회 예배당, 천도교인들은 천도교당에서 각기 모였다. 정오가 되면서 미리 약속한대로 평양의 13개 교회당에서 일제히 타종이 시작됐다. 박석훈 목사가 시무하는 교회당에도 타종소리를 듣고 교인들이 몰려왔다. 남산현 교회당에서도 이날은 고종황제의 봉도식이 있는 날이라 간단한 봉도식을 거행하였다. 찬송가를 시작으로 기도순서와 조사가 이어졌다. 이어 미리 준비된 태극기가 단상에 게양되면서 군중들은 서로 웅성거리기 시작하였다. 박석훈 목사와 숭실에서 함께 배우고 신학교에 입학한 동기생인 주기원 목사가 연설을 하였다. 이어 이날 행사의 절정인 독립선언서의 낭독이 있었는데, 박석훈 목사가 이 순서를 맡았다. 박 목사는 단상에 올라가 비장한 각오로 군중들을 들러보고 차분히 선언서를 낭독하기 시작하였다. 독립선언서 낭독이 끝나자 군중들은 만세삼창을 부르고 일제히 밖으로 나가기 시작하였다. 이들은 곧 장대현측 만세시위대와 합류해 평화적인 방법으로 태극기를 흔들며 시내로 행진해 나갔다. 평양의 종로 사거리는 시위대로 인산인해를 이루었고, 만세소리는 평양성을 가득 채웠다.

### 박석훈 목사의 검거와 옥중 순교

평양독립만세시위가 각 학교와 지역별로 전개되면서 더욱더 증폭되었다. 저녁 7시가 되자 종로 사거리에는 낮보다 더 많은 군중들이 모여들었다. 일본의 경찰당국은 만일의 사태에 대비해 경계태세를 강화하였다. 시위군중들이 독립만세를 연호하자 경찰들은 소방대를 동원하여 물을 뿌리며 시위대를 해산하고자 하였다. 군중들이 이에 굴하지 않고 경찰을 향해 돌을 던지자 화가 난 경찰들이 발포를 시작하였다. 평화적인 시위대를 행하여 총검으로 대응하는 폭거를 자행한 것이었다. 시위대는 진용이 흐트러지면서 도망가기 시작하였다. 군중들이 몸을 피하기 시작하자 일경들은 이들을 무자비하게 연행하기 시작하였다. 이 들 중에는 학생들과 여성들도 다수가 있었다. 부상자가 속출하기 시작하였고 경찰들은 1명의 시위대를 검거하기 위해 여러 명이 달려들었고, 경찰들은 시위참여자들을 여러 날을 잠복하여 검거해 가기도 하였다. 이렇게 3월 1일부터 8일까지 평양에서만 검거한 인원은 400여명에 달하였다. 이들은 검거 후 심한 구타와 고문을 당하였고, 최종적으로 48명의 주모급 인사로 분류되어 검찰로 넘겨졌다. 일본 경찰은 이들을 검찰에 넘기기 전 세밀한 조사를 한다는 명목으로 가혹한 고문을 가하였다. 이 때 검찰로 송치된 혐의자는 학생 9명, 예수교인 11명, 천도교인 10명, 직공 3명, 교사 9명, 그리고 기타 6명으로 총 48명이었다. 이들 가운데 숭실 출신의 인사로 김선두, 주기원, 강규찬, 정일선, 김예진 목사와 박석훈 목사가 있었다.

박석훈 목사는 평양의 3.1만세시위의 주모자급으로 분류되어 평양형무소에서 옥고를 치르게 되었다. 남산현교회에서 독립선언서를 낭독한 죄목으로 경찰에 의해 주모자급으로 분류된 박석훈 목사는 평양형무소에 수감되기 전 이미 혹독한 고문을 당하여 육신이 만신창이가 된 상태였다. 그러나 형무소에 투옥되었을 무렵 신학교를 갓 졸업하고 첫 목회자에 부임한 박석훈 목사는 목회에 대한 열정과 신앙심이 가장 열렬하고 뜨거운 상태였다. 비록 감옥에 갇힌 영어의 몸이었지만 박 목사는 이곳에서도 기도와 성경읽기를 게을리 하지 않았다. 더욱이 독립만세시위를 주도하다 잡혀온 박 목사는 나라와 만족을 기도를 쉬지 않았다. 그가 소리 내어 격정적으로 기도할 때면 옆에 있는 사람들이 놀랄 정도였고, 이 일로 간수들에게 불려가 폭행을 당하고 독방에 감금되기도 하였다. 박 목사는 재판결과 15년 형을 언도 받았다. 너무도 무거운 형벌이었다. 1919년 여름과 가을을 바람도 제대로 통하지 않는 좁은 공간에서 보내면서 박 목사의 몸과 건강은 날로 약해져갔다. 모진 고문으로 인하여 하루하루 식욕이 없어지면서 고열로 신음하는 날이 많아졌다. 그럴 때 마다 박 목사는 기도와 찬송으로 고통을 잊고자 하였다.

그러나 11월이 접어들면서 박 목사의 건강은 더 이상 견딜 수 없는 한계상황에 다다르고 있었다. 몸은 40도의 고열을 동반하였고 음식을 먹지 못하고 구토하는 일이 계속되었다. 일제형무소 당국은 박 목사를 병원으로 옮겨 치료를 했으나 전혀 나아지지를 않았다. 박 목사가 차도를 보이지 않자 일제는 어쩔 수 없이 석방 조치를 내렸다. 집에서 죽도록 한 것이었다. 옥바라지를 하고 있던 누이동생이 오빠를 자신의 평양 집으로 모셔왔다. 그러나 배가 부어오르고 호흡이 곤란해지면서 박 목사의 병세는 더욱더 심각해져갔다. 이때까지도 형사들은 박 목사의 상태를 파악하여 동향을 보고하고 있었다. 박 목사가 출옥한지 3일째 되는 새벽, 그는 조용히 하나님 나라로 갔다. 나라의 독립을 염원하며 독립선언서를 낭독했던 박석훈 목사는 일경의 모진 고문을 받고 36세의 젊은 나이에 하나님의 부름을 받은 것이다. 박석훈 목사가 형무소에서 순교하자 그의 부고가 평양주민들에게 전해졌다. 남산현 교회의 성도들을 비롯한 평양주민들은 비운에 간 주의 종을 기리며 눈물을 흘렸다. 박 목사의 죽음이 알려지자, 감리교회는 평양지방회장으로 장례식을 치르기로 결정하였다. 그의 장례식에는 감리교의 총리원의 감독들과 평양의 장로교와 감리교 신자들이 대거 참석한 가운데 성대히 거행되었다. 나라의 독립을 위해 헌신하다 쓰러져간 박석훈 목사의 장례식에 평양 주민들은 찬송가를 부르며 그의 상여를 따랐다. 이날 평양 주민 10만 명은 슬픔에 싸여 그의 죽음을 애도하였고, 광성, 숭의, 정의학교 등 학생들은 남학생은 두건을 여학생은 소복을 입고 장례행진을 따랐다. 불의와 타협하지 않던 〈남산재의 호랑이〉 박석훈 목사는 이렇게 짧은 인생을 순교로 마감하였다.

## 참고자료


김요나, 『순교자전기』(대한예수교장로회, 1999)

김요나, 『총신 90년사』(양문, 1991)

이지청, "두고온 平壤 南山峴敎會", 〈남산교회소식〉(1992.11월호)

한국기독교사연구소, 『한국기독교의 역사』(기독교문사, 1989)

문화체육부, 『북한지역종교자료집』(문화체육부, 1994)

# 이도종

## 숭실의 순교자

10명의 숭실 순교자들의 삶과 순교 이야기

# 이도종

## 숭실로부터 전해진 소식

이도종 목사는 1892년 9월 13일 제주도 제주읍에서 약 20km정도 떨어진 애월읍 금성리 706번지에서 아버지 이덕련과 어머니 박열선의 5남 3여 중 장남으로 태어났다. 그의 집안은 가문으로는 전주 이씨 양반 집안이었고, 경제적으로는 농업에 종사하는 집안이었다. 그의 아버지 이덕련은 비록 유교 문중에서 성장하였지만 그럼에도 새로운 문물에 관심이 많았다. 그는 서양 문명을 받아들이는데 적극적이었다. 그리하여 그는 후에 서양의 신식 물건을 파는 상점을 제주시 근교에 개점하여 운영하기도 하였다.

어린 이도종은 가문의 관습에 따라 어려서부터 천자문을 비롯한 한학 공부를 시작하였다. 처음에는 아버지에게, 후에는 서당에 다니면서 한학을 배웠는데, 학업에 관심과 능력이 많아 수월하게 한학의 주요 서적들을 독파해 나갔다. 그러다가 14세가 되면서 학업을 중단하고 아버지를 도와 상점 일을 돕기 시작하였다. 서양 물건들에 대한 사람들의 관심이 점차 높아짐에 따라 상점은 번창하였고 자연히 집안 경제도 나아지게 되었다. 만일 기독교가 아니었다면 도종은 선비이자 농사꾼으로 혹은 상업인으로 삶을 꾸려 나갔을 것이다.

이 집안이 기독교와 최초로 접촉한 사건은 1907년 3월 초 옆 마을에서 조봉호라는 학생이 금성리로 넘어와 가가호호 전도를 하였을 때였다. 조봉호는 제주도 출신으로 원래 유학을 공부하다가 신학문에 뜻을 두고 서울 경신학교에서 공부한 적이 있는 청년이었다. 그 후 숭실대학으로 진학하였는데 방학이 되면 고향 제주도로 돌아와 주위 사람들에게 전도를 하곤 하였다. 이

날 조봉호의 전도로 이도종의 가족과 친척 중 일부가 그 주 주일에 조봉호의 집에 모여 예배를 드리기로 하였고 이것이 이 문중에 기독교가 들어오는 첫 계기가 되었다. 그러나 이 모임은 지속되지 못하였다. 조봉호가 공부를 계속하기 위해 숭실대학으로 돌아가야 했기 때문이다.

본격적으로 전도와 신앙 수용이 이루어 진 것은 이듬해인 1908년 이기풍 목사가 전도를 위해 제주도에 선교사로 왔을 때이었다. 이기풍은 원래 평양에서 싸움과 술을 좋아하던 낭인이었다. 평양에 머문 미국 선교사 사무엘 마펫(S. A. Moffet 1864-1939)에게 돌을 던져, 얼굴에 돌을 맞은 선교사가 그 자리에서 피를 흘리며 쓰러지는 일도 있었다. 그러나 예수를 믿고 삶이 바뀌어 이전과는 완전히 다른 삶을 살게 되면서 선교사로 파송된 것이다. 이도종의 부친 이덕련이 만난 사람이 이 이기풍 목사였다. 제주도에 온 이기풍 목사는 장터에서 전도하였고, 이기풍의 설교를 들은 이덕련은 이목사에게 기독교를 믿겠다고 고백하고 그를 자신의 집으로 데려와 예배를 드리기 시작하였다. 이로 인해 이덕련은 문중의 다른 어른들에게 배척을 당하고 때로 구타도 당했으나 마음을 바꾸지 않았다. 이러한 이덕련의 기독교 수용으로 인해 자연스럽게 이도종도 믿음 생활을 시작하게 되었다.

[ 이기풍 목사 ]

## 독립군 군자금 모집 사건 이후 목회자의 길로

숭실대학 재학생이던 조봉호는 이후에도 방학이 되면 제주도 집으로 돌아와 평양의 모습과 숭실대학에서의 공부에 대해서 주위 청년들에게 전해주었다. 이도종도 그의 이야기를 들으며 도전 정신과 함께 숭실에서의 학업에 대한 꿈을 품게 되었다. 그리하여 그는 자신의 꿈을 아버지와 논의하였고, 아버지 역시 근대 교육의 필요성에 공감하여 숭실에 지원하는 것을 허락하였다. 이기풍 목사가 추천서를 준비하여 주었다. 이 때가 그의 나이 18세, 조선이 한일합방으로 국권을 잃은 1910년도였다. 근대 교육을 받은 적이 없는 이도종은 숭실의 입학시험을 걱정하였으나 당시 입학시험이 면접 중심이었기에 그는 무난히 입학할 수 있었다. 숭실대학에 대한 기대와 목표를 가지고 진학한 만큼 그는 열심히 공부하였다. 새로운 학문이었지만 힘을 다해 공부한 결과 순조롭게 과정을 따라가게 되었다. 이전에 한학을 공부한 것이 학업과 학창 생활에 도움이 되었다.

하지만 이러한 학업의 지속은 가정 형편상 3학년 때 중단되게 되었다. 그의 동생 둘이 남강 이승훈 선생이 운영하던 오산학교에 입학하게 되어서다. 집안 형편이 충분하다면 세 아들의 학비와 생활비를 보내겠지만 그렇지 못한 상황에서 그것은 가능하지 않은 일이었다. 결국 형 도종은 동생들의 진학을 위해 학업을 중단하고 제주도로 돌아오게 된다. 불행히도 둘째 동생은 재학 중 참여한 3.1 만세운동으로 인해 함남경찰서에 의해 체포된 후 행방불명되고 말았다.

제주도로 돌아온 이도종은 아버지의 상점을 도우면서 지내던 중 3.1운동을 맞게 된다. 이를 계기로 조선에서 독립운동이 더욱 다양하게 확산되는데, 그 중 하나가 독립희생회의 활동이다. 독립희생회는 독립을 위한 비밀 조직으로 당시 상해에 있던 임시 정부를 위해 필요한 군자금을 모으고 있었다. 제주도 지역에서 이 일을 맡게 된 이는 위에서 언급한 숭실대학을 다닌 조봉호이었다. 서울의 독립희생회로부터 부탁을 받은 조봉호는 독립희생회 제주도 지방조직을 비밀리에 결성하고자 최정식 등과 함께 일을 시작하였고, 최정식의 집에서 등사판을 이용하여 군자금 모집을 알리는 문서를 150매 인쇄한 후 제주도에 있는 면사무소를 통해 비밀리에 배부하였다. 그 결과 단기간에 4,450명으로부터 1만원이라는 거금을 모아 임시정부에게 전달할 수 있게 되었다. 그러나 이 일은 결국 일본 경찰에 노출되었고, 이 일과 관련된 60여명의 제주도인들이 일제에 의해 검거되었다. 여기에는 이도종도 포함되었다. 그 역시 이 일에 적극적으로 참여하였던 것이다. 일본 경찰의 수사 과정에서 조봉호는 구속된 다른 이들의 희생을 최소화하기 위하여 자신을 이 일의 총책임자라고 밝혔다. 이로 인해 이도종을 비롯한 많은 사람들이 풀려나왔으나, 조봉호는 결국 고문에 의한 후유증으로 38세 나이에 감옥에서 옥사하고 말았다. 이도종 역시 6개월간 심한 고문을 받았기 때문에 출옥 시 가족들의 부축을 받으며 간신히 집으로 돌아올 수 있었고 그 후 몇 달 동안 집에 누워 간호를 받아야 했었다. 1920년도의 일이었다.

[ 조봉호 ]

이후 그는 자신의 진로를 고심해야 했다. 몸이 조금씩 회복되면서 부친의 상점을 돕고 또 주일에는 교회를 봉사도 하였다. 그러면서 그는 결국 자신이 하나님의 나라를 위해 힘을 쏟아야 되겠다는 생각으로 확고해졌다. 이에 그는 열심히 신앙생활을 하면서 교회를 섬기게 되었고, 이런 그에 대해 주위에서 칭찬이 나오기 시작했다. 그러는 사이 마침 모슬포 지역을 위해 전도인을 찾고 있다는 소식을 들렸다. 교회 사람들은 이도종을 추천하였고 그는 고민없이 그곳으로 가서 전도를 하며 교회를 세웠다. 이 후 그는 기도와 말씀을 통해 목회에 대한 소명을 더욱 확신하게 되었고 그의 나이 30세가 되던 1922년 평양신학교에 입학하게 되었다. 2년의 휴학을 거쳐 만 5년 만에 신학교를 졸업한 그는 김제읍 교회 목사를 시작으로 본격적인 목회를 시작하게 되었다.

그는 열심을 내어 목회에 임했다. 교회에 새로운 부서와 프로그램을 만들고 교회를 신축하기도 하였다. 그 과정에서 때로 어려운 일도 발생하였지만 그는 기도와 수고를 멈추지 않았다. 이때는 그동안 떨어져 있던 제주도의 가족들도 함께 모여 살게 되어 힘과 위로도 되어주었다. 그러나 그 교회에서 오래 있을 수가 없었다. 일제의 방해가 있었기 때문이다. 이도종 목사가 비록 독립운동 전선에서는 물러나 있었지만 그에게는 항상 항일 정신이 있었다. 그래서 군자금 운동에도 참여한 것이었다. 이런 애국정신이 어떤 면으로든 목회에서 드러나지 않을 수 없었다. 특히 청년들에게 많은 영향을 미쳤다. 청년 학생들을 위한 새로운 프로그램을 운영하면서 이들에게 신앙적인 내용뿐만 아니라 민족애를 고취시키는 역할을 담당하였다. 이런 이도종 목사의 활동을 눈치 챈 일본 경찰은 이목사의 언행을 항상 감시하였고, 몇 차례 경찰서로 소환하기도 하였다.

그러던 중 김제의 한 결혼식 주례에서 그는 시국에 대해 언급하였고, 이를 들은 일본인 형사가 그를 현장에서 체포해 경찰서로 연행하게 되었다. 조사 과정 중에 과거 독립 군자금 사건과 연루되었던 행적이 밝혀졌다. 이에 김제의 일본 경찰은 이번 일을 계기로 이도종을 제거할 계획을 모색했다. 감금된 이도종 목사를 구하고자 하여 그 지역 유지이자 이도정 목사가 목회하는 교회의 한 장로가 경찰서를 찾아왔다. 경찰서장은 이 장로에게 이도종을 교회에서 내보내는 것을 제안하였다. 결국 이도종 목사는 풀려나왔고 교회 장로들은 이도종에게 시국에 대한 언급이나 활동을 자제해 줄 것을 요청했다. 이도종은 작금의 사태를 생각하면서 숙고했다. 그리고는 이 교회에서 사역을 마칠 때가 다가옴을 느꼈다. 얼마 후 그는 교회를 사임하고 제주도로 복귀하였다.

## 신사참배라는 격랑 속에서 목회자로 살기

고향에 돌아온 이도종은 이 후 제주도 지역, 특히 미전도 지역이나 교회가 세워지지 않는 곳들을 다니면서 목회를 하였다. 대부분 열악한 상태의 전도 지역이었으므로 목회도 어렵고 생활도 어려웠다. 이미 자녀들도 있던 시기여서 경제적 필요가 높았던 시기였으나 그것을 채울 방도는 없었다. 그럼에도 그는 꿋꿋이 맡겨진 일에 충실하였고 자연히 주위의 신망도 얻게 되어 제주도 기독교 공동체에서 노회장이라는 지도적 위치에 오르기도 하였다.

이도종은 열심히 목회를 함과 동시에 일제에 대항하는 시국 강연도 계속하였다. 한번은 공회당에서 시국에 대한 강연을 하다가 일본 경찰에 의해 중지되었고, 강연회를 준비한 주최자들과 함께 경찰서에 연행되어 머리를 삭발 당하는 수모를 겪기도 하였다. 일본 경찰은 이도종의 활동이 사람들로 하여금 일본의 '황국신민'이 되게 하는데 지장을 준다고 하여 그의 예배를 방해하고 그를 수시로 따라다니며 감시하였다.

한편, 1930년대 후반에 들어서면서 일제는 기존의 방침과 달리 신사 참배를 강력하게 요청하면서 밀고 나갔다. 기독교에 대해서도 예외가 아니었다. 조선의 기독교는 이제 신사 참배 요구 앞에서 찬성 혹은 반대의 결정을 해야만 했다. 천주교와 감리교는 이미 신사 참배를 수용하였기에 기독교에서는 이제 장로교가 남아있었다. 일제는 조직적으로 움직이기 시작하였다. 조선의 모든 교회가 모이는 총회에 앞서 각 지역의 노회부터 차근 차근 신사 참배 찬성을 유도해 갔다. 일제는 제일 먼저 가장 교세가 큰 평안북도 노회부터 신사 참배 찬성을 받아내고, 이어 계속해서 다른 노회들도 신사 참배를 수용하게 만들었다. 타 노회가 신사 참배를 수용했다는 소식은 이후 다른 노회가 그것을 쉽게 수용하도록 하는 효과를 낳았다. 일제의 계략이었다. 제주노회도 그 결과에서 예외가 아니었다.

제주노회가 신사 참배 여부를 결정해야 할 당시 이도종 목사가 제주노회 노회장이었다. 그는 고심하지 않을 수 없었다. 그러나 그는 노회장이었다.

노회장은 회의 중에 안건이 올라오면 그것을 상정하여 논의 및 표결을 진행해야 한다. 다른 방도가 없었다. 회의가 시작되자 친일 노회원들이 신사 참배 안건을 동의, 제청하였다. 사회를 보던 이도정은 결국 가부를 묻지 않을 수 없었다. '가'를 묻자 많은 수가 '예'하였다. '부'를 묻자 '아니오'라는 소리가 크지 않았다. 사회자는 이 안을 통과시키지 않을 수가 없었다. 신사 참배안은 일제의 뜻대로 처리되었고 그는 이 일로 괴로워하였다. 자신도 어찌할 수 없는 한계에 부딪친 것이었다. 결국 그는 최종적으로 신사 참배가 결정되는 평양 총회에 불참하기로 하였다. 제주의 일본 경찰은 이도종에게 평양으로 가서 총회에 참석할 것을 종용하였지만 그는 뜻을 같이 하는 장로 김계홍과 함께 출발하지 않았다.

서울 남산에 건설된 일본 신사

일제는 이후 더 지독한 탄압과 착취를 감행하였다. 강제 징용, 정신대, 곡물 및 군수용품 수탈 등이 시행되었고 급기야는 모든 한국인들의 성씨를 일본 성으로 바꾸라는 창씨개명을 요구하였다. 이도종의 문중은 처음에는 이를 거부했으나 탄압이 심하고 또한 창씨개명을 하는 사람들의 예가 계속되자 결국 '이'씨 대신에 '모리야마'로 성을 고쳐 호적을 새로 작성하게 되었다. 그러나 이도종은 개명 명령을 수용하지 않았다.

이런 상황 속에 이도종은 목회를 계속해야 하는지에 대해 깊이 숙고하기 시작하였다. 민족적 탄압도 심했고 신앙적 탄압도 심하였다. 일제는 성경에서 압제로부터의 해방을 의미하는 내용들이 많은 모세 오경과 요한계시록을 불온하다고 하여 빼게 하고, 찬송가 가사에서도 그런 부분이 있으면 삭제하도록 하였다. 또한 교회 종탑의 종을 각출해 일본으로 빼내가고, 헌금을 통해 일제에 물건을 바치는 일도 강요하였다. 수요 집회와 주일 저녁예배도 금지시켰다. 결국 이도종 목사는 목회를 중지하기로 결심하였다. 신앙의 양심과 책임을 위배하면서 목회를 계속할 수는 없었다. 개인적인 문제도 있었다. 그리하여 1942년부터 그는 목회에서 물러나 농사를 지으며 이 환란의 시기가 속히 지나가기를 기도하였다.

### "나는 죽는 한이 있어도 교회에 가야합니다"

해방은 제주도 도민에게 크나큰 기쁨과 평안으로 왔다. 본토와 달리 일본과 가까웠던 제주도는 일제에 의해 많은 군사 시설과 군인들이 배치되었는데, 이 같은 제주도의 군사 기지화는 태평양 전쟁 말기에 더욱 강화되었다. 일제는 제주도의 자연 환경을 이용해 군사 시설을 만들었을 뿐만 아니라 민가나 교회를 징발하여 군 시설로 사용하였다. 종전이 가까워지면서 미군 폭격기와 잠수함들이 제주도를 수시로 공격해왔다. 제주도 상공에서 미군과 일본군 전투기가 공중전을 벌여 전투기들이 추락하기도 하였고, 미군의 잠수함이 제주도 근교에 나타나 일본 함정과 민간 선박들을 격침시키기도 하였다. 또한 미군기가 제주 지역에 폭격을 감행해 일본군은 물론 제주도민들의 생명과 가옥들이 파괴되는 큰 피해도 발생하였다. 이런 일들이 계속되면서 제주도는 점차 전쟁터 같은 상황으로 치달았다. 다행히 원폭 투하와 그에 따른 일제의 무조건 항복으로 인해 이 모든 사태는 완전히 사라지게 되었다.

그러나 해방의 기쁨은 잠깐이었고 곧 본토의 좌우익간의 분열과 대립이 제주도에서도 그대로 나타났다. 서울의 좌익 단체였던 남조선 노동당, 곧 남로당은 제주도에도 조직책을 보내 그곳에서도 지하 조직을 구축하게 하였는데, 이들의 세력이 커지면서 제주 지역 역시 정부 측 건국준비위원회와 남로당 사이에 대결이 첨예화되기 시작하였다. 정부는 본토로부터 경찰 병력을 보내 제주도의 좌익의 활동을 막아보려 하였지만 치안은 갈수록 불안해지고 있었다.

당시 제주도에는 이도종 목사와 조남수 목사 두 명만 남아있었다. 해방 전에 다른 모든 목회자들이 제주도를 떠난 까닭이다. 이제 남은 두 목사가 신사참배와 일제의 횡포로부터 피폐해진 제주 교회의 회복을 맡아야 했고, 또한 좌우익으로 갈라진 제주도 도민들의 문제도 감당해야 했다. 정부 측 건국준비위원회는 이 두 목사에게 시국 및 계몽 강연을 부탁해 왔다. 계속적인 위원회의 요청으로 인해 두 목사는 제주도 여러 지역을 다니며 강연을 하였는데, 이미 여러 곳에 기독교에 대해 반감을 갖고 있는 좌익 세력이 많아 이들의 집회는 여러 모로 방해를 받곤 하였다.

그러던 중 제주도 4.3사건의 발단이 되는 사건이 47년 3월 1일에 발생하였다. 3.1절을 맞아 제주도의 좌파 진영이 기념 행사를 개최하였는데 그중 한 행사가 제주북초등학교에서 열렸다. 그런데 행사 후 시위 행진이 시작되었을 때 한 기마 경관의 말이 행진을 구경하고 있던 어린 아이를 차서 다치게 하였다. 해당 경관이 그대로 가려고 하자 일부 군중이 소리와 함께 돌을 던지며 쫓아갔고, 이에 놀란 무장 경찰들이 시위대가 경찰을 습격하는 줄로 오인하여 발포를 하였다. 이 발포로 인해 제주도민 6명이 사망하고 6명이 중상을 입게 되었다. 이에 분노한 제주도민들은 항의 시위를 잇달아 열었고 이를 기회로 남로당 조직들은 파업을 선동하거나 사주하기 시작하였다. 결국 이 일로 인해 제주도 전체 직장의 95%가 파업에 들어갔고 심지어 좌익 성향의 경찰들 다수도 파업에 동참하였다.

사태가 이렇게 확대되자 정부 당국은 이 사태를 '폭동'으로 간주하고 이를 막기 위해 파업 주모자를 검거하는 등 1여 년에 걸쳐 파업 동참자 2,500여명을 체포하게 되었다. 이에 수세에 몰린 남로당은 한라산에 무장대 본부를 세운 후 이듬해인 1948년 4월 3일 새벽 2시를 기해 350여명의 무장 대원을 움직여 제주도 24개 경찰지서 중 절반에 해당되는 12개 지서를 공격하였다. 또한 여러 우익 단체 인사들의 가택도 공격하였다. 이때부터 양측 간의 격렬한 전투가 시작되게 되었다.

이 과정에서 한라산 주둔 무장대원들이 양민들을 많이 납치, 학살하였고, 이들을 토벌하기 위해 참가한 경찰과 군인 역시 좌익이라는 의심 하에 많은 양민을 학살하였다. 토벌에 차출된 경찰과 군인은 대게 본토에서 온 사람들이었으므로 양민을 잘 구별해 내지 못하였으며 또한 좌익 혹은 적에 대한 분노로 인해 일반인들을 '빨갱이'라고 몰아 처형하는 일이 잦았다. 자연히 제주도민들은 양쪽 모두에 대해 두려움과 불안을 가지면서 극도의 공포 속에서 하루 하루를 보내게 되었다. 이도종 목사와 함께 제주 지역을 지킨 조남수 목사는 이 같은 상황을 당시 본토에서 파견된 모슬포 경찰서장 문형순과의 대화 속에서 아래와 같이 언급하였다.

> 최근 수 주간에 걸쳐서 [무장대원들이] 교회 내의 장로, 집사, 직원들 집만 골라 습격하여 살해 방화 약탈살상을 계속하더니 오늘 새벽은 나의 집까지 포위하여 문을 부수고 들어오는데 죽다가 구사일생으로 살았습니다. 오늘밤 일도 기약할 수 없는 운명입니다. 나는 죽더라도 내 소신을 밝히고 공비의 손에 죽기보다도 아군의 손에서 죽기를 결심하고 나왔습니다.

[ 제주도 4.3 사건 ]

이런 위태한 상황이었지만 그럼에도 주일 예배와 목회 활동은 계속되었다. 이도종 목사 교회를 재건하기 위해 중요하다고 생각되는 예배드리는 일 그리고 신도들의 집을 심방하는 것을 멈출 수가 없었다. 목회자로서는 꼭 해야 할 일이었던 것이다. 그러던 중 6월 초에 자택에서 6Km 정도 떨어진 대정골의 주일 예배를 준비하기 위해 자전거로 집을 나섰다. 대로를 통해 가도 되었지만 그곳에 있는 성도들의 안부가 궁금하고 걱정스러워 가까운 뒷길로 갔다. 도중에 토벌대 소속의 경찰들을 만났다. 경찰은 이도종에게 "목사님 위험해서 못갑니다. 우리와 같이 차타고 내려갑시다. 우리가 지금 탄환이 다 떨어져서 총을 쏠 수 없어서 우리가 철수하고 내려옵니다." 이러한 만류에도 불구하고 이도종은 "나는 죽는 한이 있어도 교회에 가야 합니다. 나를 믿고 기다리는 성도들이 있습니다." 이렇게 이도종은 가던 길을 계속 갔다. 이도종 목사가 대정읍 근처에 다다랐을 때 갑자기 좌익 무장대원들이 길 옆 숲속에서 뛰쳐나와 길을 막았다. 누구냐고 묻는 이도종에게 이들은 총구를 겨누며 산속으로 끌고 갔다.

산속에는 그들의 주둔지가 있었는데, 그곳에서 심문이 시작되었다. 이도종 목사가 자신이 목사라는 것을 밝히자 이들은 "목사는 우리들의 원수니 죽여라!"고 하였다. 남로당 무장대원은 교회와 목사를 좋아하지 않았다. 무신론을 주창하는 공산주의 이론 때문에도 그랬고 미국과 기독교의 관계 때문에도 기독교를 좋아하지 않았다. 그런데 무장대원들 중에는 이도종을 아는 자들이 있었고 또한 이도종으로 부터 은혜나 신세를 진 자들도 있었다. 그러자 이들은 마음을 바꾸어 "당신이 목사니 이번 전쟁에서 우리가 이기게 기도해줄 수 있느냐. 만일 그러면 살려줄 수도 있다."고 말하였다. 그러나 이도종은 "나는 이쪽도 저쪽도 아닌 하나님의 종이다. 하나님의 종이 자신을 구하겠다고 거짓으로 기도드릴 수는 없다." 이에 이들은 이도종을 생매장시키기로 하였다.

그곳에는 일제 강점기 시 일본 군인들이 파놓은 개인 참호가 여러 개 있었다. 이들은 이 참호 안에 이도종을 생매장하려 하였다. 참호로 가기 전 이도종은 마지막으로 그들에게 필요하다고 생각하는 말씀과 권면을 하였다. 이도종의 당당하고 바른 말에 이들은 영향을 받았고, 그곳의 대장은 이도종을 줄로 포박을 하지 말라고 명령했다. 대부분의 경우 생매장 당할 때 빠져나오기 위해 몸부림을 치기 때문에 단단히 포박을 하여 참호에 넣었다. 그러나 이도정 목사는 그럴 사람으로 보이지 않았는지 포박하지 말라고 하였다.

묻히기 전에 이도종은 자신의 가방을 달라고 하여 성경과 찬송가를 그리고 안주머니에서 시계를 꺼내어 그들에게 주면서 "나는 이제 필요 없으니 나누어 가지시오. 부디 여러분들도 예수 믿고 후일에 하늘나라에서 만납시다."라고 하였다. 그리고 그는 구덩이 안에 엎드려 기도를 시작하였다. "이들의 죄를 용서하여 주시고 저들이 예수를 믿어 구원받게 하여 주옵소서." 흙이 이도종 목사의 몸 위에 뿌려지기 시작하였다. 이도종 목사는 계속 기도하였고 흙더미는 점차 더 많이 쌓여 이도종의 몸이 보이지 않기 시작하였다. 그래도 기도는 계속되었고, 마지막으로 들린 기도는 "주여, 이 영혼을 받아주소서"였다.

이도종 목사를 기다리던 교인들과 가족들은 여러 방향으로 수소문을 하였지만 이도종의 행방을 알 수 없었다. 결국 좌익 무장대에 잡혀 살해되었을 것으로 생각했다. 시신이라도 찾으려 했으나 어디서 죽었는지 정확히 모르니 찾을 수가 없었다. 그러던 어느 날 산속에 있던 '몽치'라고 불리던 무장대원 한 명이 식량을 구하러 마을에 내려왔다가 마을을 지키는 청년들에게 잡혀 포로가 되었다. 우연히 이 무장대원을 잡은 청년들은 바로 이도종의 두 남동생들이었다. 남동생들은 그를 경찰에 넘겼고, 경찰이 그를 심문 조사하는 과정에서 이 자가 바로 이도종을 생매장시킬 때 그 자리에 있었던 것을 알게 되었다. 자연히 그 과정에 대한 이야기도 들을 수 있었고, 생매장 시킨 날짜도 이 때 정확히 알게 되었다. 1948년 6월 19일이었다. 사건 1년이 지나서 날짜도 장소도 알게 된 것이다.

시신을 거두기 위해 매장된 곳을 찾아가 흙을 파헤쳤다. 그곳에는 이미 1년이 지나면서 부패된 시신만 있었는데, 그럼에도 집을 나갈 때 입은 비둘기색 두루마기와 기도드리기 위해 엎드린 자세의 형체는 알아 볼 수 있었다. 준비해간 관에 시신을 수습하여 집으로 내려온 가족들은 비로소 장례를 준비할 수 있었다. 제주도 1호 목사이자 1호 순교자의 뒤늦은 장례였다.

[ 이도종 목사 순교터 ]

## 참고자료

김정기. 『제주도 크리스천 순례길』 서울: 예영커뮤니케이션, 2015.

김종희. "[순교자 이야기] 제주도 1호 목사: 순교자 이도종" 「새가정」 2009년 9월.

김요나. 『거친 바다의 풍랑을 딛고』 서울: 쿰란출판사, 2010.

이도종 목사기념사업회. 『이도종의 생애와 순교』 제주: 대한예수교장로회제주노회, 2001.

김관후. "김관후의 4·3칼럼: 4·3 당시 순교한 제주출신 첫 교역자 이도종" 「제주의 소리」 2014년 11월 3일.

조남수. 『진상: 이것이 제주 4.3 사건의 실화다』 서울: 선경도서, 1990.

# 조순천

## 숭실의 순교자

10명의 숭실 순교자들의 삶과 순교 이야기

# 조순천 목사

## 이미 3대째 기독교 가정

조순천은 신앙적으로는 평양 대부흥운동이 일어난 해, 정치적으로는 헤이그 밀사 사건으로 일제가 고종을 퇴임시킨 해인 1907년 6월 10일에 평남 대동군 재경리면 망덕리에서 출생하였다. 이곳은 평양에서 서북쪽으로 약 20km 정도 떨어진 곳이다. 그의 가족은 할아버지 때부터 교회를 다녔으므로 조순천은 3대 기독교인이었다. 전하는 바에 따르면 그의 할아버지 조석영(1864년생, 부인 강석복)은 한국에서 최초로 순교한 웨일즈 출신의 토마스 목사(Robert Jermain Thomas, 1840-1866)의 쪽복음을 통해 신앙을 갖게 되었다고 한다. 그가 20세가 되던 1884년, 평양에 일이 있어 갔다가 우연히 그곳에서 쪽복음 성경을 얻어 가지고 돌아왔고, 그 쪽복음을 밤마다 읽다가 크게 감동되어 예수 믿기로 결심하게 되었다. 그러나 가까운 곳에 교회가 없어 그곳부터 약 6km 떨어져 있는 순안읍 교회에 출석하여 학습을 받고 세례 교인이 되었다. 신자가 된 후 제사 문제로 가족들과 갈등이 있었으나 그는 결국 가정을 전도하였고, 이웃을 전도하는데도 힘을 기울였다. 그는 데리고 있던 머슴에게도 전도하여 후일에 그가 장로가 되기도 하였다.

그 후 조부 조석영은 거리가 먼 순안읍 교회 대신 자신이 살고 있는 망덕리에 교회를 세우기로 결심하였다. 이때가 1899년이었다. 이 시기는 이미 조선에 선교의 문이 활짝 열린 때였다. 미국 장로교 선교사 마펫(Samuel Austin Moffet, 1864-1939)이 평양을 중심으로 선교 활동을 활발히 수행하고 있었고, 감리교 선교사인 윌리암 홀(William James Hall, 1860~1894)도 평양에서 의료와 교육 방면에 헌신적 두각을 나타내고 있었다. 이러한 선교 환경의 변화는 조석영이 망덕리에 교회를 세우는데 도움이 되었다. 그러나 그는 교회를 세우는데 있어서 선교사의 도움 보다는 자력으로 세우길 원했다. 그리하여 그는 1899년 봄에 자신의 소유지에서 2,000평의 땅을 기증하여 'ㄱ'자형 일곱 칸짜리 초가집 예배당을 세웠다. 이러한 자립정신은 한국 교회 선교 동력이 된 존 네비우스(John L. Nevius, 1829-1893)의 선교 정책과 일치하는 것이었다. 중국 선교사였던 네비우스는 선교지에서 수행되어야 할 세 가지 선교 정책을 수립하였는데 곧, 자립(Self-Supporting), 자치(Self-Governing), 자전(Self-Propagating)의 정신이다. 이 정신의 핵심 내용은 선교지의 현지인들이 예배당을 스스로 마련하여 교회를 치리하고 전도해야 한다는 것이었다. 조석영의 교회 개척은 이러한 정신에 부합한 활동이었다. 조석영은 이후 1913년 그의 나이 49세가 되었을 때 장로로 피택되었으며, 그 후에는 평양신학교에 진학하여 신학 수업도 1년간 받았다. 또한 1919년 3.1 만세운동에 참여하였고 이후에도 독립운동과 관련하여 수차례 옥고를 치루기도 하였다. 그는 신앙과 함께 민족운동에서도 깊이 헌신된 인물이었다.

이런 아버지의 헌신적 삶은 자연히 그의 아들에게도 전수되어 그 역시 민족 운동에 동참하게 된다. 아들 조정준은 1887년 3월 1일생으로, 평양 서문밖 초등학교(1906년), 그리고 숭실중학을 졸업하였고(1910년, 24세) 이후 도산 안창호의 평양 대성학교를 본받아 고향에 7년제 대명학교를 세워 근대 교육과 민족 운동에 투신하였다. 그러나 한일합방 후 도산이 미국으로 망명하자 조정준도 도산과 연락한 후 독립운동을 위해 상하이를 거쳐 미국으로 망명하였다. 이 때 상하이에서 우연히 만난 평양의 사무엘 마펫 선교사가 조정준의 도미 준비를 도왔으며 이후 여러 선교사의 도움으로 미국에 무사히 도착할 수 있었다. 그는 도착 후 도산 옆에서 독립운동을 돕다가 네브라스카주 링컨시에 있는 헤스팅 대학(Hastings College) 안에 설립된 한국 군사학교에 들어가 그곳에서 군사 교육과 함께 일반교양 교육을 받았다. 한국군사학교 1910년 6월경에 박용만이 미국에 거주하고 있는 조선 청년 조진찬, 백일규,

김려식, 김장호 등에게 독립운동을 위한 군사훈련을 시키기 위해 설립한 학교이다. 이들은 학교 운영 경비를 마련하기 위해 헤스팅 대학이 제공한 20에이커(약 2,500평)의 땅을 경작하면서 지냈다. 아마 조정준도 학업과 함께 이곳에서 일하면서 독립정신과 민족의식을 고취하였을 것이다. 그러나 안타깝게도 1920년 5월 6일 32세의 나이로 그곳에서 숨졌다. 미국에 간지 7년 만에 일이다. 기록들을 살펴보면 그의 죽음이 일제에 의한 암살이라는 주장도 있고 질병이라는 주장도 있다. 당시 동아일보에 그의 부고가 실렸는데 신문 보도에 따르면 사인은 유행성 감기라고 하였다. 그러나 그 당시 신문들은 일제의 사전 검열을 받고 있었기에 이것이 정확한 사인이 아닐 수 있다. 조순천의 아버지는 이렇게 조국 독립 운동을 위해 헌신하다가 먼 이국땅에서 눈을 감았다. 그는 1895년에 결혼한 부인 노화준 그리고 장남 순천, 장녀 마리아, 차남 순문을 남기고 갔다.

1900년 초 헤스팅 대학의 아트센터 건물 사진이다.
[ 한인군사학교 훈련지는 이 아트센터 건물 앞이다. 2002년 7월 12일 시카고총영사와 오마하 거주한인들이 공동으로 당시 훈련지로 추정된 이곳 앞에 기념비를 세웠다. ]

## "재산보다는 학업을"

1907년에 태어난 조순천은 1917년 평양의 장로교 계통 초등학교인 평양 숭덕학교에 입학하였다. 이 학교는 홍난파, 김인식 등 유명한 음악가들이 거쳐 간 학교인데, 조순천 역시 음악을 매우 좋아하는 학생으로 성장하였다. 그는 풍금과 바이올린을 독학하였다. 음악에 대한 관심과 자질은 이후 살펴보게 될 그의 목회 활동에서도 잘 나타난다. 초등학교를 졸업한 조순천은 숭실중학에 입학(1923년)하여 수학하였는데 이 때 그의 장래에 대해 중요한 결정을 하게 된다. 학교를 다니던 어느 날 조부가 손자들을 불러 "너희는 재산을 지켜 농사를 지을 것이냐, 아니면 더 많은 공부를 할 것이냐"고 묻는다. 조순천 가문은 증조부 조기선 때부터 황해도 재령에서 쌀농사를 잘 지어 재산을 많이 가지고 있었다. 따라서 장남 조순천은 마음만 먹으면 이 재산을 이어받을 수 있었다. 그러나 조순천은 조부에게 재산보다는 공부를 더해서 민족의 국권 회복을 위해 헌신하겠다고 답하였다. 그의 선택대로 그는 공부를 지속하였고, 민족과 교회를 위해 미래를 준비하였다. 그는 숭실중학에 재학 중이던 1926년 10월 김응찬 장로의 3녀인 김신애와 결혼하여 가정을 꾸렸다.

[ 숭실대학 전경 ]

재산 보다는 학업을 결심한 조순천은 숭실중학을 졸업한 후 숭실대학으로 진학(1928년)하였다. 숭실대학에 진학 시 친구였던 송영길이 경제적인 어려움으로 인해 교복을 구입하는 것이 어렵다는 것을 알게 된 조순천은 학생복 2벌을 마련하여 자신과 친구에게 입히고 함께 입학식장에 참가하였다. 입학 후 3년째인 1930년 12월에 동생이 중병으로 인해 큰 수술을 받게 되어 이로 인해 집안 경제가 어려워지자 결국 학교를 중퇴하였지만 그는 숭실을 다니면서 여러 훌륭한 교수진과 함께 많은 공부를 하였다. 이 때 또한 중요한 인물들을 조우하게 되는데, 후에 새문안교회 목사, 숭실대학교 총장을 역임한 강신명 목사도 함께 공부한 사이였고, 북한 공산주의 운동에 앞장선 강양욱도 같이 공부하였다. 강양욱도 조순천처럼 음악을 좋아했고, 특히 성악을 잘했다. 그래서 이 둘은 음악을 매개로 가까운 친구가 될 수 있었다. 그러나 강양욱은 후에 김일성 정권과 결탁하여 기독교를 왜곡하고 수많은 목회자들과 성도들을 박해 혹은 순교케 한 인물이 되며, 조순천의 순교 과정에도 관여하게 된다. 강양욱은 숭실을 중퇴하고 잠시 교편을 잡았다가 일본 중앙대학에서 공부한 후 평양신학교로 진학해 1943년 졸업하였다.

조순천은 숭실을 중퇴한 후 교직에 잠시 몸담게 되었다. 평안남도 강서군 고창동에 있는 보명학교라는 사립 초등학교에서 학생들을 가르치게 된 것이다. 당시 200명의 재학생들이 있던 이곳에서 그는 근대 교육과 민족의식 고취에 힘을 쏟았을 뿐만 아니라 그곳 고창교회에서 주일학교와 성가대등 여러 부서를 돌보며 신앙 운동에도 앞장섰다. 3년 후 그는 같은 강서군에 있는 강선교회 부속 보신학교 교장으로 부임하여 민족 교육 사업을 지속하였다.

이런 바쁜 과정 속에서도 조순천은 목회자의 길을 계속 모색하여 1934년 5월에 장로회 총회 종교교육부에서 주관하는 성경 통신과를 수료하였고 이듬 해 3월에는 교사 양성과를 수료하였다. 이후 평서노회로부터 신학교 입학 허락을 받게 되었고, 본격적인 목회자 교육을 받기 위해 평양신학교에 진학하게 된다.

조순천은 평양신학교에서 1935년부터 1938년까지 공부하였다. 이때는 일제가 강제적으로 신사참배를 강조하던 때이다. 일제는 1930년경부터 신사참배를 추진하다가 중일전쟁이 시작된 1937년부터는 그 강요가 더욱 심해져 결국은 학교를 폐쇄시키는 사태까지 초래케 하였다. 신사참배를 거부한 숭실은 결국 1938년에 폐교를 결정하였고 평양신학교 역시 같은 해 폐교하였다.

한편, 평양신학교 시절 그는 강신명 목사와 교제하며 지냈는데 두 사람 모두 음악에 대한 관심이 남달랐다. 그래서 강신명 목사가 학교에서 음악 부장을 맡다가 후임자가 필요할 때 바로 조순천이 그 직책을 이어 받게 되었다. 음악에 대한 그의 관심은 이후 목회 활동에까지 이어졌는데, 그는 교회에서도 음악이 매우 중요할 것이라고 보았다. 교회 음악에 대한 그의 지론은 다음의 언급에서 잘 나타난다. "교역자는 음악을 알아야 합니다. 음악은 목회 생활에 있어서 없을 수 없는 가장 중요한 요소입니다. 예배를 드려도, 심방을 해도 언제나 중요한 것은 음악입니다." 그는 예배에서 설교만 강조되고 있는 당시 현실에 대해 언급하면서 설교 못지않게 음악이 중요시되어야 한다고 강조하였다.

> 지도자인 우리들은 예배 순서 중 설교 준비에는 시간을 많이 희생하여 그 주일의 설교 내용과 음악 순서는 정반대 방향으로 흐르고 있으니 어찌 뜻있는 예배의 음악이라 하겠습니까? 만일 설교 내용과 뜻이 합하는 합창이 있어 그 순서가 통일이 된다면 얼마나 의미 있는 예배가 되지 않을까요? 그런 예배 의식은 우리 신앙의 정서를 더욱 윤택하게 할 것이며 더 효과가 있는 의식이 될 것이며 이 점을 의식할 필요가 있다고 생각합니다.

이와 같이 조순천은 교회 음악이 예배와 전도에 중요하다는 것을 지적하였고, 이런 그에 대해 강신명 목사는 후에 "그분은 교회 음악에서 교회 음악으로 일생을 바치신 우리 한국 교회의 거성이었다."고 회고하였다.

예배에서 음악의 중요성을 알고 있었던 조순천은 이후에 풍금이 없는 교회를 알게 되면 여러 방법을 고안해서 그 교회에 풍금을 마련해 주었다. 이런 그의 모습으로 인해 그는 '풍금 목사'라는 애칭도 갖게 되었다. 예를 들어, 평양신학교 수학 중 그는 평양과 진남포 중간 지점쯤에 있는 태성교회에 전도사로 부임해 졸업 때가지 시무하였는데 태성교회에도 풍금이 없었다. 결국 그는 자신이 졸업 선물로 받은 풍금을 태성교회에 기증하고 떠났다. 평양신학교 졸업 직전(1937년)에 평양신학교와 여자신학교가 연합하여 평양시 교역자를 위한 음악 예배를 개최한 일도 있었는데 조순천은 이 행사를 훌륭하게 준비하고 실행하여 그 지역 교회 지도자들로부터 갈채를 받기도 하였다.

[ 1920년대 한국교회에서 사용하던 풍금들 ]

### 해소할 수 없었던 목회와 교육에 대한 열정

조순천은 1938년 평양신학교를 졸업 후 평서노회에서 목사 안수를 받고 곧이어 1939년 10월부터 1945년 해방 때까지 진남포 억양기교회에서 담임으로 시무하였다. 이 교회 주변에는 여러 학교들이 산재해 있었기에 자연히 교회 주일학교와 중등부가 매우 활발히 사역하고 있었다. 조순천은 이러한 지역적 상황을 고려함과 동시에 이전부터 헌신해오던 교육 사업에도 계속 봉사하기 위해 진남포의 득신학교 이사장직을 맡아 겸직하기도 하였다. 득신학교는 1905년 5월에 진남포 비석리교회가 설립한 학교로 특히 민족 교육을 위해 설립된 학교였다. 조순천은 여기서 종교과 교사를 맡았다. 그러나 득신학교와의 인연은 오래가지 못하였다. 득신학교에 대한 일제의 간섭과 방해가 심했고 특히 득신이 신사참배를 지속적으로 거부해 결국 학교 문을 닫게 되었기 때문이다.

7년간 억양기교회를 시무했을 때 조국의 해방이 왔다. 그해 10월 조순천 목사는 억양기교회를 떠나 진남포에 있는 대두리 교회 목사로 가게 된다. 이 대두리 교회는 그가 마지막 목회 열정을 쏟은 교회였으며 동시에 해방과 함께 북한에 들어온 김일성 정권과 신앙의 대결을 펼쳤던 장소이다. 그는 또한 그곳에서 득신고등성경학교를 설립하여 교장으로 봉직하였다. 이 득신고등성경학교는 이전에 그가 몸담았던 득신학교의 정신을 이어받아 세운 학교였다. 목회, 교육, 신앙 투쟁 그리고 순교가 바로 이 대두리 교회에서 일어났다. 먼저 목회와 교육에 대해서 살펴보자.

조순천은 열심히 목회하였다. 노회 활동, 학교 운영 그리고 건국준비위원회 활동 등으로 매우 바빴음에도 불구하고 목회를 게을리 하지 않았다. 설교와 예배 준비는 물론 각종 심방도 빠짐없이 수행하였다. 한번은 득신의 한 교수가 한 달간 병으로 결근한 일이 있어 이를 두고 주위에서 조순천에게 건강에 대해 문의하자 조순천은 "나는 시간이 있어야 앓지!"라고 할 만큼 바쁘게 활동하였다. 매년 봄가을 교회 전체 대심방, 주간 심방 그리고 필요할 때마다 가정 심방을 빠짐없이 할 정도로 열심히 교인들을 보살폈다. 또한 지역 선교에도 노력을 기울였는데 이를 위해 조순천은 전도회를 조직하여 활동하였다. 대두리에는 진남포 제련소가 있어 이곳에서 일하는 직원 사택이 많아 이 직원들을 전도하기 위해 조순천은 전도회를 조직한 것이다.

조순천 목사는 또한 순전한 칼빈주의자로, 장로교 신학 이외에 어떤 신학, 학설, 주의에 대해 타협하거나 절충하는 일이 없었다. 그의 순교 역시 이러한 정신과 태도로 인한 것이었다. 그렇다고 그는 교만하거나 아집에 사로잡혀 있지 않았다. 교인들을 대할 때 항상 겸손과 온유의 모습을 보여주었다. 조순천에게 세례를 받은 최유선 목사가 남긴 아래의 글은 이를 잘 보여주고 있다.

문 : 최군은 하나님 앞에 죄인으로서 주님 외에 구원받을 길이 없다는 것을 시인합니까?

답 : 예

문 : 목사도 죄인입니까?

그 당시 나의 믿음은 어렸고, 성경 지식이 부족하였으며 목사님에 대한 존경심이 강하였기 때문에 "자범죄가 없다 해도 원죄가 있지 않습니까?"라고 답변하였습니다.

그러자 목사님께서는 "로마서 3장 10절, '의인이 없나니 하나도 없으며'라고 성경이 증거하고 있으니 목사도 죄인입니다."라고 겸손하게 말씀하셨습니다. 틀린 점을 지적해 주시되 성경 말씀을 통하여 자존심이 꺾기지 않도록 지도해주시던 겸손하고 인자한 모습을 지금도 잊을 수 없습니다.

설교 강단에서 설교할 때 경천애인, 애국애족, 희생봉사, 일로매진, 지사충정과 같은 민족적이고 교육적인 내용의 가르침도 주요 메시지였으나 동시에 개인적이고 신앙적인 것에 대해서도 결코 소홀히 하지 않았다. 설교 시 인생은 어디서 왔는가? 무엇하러 왔는가? 어디로 가는가? 등과 같은 세 가지 대지를 가지고 설교함으로써 인생의 문제, 영혼의 구원, 내세의 소망 등에 대해서도 지속적으로 가르쳤다.

목회에서의 음악 활용도 변함없이 추진하였다. 당시 그곳에는 중고등학생들을 위한 음악 교재가 없어 조순천은 음악 교재를 발간해 진남포에 소재한 여러 학교에 보급하였다. 음악은 단지 음악 교육뿐만 아니라 민족과 통일 의식을 고취하기 위해서도 사용되었는데 예를 들어 안익태의 애국가가 당시 남한에서는 불리고 있었지만 북한에서는 알려지지 않았다. 조순천은 라디오를 통해 남한의 방송을 들으면서 애국가를 오선지에 그려 등사한 후 가지고 다니면서 비밀리에 보급하였다. 그는 "우리나라가 통일되려고 하면 애국가부터 통일해야 한다."고 말하면서 이 일을 감행한 것이다. 이렇듯 조순천은 음악의 역할과 중요성을 깊이 깨닫고 있어 음악을 통한 교육에 여러 공헌을 남긴 목사였다.

한편, 조순천은 일제 때 폐교당한 득신학교의 정신을 이어받는 득신성경고등학교 설립을 추진하는 과정에서 많은 어려움을 겪었다. 이번에는 일제가 아니라 북한 정권 때문이었다. 해방 후 과거 득신학교 건물이 공산당의 국유화 정책으로 인해 몰수된 후 공산 정권의 중등교육 연수 기관으로 사용되고 있었기에 교사 확보가 당면한 큰 문제였다. 이 문제를 해결하기 위해 조순천은 공산 당국과 여러 시도를 해보았지만 교사 반환 요구는 성사되지 않았다. 결국 학교 건물에 대해 고민하면서 기도하던 중 "건물이 무슨 상관이 있느냐 진짜의 신앙 교육은 교회당에서 하는 것이 더 좋으리라"는 영감을 받게 되었다. 그리하여 그는 장로회 평서노회로부터 인준을 얻어 진남포 비석리교회 1층과 유치원을 학교 교사로 사용하기로 하고 46년 4월 17일에 학교를 개교해 교장으로 취임하였다. 학과는 신학교 예과 수준으로 편성했는데, 3개년 과정으로 과목은 성경 66권을 위시하여 어학, 철학 개론, 문학 개론, 논리학, 윤리학, 사회 과학 등이었다.

득신학교 재건의 어려운 과정을 거치면서 조순천이 결심하게 된 것은 첫째 득신학교 교명은 반드시 되찾고, 둘째 공산정권에 의해 반동분자라는 낙인이 찍혀 퇴학당한 기독학생들을 모아 신앙과 애국정신을 고취하는 활동을 한다는 것이었다. 이렇게 생각한 이유는 북한의 젊은 기독신자들이 다닐 수 있는 학교가 제대로 없었기 때문이다. 북한 정권은 학생들로 하여금 주일에도 학교 오도록 하였으며 불응 시 결석 또는 퇴학을 시키었다. 그리하여 별달리 공부할 곳이 없었던 많은 수의 기독 학생들이 득신성경고등학교로 공부하러 왔다. 또한 이곳에서 정규과정을 이수하면 평양신학교 본과로 진학할 수 있었기에 목회자를 지망하는 학생들도 등록하였다. 당시 이 학교는 북한에서 유일한 지방 신학교의 역할을 수행하고 있었다. 그래서 그곳에는 나이 많은 학생들도 있었고 뛰어난 수재도 많이 왔고 때로는 김일성대학에 다니다 온 학생들도 있었다. 그러나 득신학교의 이러한 특징 및 성향으로 인해 이 학교와 조순천 목사는 공산 정권과의 대결을 피할 수 없게 되었다.

## 지혜와 용기, 두 가지를 겸비한 인물

조순천은 본디 철저한 칼빈주의자였기에 공산주의와 타협할 수 없었다. 만일 북한 정권과 타협하거나 절충하였다면 교회나 학교 운영에 별 어려움 없이 여러 도움을 받을 수 있었을 것이다. 그러나 그는 그 길을 거부하였다. 북한정권에 의해 주도된 기독교도연맹측은 조순천을 여러 방법으로 협박하고 또는 회유하였다. 이 연맹의 책임자는 위에서 언급하였듯이 숭실 동문이었던 강양욱 목사였다. 강양욱은 조순천과 고향이 같았고 나이도 세 살 차이 정도였으며 득신학교에서 함께 교원생활을 하기도 하여 친분이 두터웠다. 득신학교 시절 두 사람은 일본의 식민지 교육의 부당성에 대해 같이 항거하였고 기독교 교육이라는 이념을 위해 함께 힘썼다. 따라서 조순천이 원한다면 강양욱의 도움을 얻어 쉽고 빠르게 자신의 목표를 이룰 수 있었다. 그러나 조순천은 자신의 신앙에 따라 강양욱과 그의 조직에 동조하거나 타협하지 않았고, 이로 인해 그는 많은 어려움과 고통을 겪게 되었다.

조순천은 해방 직후 진남포 건국준위비원으로 활동하였다. 그곳에서 교육부장을 맡으면서 조국의 독립정부 수립과정을 도왔다. 이 위원회는 해방 후 혼란을 겪고 있는 치안과 물가를 안정시키는 일도 수행하였다. 그러나 8월 25일 소련군이 평양에 진주하면서 이 건국준비위원회는 해체되었고 곧바로 군정이 실시되었다. 군정의 호위 아래 정권을 잡은 김일성은 북한의 각 지역에 인민정치위원회를 발족케 하고 이를 통해 북한을 공산 국가화 하기 시작하였다. 이 때 건국준위비원회의 일부 인사가 이 정치위원회에 참여하였고, 조순천도 이 위원회를 통해 정치에 참여하도록 요청받았다. 그러나 조순천은 이를 거절하면서 "그것은 내가 하지 않아도 할 사람들이 얼마든지 있지만 목회는 누구나 하는 것이 아니지요."라고 하였다.

[ 평양에 입성한 소련군 ]

김일성은 이후 북한 지역에서 공산 정권을 세우려는 노력을 가일층 하였고, 그리하여 1946년 11월 3일에 공산정부 설립을 위한 총선거를 실시하기로 결정하였다. 그런데 그날이 주일날이었다. 선거를 주중의 다른 날로 할 수 있었는데 굳이 주일날을 택한 데에는 이유가 있었다. 바로 북한 교회에 대한 압박을 가하려는 것이었다. 이 일을 조직적으로 도모하기 위해 친 공산주의 기독교 조직이 필요했고, 그 조직 책임을 강양욱 목사가 맡았다. 김일성 정권을 뒤에 엎은 강량욱은 1946년 10월 28일 기독교도연맹 창립중앙위원회를 조직하고 진남포 비석리 교회 박상순 목사를 위원장으로 세워 활동하기 시작하였다. 박상순은 해방 전 조순천과 평서노회에서 노회장과 서기의 관계로 함께 일했던 자로 서로 잘 알고 있었던 사이였다. 강양욱 일행은 1946년 11월 28일 정식으로 기독교도연맹 창설을 선포하였다. 조순천은 이 일이 있기 직전(46년 10월)에 평서노회 노회장으로 선출되어 어려운 시기에 중책을 맡게 되었고, 자연히 기독교도연맹 인사들과 갈등을 겪게 되었다.

기독교도연맹은 11월 3일 총선거와 관련하여 4개의 조항으로 이루어진 성명서를 만들어 공표하였다.

1) 우리는 김일성 장군을 절대 지지한다.
2) 우리는 남조선 정권을 불신한다.
3) 교회는 민중의 지도자가 된다.
4) 교회는 선거에 솔선 참가한다.

이러한 선포에 대해 북한의 기독교 지도자들은 그냥 있을 수가 없었다. 북한 5도에 있는 장로교 연합 노회는 이 문제에 대해 논의한 끝에 주일에 선거하는 것을 반대하면서 다음과 같은 5개 조항의 성명서를 발표하였다.

1) 성수주일을 생명으로 하는 자는 주일 예배 외에 여하한 일도 할 수 없다.
2) 정치와 종교는 엄격히 분리한다.
3) 예배당은 신성을 확보하고 예배 외에 어떠한 행사도 허용치 않는다.
4) 현직 교역자로서 정치나 다른 사업을 할 때는 성직을 사면해야 한다.
5) 교회는 신앙과 집회의 자유를 확보한다.

이상의 내용들은 한 마디로 기독교인들은 주일 선거에 참여할 수 없으며, 정권은 선거에 참여하지 않는 기독교의 자유를 인정해야 한다는 것이었다. 이북 5도 장로교 연합회는 각 지역 교회 담임 목사들에게 이 같은 내용을 주지시켜 모두 일치된 행동을 하기로 작정하였다. 이 모임에 참석한 조순천 목사도 자신이 속한 평서노회 역시 5도 연합노회의 결정을 충실히 따르겠다고 말하였다. 이후 이북 5도 연합노회 대표 일행 7명은 김일성을 찾아가 면담하면서 반대 의지를 피력하였다.

조순천은 이미 10월에 노회장으로 피선되었을 때 노회 회의에서 "성직자로서 기독교도연맹에 가입하는 것은 부당하다."고 주장한 바 있었다. 또한 그는 총선거와 관련하여 평서노회의 중진 목사들을 모아 자체 회의를 열었고, 회의의 결과에 따라 기독교인들은 선거에 참여할 수 없다는 것을 공표하면서 조직적으로 결의 사항을 실천하고자 하였다. 조순천은 자신의 교회로 돌아와 총선거 하루 전인 2일부터 전교인들에 금식을 선포하고 철야기도회를 개최하였다.

한편, 북한정권은 교회 활동뿐만 아니라 기독교학교에 대해서도 강압적인 요구와 박해를 시작하였다. 득신성경고등학교를 시작한지 1년 후인 1947년 4월, 북한 당국은 다음의 세 가지 사항을 학교에 요구하였다.

> 첫째, 김일성 초상화를 교실 정면에 게시할 것
> 둘째, 한 주에 두 시간 이상 인민과목 수업을 진행할 것
> 셋째, 교사는 기독교도연맹에 가입한 사람으로만 채용할 것.

이 요구들은 조순천과 기독교학교가 수용하기 쉬운 조항들이 아니었다. 그렇다고 수용을 하지 않으면 분명 당국에 의해 후속 조치들이 취해져 학교 운영이 곤란에 처해질 수 있었다. 조순천은 이 문제를 어떻게 처리해야 할지 며칠간 기도하면서 숙고하였다. 그리고 다음과 같은 세 가지 대답을 만들어 보냈다.

> 첫째, 현재 학교 교사는 비석리 교회당이고, 교회당은 신령과 진리로 하나님께 예배하는 곳이므로 김일성 초상화를 걸 수 없음.
> 둘째, 우리 학교는 자체의 교육 이념과 목표가 있고 그에 맞춰 교육을 진행

해야 함, 따라서 교과목을 강요하지 말아야 함.

셋째, 우리 학교는 기독교도연맹에 속한 학교가 아닌 예수교장로회 평서노회 직영 학교이니 그에 따라 학사를 운영할 것임.

조순천은 이렇게 기도 속에서 지혜와 용기를 가지고 북한 정권과 기독교도연맹의 탄압에 맞서 나갔다.

한편, 조순천은 교회(교단) 정치를 공산 정권의 간섭으로부터 지키기 위해서도 부단히 노력하였다. 교회 정치는 중요한 사항이었다. 교회 정치가 잘못되면 신사참배 수용과 같은 결과가 발생되기 때문이다. 신사참배는 친일 성향의 목회자들이 노회나 총회 같은 교단 활동에서 주도권을 잡았기에 가능했던 것이다. 이러한 교단 정치의 특성을 잘 아는 강양욱 및 기독교도연맹 인사들은 끊임없이 교단 정치에 진입하고자 하였다. 이러한 시도는 강양욱, 박상순 목사가 소속된 평서노회에서 특히 현저하였고 따라서 평서노회에서 양자 간의 갈등은 첨예화 될 수밖에 없었다. 그 대표적인 사례가 1948년 10월 요촌교회에서 열린 평서노회 정기노회였다. 강양욱과 박상순은 자신들이 속한 이 평서노회 모임에서 자신들의 의도를 관철시키기 위해 갖은 노력을 시도하였다. 이 때 노회장이 조순천 목사였다. 그는 이들의 의도와 목적을 알고 있었다. 이에 그는 뜻을 같이 하는 노회원들과 함께 이들의 시도를 무력화시켰다. '정치 참여 목사는 목사직을 정직시킨다'는 1946년 10월 노회 결정을 근거로 강양욱과 박상순의 발언권을 허락하지 않았다. 또한 노회 회의 장소에서 기독교도연맹을 알리면서 가입신청을 받으려는 선전 활동을 중지시켰다. 그리고 기독교도연맹이 차기 노회장으로 선출되기를 원하는 나시산 목사를 선출되지 못하도록 하였다. 조순천의 이 같은 노력으로 인해 기독교도연맹의 계획은 수포로 돌아갔고, 강양욱과 그의 측근들은 빈손으로 그곳을 빠져나올 수밖에 없었다. 그날 그들은 그렇게 물러났지만 그렇다고 그들은 멈추지 않았다. 시간이 지날수록 북한 지역에서 공산당의 권력이 강력해졌고 그에 따라 강양욱과 그의 조직의 힘도 더욱 강력해졌다. 북한 교회의 위기가 점차 다가오고 있었다.

득신학교와 조순천에 대한 공산정권의 간섭과 억압은 그 후에도 계속 되었다. 1949년 10월, 강량욱은 다시 평양에서 진남포에 내려와 조순천을 찾았다. 이때의 방문을 당시 득신성경고등학교의 가장 젊은 교사였던 홍만춘은 아래와 같이 기록하였다.

> 1949년 10월 하순경 필자는 졸업반 학생들과 묘향산 졸업여행을 끝내고 그 결과보고서를 작성하고 있었는데, 교문으로 검은 고급 승용차가 들어오는 것이었다. 그 승용차의 귀인이 곧 강양욱 목사였다. 그는 항상 검은 양복에 검은 넥타이, 그리고 머릿기름을 흠뻑 발라 그의 머리는 단정하게 빛나고 있었다.......그러나 그런 외모와는 달리 그날은 다소 초조한 기색을 감출 수 없는 듯 서둘러 교무실로 직행하여 들어오는 것이다. 당시 필자는 말석 교수였기 때문에 문전에서 그를 맞았다. 그의 독특한 음성은 교장 조순천 목사를 찾는 것이었다.......교장 조순천 목사와 강양욱 목사는 서로 언성이 높아졌다.

이날 강양욱은 조순천 목사에게 이전에 요구한 내용에 몇 가지 내용을 추가해 다시 요구하였다.

> 1) 평양신학교와 감리교의 성화신학교가 합동하여 기독교신학교로 개편되었으니 득신학교도 여기에 호응하여 예과로 개편할 것
> 2) 교직원은 기독교도연맹 가입된 자를 채용할 것
> 3) 학생들은 기독교도연맹 추천자 중에서 선발할 것

계속된 강양욱의 요구에도 불구하고 조순천은 타협하지 않는 신념으로 불응하였고 결국 그날 두 사람은 악수도 없이 헤어지는 것으로 만남을 끝냈다.

그렇게 헤어진 강양욱이 또 다시 11월 하순 경 조순천을 찾아왔다. 두 사람이 단독으로 만난 마지막 만남이었다. 이 때 강양욱은 기존의 요구 보다 훨씬 구체적이고 강압적인 요구 및 항의를 조순천에게 전하였다.

첫째, 노회장으로서 조순천 목사가 노회 회의 때마다 박상순 목사(기독교도연맹 중앙위원장)의 발언을 막아 연맹 선전을 하지 못하게 한다.

둘째, 득신학교 학급수가 계속 증가하는데 기독교도연맹 가입한 학생들을 받아주지 않는다.

셋째, 북한 당국이 각 학교에 인민과목 중 헌법을 매주 한 시간 이상 강의하도록 공문을 보냈는데 이 학교는 유물사관을 비판하면서 공문의 지시사항을 교묘히 회피한다.

넷째, 라시산 목사(연맹 중앙위원)를 평서노회장으로 세우려 하는데 이 일에 협력하라.

이러한 요구에 조순천은 조목조목 분명히 답변을 하였다.

첫째, 노회는 1946년 10월 31일에 정치 참여 목사는 성직을 사면하는 것을 원칙으로 결정하였다. 따라서 그가 노회에 와서 연맹을 선전하는 것을 옳지 못한 행동이다.

둘째, 기독교도연맹에 가입한 학생은 절대로 입학시킬 수 없다. 소문에 정체를 숨기고 들어온 학생이 있다고 하는데 발각되면 단호히 퇴학시킬 생각이다. 학생은 정치에 참여할 수 없다는 것이 우리 학교의 기본 방침이다.

셋째, 우리는 인민과목 중 헌법 강의를 하라는 지시를 잘 수행하고 있다. 다만 우리는 신학교 예과 과정이며 고등교육기관이므로 이 수준에 맞게 헌법에 대한 포괄적인 내용을 학문적으로 가르치고 있다. 이를 위해 우리는 강의용 교재를 제작해 사용하고 있는데 당국은 이를 무허가 인쇄물이라고 하여 교장과 교사를 감금하고 교재를 전부 압수했는데 이것이 오히려 잘못된 일이다.

넷째, 평서노회 노회장을 특정인에게 시키라는 것은 상식을 벗어나는 생각이다. 노회장 선출은 노회에서 헌법에 의해 무기명 투표로 이루어지는 것이다.

이 같은 조순천의 확고하고도 논리적인 답변에 강양욱은 달리 그를 설득하거나 강압할 방법을 찾지 못했고 결국 다시 빈손으로 돌아가게 되었다. 그리고 한 달 후 조순천 목사는 평양에서 행사를 마치고 돌아오는 길에 행방불명이 된다. 공산 당국의 납치 소행이 시작된 것이다. 한편, 이런 지속적인 간섭과 대내외적 어려움에도 불구하고 득신성경고등학교는 꾸준히 성장하였는데, 예를 들어 1948년의 경우 460여명이 재학하고 있었으며, 입학 경쟁률도 2.5대 1을 기록하였다.

### "순교의 각오를 가지고 기도하자"

조순천은 순교 시기 이전에도 수감된 적이 있었다. 멀리는 일제 강점기 때 일본 당국에 의해 신학교가 수색당한 후 평양경찰서에 수감된 적이 있었으며(1937년), 북한 정권과 관련하여서는 1948년 만국기 사건 때 수감된 적이 있었다. 만국기 사건은 성탄절과 관련된 일이었다. 당시 학교에서 성탄절 축하예배 장식으로 크리스마스트리와 함께 만국기를 게시하는 것이 관례였는데 이것이 당국의 심기를 건드렸다. 만국기에 북한기(인민공화국 국기)가 없다는 것이었다.

이를 이유로 진남포 정치보위부가 조순천을 호출하였고 이 때 교사로 봉사하던 홍만춘 선생도 함께 보위부에 가게 되었다. 보위부 간부들은 "크리스마스 축하 예배 때 세계 각국 국기는 모두 내어 걸었는데 조선인민공화국

국기는 왜 걸지 않았느냐?"고 시비를 걸었다. 그러자 조순천은 "그것은 아직 국가로서 세계에 인정을 받지 못하였기 때문이 아니냐?"고 반문하였다. 그러자 그들은 그렇지 않다고 하면서 여러 설명을 늘어놓으며 자신들의 입장을 주장하였다. 이에 조순천은 "이 만국기는 내가 만든 것이 아니고 시중에서 파는 것을 구입하여 달았을 뿐이고, 고의적으로 조선민주주의 인민공화국 국기만을 빼돌린 것이 아니오."라고 답하였다. 이런 분명하고도 바른 이유를 제시하였지만 조순천은 보위부에서 나올 수가 없었다. 그들은 홍만춘만 돌려보내고 조순천을 며칠 동안 구금하였다가 돌려보냈다.

조순천이 마지막으로 북한 당국과 부딪친 일은 평양신학교 폐쇄와 관련된 사건에서이다. 기독교도연맹의 강량욱은 장로교의 평양신학교와 감리교의 성화신학교를 합쳐 '기독신학교'라는 학교를 만들어 자신들의 뜻대로 운영하고자 하였다. 이를 위해 강량욱은 1949년 12월 초 평양신학교가 이사회를 개최하였을 때 그곳을 찾아갔다. 그는 기독교도연맹이 평양신학교를 후원할테니 연맹에 가입한 학생들을 받아들이고 연맹 신학교로 바꾸자고 제의하였다. 이미 이때는 북한에 공산정권이 자리를 잡은 상태이고 또한 연맹의 영향력도 이전보다 많이 강화되었던 때이므로 강량욱의 제안을 가볍게 간주할 수 있는 상태가 아니었다. 참석자 모두는 잠시 동안 아무 말도 하지 않았고 침묵의 시간이 지나갔다. 이 침묵은 안주노회 한덕교 목사로 인해 끊어졌다. 그는 "그것은 절대 반대입니다."라고 하였다. 이어 평서노회 조순천이 "제청합니다."라고 하면서 반대 의사를 분명히 하였다. 그런 후 며칠이 지나 한덕교 목사와 조순천 목사는 각기 불시에 체포되어 연행되었고, 조순천은 순교의 길을 가게 되었다.

조순천이 자신의 신앙과 태도를 굽히지 않았기에 공산 당국과의 대결은 피할 수 없는 일이었다. 이런 조순천의 신념과 의지를 알기에 지인들과 교인들은 그의 신상을 염려하면서 미리 몸을 피하기를 권유하기도 하였다. 더 이상 그곳에 있지 말고 월남하라는 권유이었다. 남쪽으로 가서 목회를 할 수도 있고 그것이 만일 어려우면 영어 통역을 하면서 생활할 수 있다고 조언하였다. 실제로 그의 교인이었던 김준근 집사는 자신이 먼저 월남한 후 조순천에게 서신을 보내 남한에 목회할 교회도 있으니 준비된 배편으로 월남하라고 수차례 권유하였다. 그럼에도 그는 움직이지 않았다.

시간이 지날수록 기독교도연맹은 더욱 강압적인 태도를 띠기 시작하였고 공산당의 압제도 날로 심해졌다. 이제 조순천은 비장한 각오를 할 때가 다가오고 있다고 생각하였다. 이미 그는 11월 어느 날 학교 교무실에서 이사장 조승익 목사와 함께 자신들이 처해진 상황을 생각하면서 다음과 같은 각오를 하였다.

> 첫째, 이제 믿음과 충성으로 학교와 교회를 지키자.
>
> 둘째, 이 학교를 통해 앞날의 일꾼을 키우자.
>
> 셋째, 나라가 통일 될 때까지 순교의 각오를 갖고 기도하자.

조순천의 예상대로 순교의 날이 다가오고 있었다. 이 순교의 날은 그가 평양을 방문하면서 시작되었다. 1949년 12월 15일 목요일에 조순천은 평양에 있는 성화신학교의 방학식 그리고 남산현 교회에서 진행되는 성화신학교 성탄음악예배에 참석하기 위해 기차를 타고 진남포를 출발하였다. 평양에 도착한 그는 성화신학교에 가서 교장 배덕영 목사를 만난 후 저녁에 남산현교회로 갔다. 음악회에서는 헨델의 '메시아'가 연주될 예정이었고, 많은 사람들이 이를 보기 위해 교회를 가득 매웠다. 연주는 성황리에 마쳤다.

[ 평양 남산현 교회 모습 ]

성탄을 축하하는 예배였으나 공산 당국은 이를 기화로 목회자들을 체포하기 시작하였다. 음악회 후 조순천과 악수를 하며 헤어진 배덕영 목사는 귀가 중 체포되었고, 신학교 교수 강문규는 그 주 토요일 대중목욕탕에서 귀가도 중 체포되었다. 이후 두 사람에 대한 어떤 소식도 전해지지 않았다. 이렇게 사라진 목회자들의 신상을 알기 위해 교인들이 내무서(경찰서)에 찾아가 목회자의 소재를 물으면 그들은 교인들이 목사를 남한으로 빼돌리고 여기 와서 묻는다고 응대하면서 시치미를 떼었다.

조순천은 17일 토요일 진남포에서 체포되었다. 조순천은 토요일 저녁, 평양에서 진남포 행 기차를 타고 집으로 출발하였다. 그러나 집에서 아무리 기다려도 조순천은 오지 않았다. 그 다음날이 주일이라 어떤 일이 있어도 조순천이 올 터인데 조순천은 나타나지 않았다. 결국 조순천 없이 주일 예배를 드렸다. 조순천의 장남 조성국은 아버지의 행방을 수소문 하던 중, 교회 성가대 청년이 전날 저녁 조순천 목사가 어떤 사람과 시내로 들어가는 것을 보았다 하였다. 또 비석리 교회 여준성 전도사는 아버지를 찾으러 온 조성국에게 말하길, 역전에서 정치보위부 사람이 조순천 목사가 기차에서 내리자 어디론가 데리고 갔다고 하였다. 이것이 마지막으로 목격된 조순천 목사의 모습이었다.

조순천이 돌아오지 않자 교회는 물론 득신학교도 술렁이기 시작하였다. 교직원들과 학생들은 침통하였고 앞으로 일어날 일들에 대해서도 염려하기 시작하였다. 긴급으로 모인 교직원 회의에서 방학을 조기에 시행하고 추후 상황을 보면서 대책을 세우기로 결정하였다. 혹 조순천이 돌아올지 모른다는 생각에서 취한 조치였다. 그러나 조순천은 돌아오지 않았다. 50년 2월에 개학이 되자 기독교도연맹의 김지학 목사와 라시산 목사가 각각 교장과 교감으로 학교에 돌아왔고, 강량욱을 포함한 연맹 인사들이 자기 마음대로 학교를 드나들면서 학사를 통제하기 시작하였다. 결국 뜻있는 교사들과 학생들은 점차 학교를 떠나가면서 학교는 약화되기 시작하였다. 그리곤 얼마 후 6.25전쟁이 시작되었다.

조순천은 6.25를 계기로 평양교도소에서 순교하였다. 그는 평소 이 땅에 있는 육신의 집이 아니라 영원한 집을 소망해야 한다고 하였다. 또한 그는 이 땅에 있을 동안 자신이 아니라 주님을 위해 살아야 한다고 강조하였다. 진남포에서 납치된 후 발견된 그의 성경책에는 쪽지 하나가 끼어져 있었는데, 그 쪽지에는 로마서 14장 8절의 "우리가 살아도 주를 위하여 살고, 죽어도 주를 위하여 죽나니 그러므로 사나 죽으나 우리가 주의 것이로다"라는 말씀이 적혀있었다. 조순천은 이 말씀대로 그리고 평소 외치던 대로 살고 또한 죽은 것이다.

## 참고 자료


조순천. “종교음악의 중요성” 『신학지남』 1937. 11.

고성은. “성화신학교의 역사 1946~1950” 「주간 기독교」 1997. 6. 8.

유관지. “정치공작대 습격사건이 강량욱에게 미친 영향 소고” 『통일이후 신학연구』 2권, 2009.

_____. 『해방 이후 북한교회사에서 강량욱의 위치와 역할에 관한 연구』 호서대학교 박사 학위 논문. 2003.

김요나. 『순교자 전기 15』 서울: 대한예수교장로회총회, 2003.

이찬영. 『북한 기독교 100장면』 서울: 소망사, 2000.

임희국. 『기다림과 서두름의 역사: 한국 장로교회 130년』 서울: 장로회신학대학교 출판부, 2013.

조성국, 홍만춘. 『순교사 송곡 조순천 목사 전기』 서울: 늘빛출판사, 1999.

한국기독교역사연구소 북한교회사집필위원회. 『북한교회사』 서울: 한국기독교역사연구소, 1996.

홍만춘. “북한 인물 연구: 북한 초기의 기독교와 강양욱” 「북한」 1990. 2.

홍정수. “교회음악살롱/(18) 조순천의 교회음악론” 「기독공보」 2004. 10. 9.

[ 30년대 평양시내에서 숭실전도관 활동 모습]

# 지 형 순

## 숭실의 순교자

10명의 숭실 순교자들의 삶과 순교 이야기

# 지형순

## 어린 시절과 숭실중학 입학

지형순 목사는 1911년 9월 4일 평안남도 대동군 재경리면 간리에서 간리교회 지석범 장로와 황덕윤 권사의 3남 1년 중 차남으로 태어났다. 형순은 모태신앙으로 태어나 어린 시절 부모의 보호 하에 곱게 자라 성격은 유순하였지만 그의 성품은 유독 남다른 고집이 있었다. 그는 강직하고 옳고 그름에 대한 분명한 판단과 의미를 잘 지적했고, 자기 생각에 옳지 않은 것은 어떤 일이 있어도 굴종을 거부했다. 13살이 되던 1923년 형순은 간리사립소학교에 입학하여 초등교육을 받았다. 당시 간리사립소학교는 간리교회에 의해 운영되는 기독교 학교로 학생들에게 기독교적 신앙인격을 불어넣어주고 있었다. 그러므로 어린시절부터 형순은 부모님으로부터 물려받은 모태신앙과 부모님의 믿음의 기도, 그리고 기독교학교의 신앙교육을 통해 기독교적 인성과 성품을 교육받으며 자랐다. 형순은 간리소학교를 마친 후에는 곧바로 인근의 평양에 있는 기독교계 학교인 숭실중학에 입학을 했다. 당시 숭실중학은 초대교장이며 설립자였던 윌리엄 베어드가 1916년 교장 직에서 사임한 이후 마포삼열 선교사가 제 3대 교장으로 봉직하고 있었다. 이 때에도 여전히 숭실중학은 보수적인 청교도적 신앙에 기초하여 학생들에게 경건한 신앙생활을 강조하였고, 조선어 교육을 통하여 민족의식을 고양시켜 주고 있었다. 형순은 숭실중학에 재학하는 동안 이러한 숭실중학의 학풍을 따라 민족의식과 독실한 기독교 신앙으로 무장하여 갔다.

---

*이 글은 순교자기념사업회가 손자 지형순 목사에게 인터뷰한 목취록에 의거히여 기술하였다.

[ 지형순 목사의 결혼사진 ]

## 일본유학과 하나님의 부르심

숭실중학에서 5년간의 중등교육과정을 마친 형순은 중학졸업 후 상급학교로 진학예정이었다. 그러나 그는 숭실전문학교 진학을 포기하였다. 그는 세상을 보는 안목을 넓히고 좀 더 넓은 세계를 경험하고자 일본 유학의 길을 선택하였다. 그는 어린시절부터 일제 식민지 통치로 신음하는 한국인들의 고통을 덜어주고 민족의 독립을 위한 길을 모색하는 삶을 살겠다고 작정하고 있었다. 그래서 그는 정치인이 되고자 일본대학에서 정치학을 공부하기를 원하였다. 그런데 형순의 이러한 계획은 하나님의 놀라운 섭리와 인도하심으로 새로운 길로 나아가게 되었다. 그는 일본 유학 중에 놀라웁게도 하나님의 세미한 음성을 들은 것이었다. "가라는 니느웨는 가지 않고 다시스로 도망가려느냐?" 이 말씀은 하나님의 말씀을 불순종하여 물고기 배속에 갇혀 있다가 나온 요나 선지가가 들은 말씀이었다. 형순은 처음에는 요나서의 이 말씀이 무슨 뜻인지를 깨닫지 못하였다. 그러나 이 음성은 3일 동안 계속되었고, 그제서야 형순은 하나님의 세미한 음성의 의미를 깨달았다.

그때까지만 해도 형순은 교역자들을 별로 동경할 수가 없었다. 어린시절부터 기독교가정에서 자라난 형순은 주변의 목회자들의 생활과 목회의 어려움을 잘 보아왔던 터였다. 더욱이 숭실중학을 다니면서 목회의 길로 나아가 수

많은 고생을 하고 있던 선배들을 보았기 때문이었다. 일제의 식민지 현실 속에서 교회를 지키며 성도들을 돌보고 있던 당시의 목회자들은 그야말로 고난의 질곡을 온 몸으로 맞으며 살아가는 삶이었다. 그래서 형순은 어릴 때부터 "목사는 안한다. 사나이면 천하를 호령할 수 있어야 한다."고 다짐하고 일본대학교의 정치학부에 진학하기로 결심을 한 것이었다. 그런데 이미 형순의 모친인 황덕윤 권사는 형순이 어린시절 자신의 아들을 하나님께 바치겠다고 서원 기도를 했었다. 그는 어린시절부터 주의 종이 되라는 어머니의 음성을 항상 들으며 살아왔다. 형순은 이런 어머니의 기도가 싫었다. 그래서 그는 하나님의 부르심을 외면하고 의도적으로 일본으로 도망친 것이다. 일본은 형순에게 다시스였던 것이다. 그러나 형순은 일본유학 중에 '니느웨로 가라'는 하나님의 세미한 음성을 들었던 것이다. 그는 몇 날을 고민하던 끝에 일본의 대학에서 한 학기만을 마치고 마침내 귀국하기로 결심하였다. 귀국후 형순은 아버지 지석범 장로 앞에 무릎을 꿇고 "아버지 제가 잘못 생각했습니다. 평양장로회신학교로 가겠습니다."고 고백하였다. 지석범 장로는 아들의 이야기를 들으며 고개를 끄덕였고, 형순은 그 길로 평양신학교에 입학하였다.

## 평양신학교 재학시절 신사참배 문제로 고난

형순이 일본유학에서 돌아와 평양신학교에 입학했을 때 한국교계는 신사참배 문제로 매우 시끄러운 시기였다. 일제는 1937년 중일전쟁을 일으키고 중국대륙침략을 본격화하였다. 이를 위해 일제는 한반도를 병참기지화 하였고, 한국인들에게 황민신민화 정책과 동방요배, 신사참배와 창씨개명 등을 강요하였다. 이에 교회지도자들과 내한 선교사들은 일제가 강요하는 신사참배는 성경의 정신에 위배되는 우상숭배라 규정하고 격렬히 저항하였다. 그러나 안타깝게도 한국기독교는 신사참배를 국가의례라 강변하며 강요하는 일제에 의해 서서히 굴복해 나갔다. 먼저 일본과 동맹을 맺고 있는 이탈리아와의 관계로 로마 가톨리교회가 먼저 신사참배를 국가의례로 인정하고 신사참배를 수용하였다. 그 후 개신교회 가운데 감리교회가 그 뒤를 이었다. 당시 예수교장로회는 초기에는 신사참배를 우상으로 규정하고 이를 거부하였으나 일제의 압력에 굴복해 결국 1938년 예수교장로회 총회는 공식적으로 신사참배를 결의를 하였다. 당시 신학생이었던 형순은 평양신학교 동료들과 함께 신사참배 결의 반대파에 섰다.

그러자 일경은 신사참배를 반대하는 신학생들을 경찰서에 연행하여 온갖 고문과 형벌을 가하였다. 형순은 이때 평양경찰서에 끌려가 여러 차례 치도곤(治盜棍)으로 맞는 형벌을 당하였다. 치도곤은 조선시대 죄인에게 자백을 강요하거나 벌로 죄인의 볼기를 치던 곤장의 하나였다. 치도권은 죄수들에게 가하는 태형의 하나로 소곤, 중곤, 대곤, 치도곤 등 네 가지 곤장이 있었는데 그 중에서 가장 무섭고 가혹한 형벌이었다. 조선조 천주교인들이 천주교를 신봉하였다는 이유로 치도곤을 맞아 그 상처로 인해 목숨을 잃는 경우가 허다했다. 그러므로 치도곤으로 맞았다는 말은 말하자면 죽기직전까지 맞았다는 것이다. 사도 바울이 고린도후서 11장에서 40에 하나 감한 매를 다섯 번 맞아 죽을 뻔하였다고 하는 것은 40대를 치면 대부분 죽기 때문에 1대를 감하고 때렸다는 의미로 해석될 수 있을 것이다. 이처럼 지형순이 치도곤을 맞았다는 것은 바울처럼 죽기직전까지 맞았다는 의미로 바울과 같은 고난을 당하였음을 의미한다고 할 수 있다.

[ 지형순 목사의 학창시절 ]

신사참배 거부로 말미암은 형순의 고난은 이것으로 끝나는 것이 아니었다. 신사참배로 무수히 많은 기독교계 지도자들이 체포 구금되었다. 특히 평남노회 관내에서 일경에 의해 체포된 기독교지도자들이 가장 많이 나온 곳은 중화군이었다. 1937년 11월 17일 평남 경찰부 고등계와 중화경찰서는 합동 작전으로 신사참배 거부 입장을 취하고 있던 김진식(金鎭植), 윤옥경(尹玉璟) 목사 등 중화군 내 교회 목사와 장로, 전도사 23명을 체포하였다. 한편 이 사건 이외에도 1938년 2월 일명 '평양신학교 기념식수 절단'사건이 일어나 평양신학교 교수와 학생들이 대거 검거되는 일이 벌어졌다.

[ 선천 남교회 ]

이 사건은 평북노회 소속으로 평양신학교에 재학하고 있던 장홍련(張弘璉) 전도사가 그해 2월 8일 선천에서 열린 평북노회(노회장 김일선 목사)에서 신사참배를 결의한다는 소식을 듣고 분개하여 기숙사 앞마당에 있던 노회장 김일선 목사의 '기념식수'를 도끼로 찍어버린 것이었다. 이 소식을 들은 평양경찰서는 2월 13일 김일선 노회장의 기념식수를 찍어버린 장홍련을 비롯하여 재학생인 김양선, 장윤성, 안광국, 조윤승, 지형순, 장윤홍 등을 사상이 불온하다는 혐의로 체포하였다. 그리고 학생들의 배후에 평양신학교 교수였던 박형룡 목사와 서무 한창선, 평양여자신학교 교수 김인준 목사 등이 있다는 혐의로 이들도 함께 체포하였다. 이 때 교회 조사로 봉직하고 있던 형순은 동료 신학생들, 그리고 선배 목사들과 함께 옥고를 치렀다. 그러나 이들의 강력한 반대투쟁에도 불구하고 예수교장로회 총회 산하의 7개의 노회 가운데 평북노회가 가장 먼저 신사참배를 결의하였고, 1938년 9월 예수교장로회 제 27차 총회는 신사참배하기를 정식으로 결의하였다. 이로써 예수교장로회와 한국교회사의 역사에 있어서 이날은 가장 수치스러운 날로 기록되었다.

### 일장기 회손 사건

형순은 평양장로회신학교를 다니며 독좌동 교회와 선천남교회에서 조사로서 활동을 했다. 당시 신학교 재학생들은 의무적으로 개교회의 조사로 봉사를 했었다. 지형순 조사가 선천 남교회에서 조사로 근무할 때였다. 청년반을 담임했던 지 조사가 성경공부를 시키고 있는데 청년 한 사람이 문을 열고 들어오며 소리를 쳤다. "일본은 조선의 적국이다. 조선인은 일본에 굴종할 수 없다." 그러더니 청년은 품속에서 일장기를 꺼내어 찢어버렸다. 그것으로도 청년은 분이 삭혀지지 않던지 일장기를 땅에 던지고 껑충껑충 뛰면서 짓밟아 버렸다. 이 사건은 교회 안에서 순식간에 일어나 일이었다. 그런데 이 사건은 선천 남교회의 조사로 있던 형순에게 엄청난 고초를 겪게 하였다. 교회안의 어떤 청년이 고발을 했는지 몇 일 후 사건 주모자인 청년과 청년담당 조사인 형순이 선천 경찰서에 연행된 것이었다. 경찰은 지형순 조사에게 "청년을 책벌하라."고 강요하였다. 그러나 이러한 강요에 대해 형순은 "책벌이란 죄와 연루될 때 쓰는 형벌이지 무조건 휘두르는 칼이 아닙니다." 라고 거부하였다. 그러자 일경은 다시 재차 "대일본제국의 국기를 훼손한 것은 불경죄에 해당하는데도 말인가?"라고 주장하며 책벌을 강요하였다.

그러나 형순은 이에 굴하지 않고 "그것은 국가에서 벌을 줄 것이지 교회에서 줄 책벌사항은 아닙니다."고 맞받아쳤다. 형순의 논리정연하고 합리적인 반론에 일경은 반박할 말이 없게 되었다. 상황이 궁박해지자 일경은 눈을 크게 뜨고 윽박을 지르기 시작하였다. "보아하니 이 일은 청년 단독범행이 아니라 지형순 조사가 시켜서 한 일이구만." 일경은 그때부터 지형순 조사를 심하게 고문하기 시작했다. 일경은 지 조사에게 갖은 종류의 고문을 가하였고 그 고통은 이루 형언하기 어려울 정도였다. 그러나 다행히 지 조사는 보름 만에 무혐의로 경찰서에서 풀려났다. 하지만 경찰에서 풀려나온 지형순 조사는 그대로 선천남교회에서 머물 수가 없었다. 선천남교회는 일경에 의해 혐의를 받고 조사를 당한 지 조사를 따뜻하게 맞아 줄 수가 없었다. 아마도 당시 일경에 의해 교회 전체가 어려움을 당하지 않을까 하는 교인들의 지나친 염려 때문이었을 것이다. 그는 쓸쓸한 마음으로 짐을 꾸려 교회 밖으로 걸어 나왔다. 누구하나 "잘 가라"고 인사하는 이들이 없었다. 있다면 완전 무장한 일경 두 명이 뱀 같은 눈을 뜨고 표독스럽게 감시하는 것 밖에 없었다.

[ 기림리 교회 ]

### 부흥사로 활약

형순은 1942년 평양신학교 37회를 졸업하고, 평서노회에서 안수를 받아 평강교회에 부임하였다. 이후 철산교회로 옮겨서 시무하게 되었다. 이 때는 일제가 태평양 전쟁을 일으키고 한반도를 태평양전쟁의 병참기지로 삼아 갖은 수탈과 착취를 한국인들에게 일삼고 있었다. 젊은이들은 강제로 군대에 편입시켜 전쟁터로 내몰았고, 젊은 여인들에게는 정신대로 자원할 것을 강요하였다. 이러한 상황 속에서 교회도 일제수탈의 예외가 될 수 없었다. 전국의 교회들은 예배당에 걸린 종탑과 기물들을 강제로 헌납해야 했다. 이러한 일제의 강압에 문을 폐쇄하는 교회들이 속출하였고, 교역자들은 일제의 집요한 신사참배 강요를 못이겨 은거하는 사람들이 나타났다.

지형순 목사도 이 때 일시 낙향해서 성경연구에 몰두했다. 그는 짧은 기간이었지만 바울의 아라비아 수도와 같은 신앙의 체험을 했다. 깊은 영적인 체험을 한 것이었다. 이것이 계기가 되어 지형순 목사는 해방 후 부흥사로 활동을 하게 된다.

1945년 8.15 해방이 되면서 지형순 목사는 은거생활에서 나와 빙장리 교회의 초빙을 받아 일시 담임 목사로 부임하였다. 그러다가 기림리 교회로 자리를 옮겨 담임목회를 시작하였다. 해방 후 지형순 목사는 부흥사로 눈부신 활동을 했다. 북한지역의 교회들마다 지 목사를 초청하여 부흥사경회를 개최하였는데 지 목사의 열정적이고 영감 있는 설교는 북한 지역의 교인들에게 커다란 감동을 주었다. 38선이 가로막혀 남한까지는 미치지 못했지만 그의 설교는 북한지역에 커다란 영향력을 발휘하고 있었던 것이다.

### 주일선거 성토사건과 순교

1945년 8월 15일 해방이 되고 북한 지역에는 곧바로 소련군이 진주하였다. 이어 소련군의 비호를 받은 김일성은 만주지역에서 귀국하여 북한에 공산정권을 수립하기 위하여 공작을 시작하였다. 그리하여 그들은 공산정권을 수립하기 위하여 인민위원회 선거를 주일날에 실시한다고 선언하였다. 이것은 김일성과 공산세력이 북한지역에 상당한 정치적 영향력을 발휘하고 있는 기독교세력을 억압하고 제거하기 위한 일종의 시험이었다. 이에 북한지역에 남아있던 다수의 교역자들은 공산당의 주일선거를 성토하고 이를 거부하기로 하였다, 지형순 목사 또한 공산당의 주일선거 기도를 주일성수를 기본으로 하는 기독교 신앙에 대한 정면도전이라 여겼다. 그러나 공산당은 집요하게 북한 전역에서의 주일선거를 강행하였다.

드디어 공산당이 1946년 11월 3일 주일선거를 실시하자, 지형순 목사는 이를 정면으로 성토하였다. 그는 공산주의를 무신론 집단, 마귀의 세력으로 보았다. 이러한 지형순 목사의 주장은 장대현 교회 부흥사경회에서 터져 나오고 말았다. 부흥강사인 지형순 목사는 설교를 통해 "공산주의를 경계하라" "그들은 무신론 집단이요 마귀의 세력이라고 외치며 벨리알과 그리스도가 어찌 일치할 수 있느냐"고 역설하였다. 청중은 아멘으로 화답했고 공산당과 교회의 대립은 극도에 달하였다.

결국 장대현 교회에서의 집회 후 지형순 목사는 공산당에 의해 체포되었다. 그는 정치보위부에서 끌려가 온갖 고문을 당하였고, 재동 탄광촌으로 끌려갔다. 그는 그곳에서 강제 노동에 처해져 갖은 고초를 겪게 되었다. 당시 공산당에 의해 끌려간 목회자들은 모두 생사의 갈림길에 처해졌으며 아무도 그 행적을 알 수 없었다. 공산당이 그들을 철저히 격리하였기 때문이다. 지형순 목사도 재동 탄광촌에 끌려간 이후 그에 관한 이야기를 더 이상 알 수가 없게 되었다. 다만 전하는 이야기에 의하면, 지형순 목사는 1950년 6.25전쟁이 발발하고 국군과 연합군이 평양 수복을 앞둔 10월 20일 공산당에 총살을 당해 순교하였다는 사실이다. 당시 연합군의 북상으로 북한군은 급하게 기독교 지도자들과 우익민족지도자들을 처형했는데 그 때 지형순 목사도 희생되었던 것이다. 지형순 목사는 다른 목회자들처럼 월남하지 않고 공산치하에서도 북한교회를 지키고 복음진리를 수호하기 위해서 목숨을 걸고 목사로서의 정체성과 복음수호자로서의 존재의미를 확실하게 하였던 목회자였다. 그리하여 그가 흘린 순교의 붉은 피는 "순교자의 피는 교회의 씨앗"이라고 한 초대교부 터툴리안의 말대로 한국교회 성장에 밑 걸음이 되기에 충분했다.

[ 순교직전 지형순 목사 ]

## 참고자료

김수철. 『순교열전』(서울 : 한국순교자기념사업회, 1994.)

한국기독교역사연구소 북한교회사집필위원회. 『북한교회사』(서울 : 한국기독교역사연구소, 1996.)

한국순교자기념사업회. 『순교보』(한국순교자기념사업회, 2009)

손자 지형순 목사 인터뷰

**숭실의 순교자**

10명의 숭실 순교자들의 삶과 순교 이야기

초판 발행일 2017년 4월 30일

**저 자** 이 철·김명배
**발행인** 황준성
**발행처** 숭실대학교 출판국
**등 록** 제14-2호(1982. 1. 25)
서울 동작구 상도로 369
**전 화** 02-820-0772
**팩 스** 02-817-5297
**홈페이지** http://press.ssu.ac.kr
**디자인·인쇄처** 디자인 그린비(02-2275-5756)
**값** 12,000원

**ISBN** 978-89-7450-368-0 04230

* 이 책은 저작권법에 따라 보호받는 저작물이므로 무단전재와 무단복제를 금지하며, 이 책의 내용의 전부 또는 일부를 이용하려면 반드시 저작권자의 서면 동의를 받아야 합니다.
* 잘못된 책은 바꾸어 드립니다.

# 겨울왕국에서 창조한 신화

# 6

아시아선수권대회에서의 우승은 막 개혁개방의 궤도에 들어선 중국에게 강심제와 같은 것이었다. 우승의 소식은 사람들을 격려하고 분발시켰으며 배구 붐을 불러일으켰다. 사람들은 너도나도 배구라는 스포츠를 관심하기 시작하였고 배구를 배우기 시작하였다. 중국 여자배구팀의 선수들은 더욱 국민의 우상이 되었다. 그 당시 여자배구팀의 수많은 '열성팬'이 선수들에게 편지를 쓰거나 선물을 보냈으며, 일부 팬은 그녀들의 모습을 보기 위해 훈련장 문 앞에서 며칠을 대기하기도 하였다.

일반 팬들의 편지 외에도 선수들은 매일 많은 젊은 총각들이 보낸 '러브레터'를 받았다. 한 통 한 통의 정성어린 손편지 앞에서 꽃다운 나이의 배구팀 선수들은 마치 달콤하면서도 약간은 떫은 갓 익기 시작한 딸기를 먹은 듯한 느낌이었다. 랑핑도 예외는 아니었다. 비록 가슴이 두근거리고 사랑의 도래를 은근히 기대하면서도 편지를 접고 하나하나의 성의를 가슴속 깊이 묻을 수밖에 없었다. 그녀는 사랑을 기대하면서도 이 시기에 사랑이 다가오는 것이 두렵기도 하였다. 그녀는 마음속으로 경건하게 기도하였다. "사랑아, 좀 늦게 찾아와주렴!"

이때 중국 여자배구팀이 세계 우승에 도전하기까지 아직 1년이라는 시간이 있었다.

1981년 11월, 여자배구팀 선수들은 짐을 챙겨 세계 우승을 쟁취할 신심과 의지를 품고 도쿄로 향하는 비행기에 몸을 실었다. 12 명의 선수들은 통일적으로 베이지색 코트에 연한 그레이 운동복을 입고 있었으며 운동복 왼쪽 가슴에는 '중국'이라는 두 글자가 새겨져 있었다. 만 리 상공에서 내려다보니 '중국'은 구름 밑에 차츰 모습을 숨기고 있었다. 랑핑은 창밖의 경치를 보면서 가슴팍을 만져보았다. '중국'이라는 두 글자가 희미하게 뜨거워지는 것 같았다. 4년 전 유감스럽게 4위에 머물렀던 과거는 여전히 그녀 가슴속의 징크스였다. 4년간 혹독한 훈련의 성과는 오늘날의 일전에 달렸다. 그녀는 '중국'이라는 두 글자로 자신을 격려하였다. "잠시라도 소홀해서는 안 돼!"

비행기에 타고 있는 그녀들은 도쿄로 향하는 이 비행기가 그녀들 모두의 인생 궤적을 바꿀 줄을 몰랐다.

1981년 11월 7일, 제3회 여자배구 월드컵의 첫 번째 경기에서 중국 여자배구팀의 첫 상대는 남미의 우승팀 브라질팀이었다. 중국팀은 세 세트를 스트레이트로 이겼는데 경기는 단 45분에 끝났다.

중국 여자배구팀은 첫 경기부터 좋은 성적을 거두면서 우승을 향해 계속 전진하였다. 그녀들은 일본의 겨울왕국인 삿포로시에 도착하였다. 초겨울의 삿포로는 벌써 눈결이 흩날리며 온통 흰색으로 뒤덮여 있었는데 마치 동화 속의 겨울왕국 같았다. 그러나 여자배구팀 선수들은 경치를 구경할 겨를이 없었다. 그녀들은 따뜻한 호텔 방에서 머물며 팀닥터가 허리 부상, 무릎 부상, 팔 부상 등등을 치료해주기를 줄 서 기다리고 있었다. 젊은 여자배구팀 선수들 모두의 몸에는 나이에 맞지 않은 부상들이 있었으나 그녀들은 일찍이 부상에 습관되었다. 부상은 이미 일상이 되었으니 급선무는 꿈에 그리던 세계 우승을 향해 돌진하는 것이다.

중국 여자배구팀의 두 번째 상대는 여덟 번이나 세계 우승을 따냈던 소련팀이었다. 소련팀은 비록 20세기 60년대에 서서히 '동양의 마녀' 일본 여자배구팀에게 양위하였으나 실력은 얕잡아 볼 수 없었으며 소련팀의 신장 우세는 중국팀이 도달할 수 없는 것이었다. 그러나 중국팀은 여전히 위세를 떨쳐 과거 세계 여자배구의 패주였던 소련팀을 3:0으로 격파하였다.

그 후의 경기에서 중국 여자배구팀은 3:0으로 한국팀을 이기고, 3:0으로 동유럽의 강팀 불가리아 여자배구팀에 승리하고, 3:0으로 세계의 강팀 쿠바팀을 꺾었다. 미국 여자배구팀과의 준결승전에서 미국팀은 신장이 190cm인 하이먼과 184cm 블라디미르, 175cm 우즈트라에게 랑핑을 수비하게 하였다. 그러나 랑핑은 5세트에서 상대방의 수비를 무너뜨렸고 중국 여자배구팀은 15:6의 성적으로 마지막 세트의 승리를 거두어 최종 3:2의 성적으로 미국 여자배구팀을 이겼다.

이로써 중국 여자배구팀은 일본에서 6전 6승의 무패기록을 달성하였다. 꿈에도 생각지 못한 세계 우승이 바로 눈앞까지 다가왔다. 이제 한 걸음만 더 내디디면 챔피언의 꿈을 이루게 된다. 남은 것은 '동양의 마녀' 일본 여자배구팀과의 결전뿐이다!

1981년 11월 16일, 수억 명의 중국 시청자의 마음은 모두 일본 도쿄의 요요기체육관과 연결되어 있었다. 여기에서 곧 제3회 여자배구 월드컵 결승전인 중국 여자배구팀과 주최국 일본 여자배구팀의 세기의 대결이 펼쳐지게 된다.

요요기체육관은 사람들로 발 디딜 틈이 없었다. 세계 각지의 배구 팬들이 몰려들어 티켓 구하기가 하늘의 별따기였다.

위안워이민이 12명의 선수를 이끌고 경기장에 입장하자 경기장에서는 삽시에 우레와 같은 환호가 터졌다. 사람들은 모든 난관을 뚫으며 대적할 자가 없는 아시아의 신예에 큰 기대를 품고 있었다.

일본팀 감독 코지마 고지는 꼭 우승할 것이라는 결심을 나타내기 위해 일부러 콧수염을 길렀다. 그는 만약 일본팀이 우승하지 못한다면 수염을 깎지 않을 것이라고 공언하였다. 결승전이 시작하기 전, 코지마 고지는 위안워이민에게 "중국팀을 이긴 후에 면도할 것입니다"라고 말하였다. 그러면서 위안워이민 앞에서 왔다 갔다하면서 끊임없이 수염을 만지작거렸다. 이러한 도발은 경기장에서 자주 사용하는 전형적인 심리전의 일종이다. 위안워이민은 속으로 "수염을 영원히 기르게 해줄게"라고 말하였다. 위안워이민은 코지마 고지의 도발을 안중에 두지 않았다. 도리어 코지마 고지의 도발로 승리에 대한 신심이 더 증대되었다. 위안워이민은 코지마 고지의 이러한 행동에서 일본팀이 우승에 대한 심리적 압박이 중국팀보다 크다는 것을 확신하였다. 일본은 개최국이기 때문에 홈경기에서 지게 된다면 국민이 매우 난처하게 될 것이다. 그러나 중국팀은 이와 달리 선수들이 평정심을 유지하고 평소에 훈련하던 것처럼 정신을 집중한다면 우승컵을 거머쥐게 될 것이다.

중국 여자배구팀은 일본팀과의 결승전에서 주전들로 라인업을 꾸렸다. '쇠망치' 랑핑, '괴구수怪球手 장룽팡張蓉芳, '아시아 퍼포먼스상' 수상자 저우시오란周曉蘭, 빠른 공격의 주장 쑨진팡孫晉芳, 뛰어난 속공과 블로커 천야치웅陳亞瓊, 몸을 사리지 않는 세터 천자오디陳招娣가 출전하였다. 이 라인업은 중국 내지는 세계에서 최고의 라인업이라고 할 수 있었다.

경기가 시작되자마자 우승을 목표로 한 중국팀은 홈경기의 지리적 우세를 차지한 일본팀을 완전히 압도하였다. 중국이 첫 두 세트에서 승리하였다. 월드컵은 실점이 적은 팀이 승리하는 규칙을 따르기 때문에 앞선 경기에서 뛰어난 성적을 보유하였고 2:0으로 앞선 중국 여자배구팀이 사실상 이미 우승한 것이었다. 이는 중국 역사에서 대구(축구, 배구, 농구, 송구 등의 운동 종목) 종목에서 따낸 첫 번째 우승이었다.

비록 우승팀은 이미 가려졌으나 월드컵 경기는 아직 끝나지 않았다. 일본팀은 홈경기장 관중들의 응원 속에서 체면을 잃는 것이 도무지 달갑지 않았다. 일본팀 선수들은 마음속으로 우승은 물 건너갔으나 경기에서 질 수는 없다고 다짐하였다.

일본팀은 갈수록 용감해졌으며 흡사 혈안이 된 듯하였다. 홈경기장의 일본 관중들도 소리 높게 자국의 선수들을 응원하였다. 그러나 중국 여자배구팀 선수들은 세계 챔피언이 되었다는 기쁨에 빠져 헤어나오지 못하는 듯하였다. 눈 깜작할 사이에 12:15, 7:15로 연패하여 일본팀과 2:2로 비기게 되었다.

마지막 세트의 대결이 시작되었다.

첫 번째 공, 일본팀의 서브. 저우시오란 스파이크로 수비. 상대방 블로킹 성공. 일본팀 1점 획득.

두 번째 공, 일본팀의 서브. 연이은 수비와 공격. 저우시오란 스파이크. 상대방 또다시 블로킹 성공. 일본팀 또 1점 기록.

세 번째 공, 일본팀의 서브. 저우시오란 스파이크 다시 한 번 실패. 일본팀 또 1점 득점.

시작이 좋지 않았다. 일본팀이 마지막 세트에서 3:0으로 잠시 선두에 섰다. 이때 조급해진 위안워이민 감독이 타임을 신청하였다.

선수들은 빙 둘러섰다. 랑핑은 멀지 않은 곳의 살기로 가득한 얼굴의 일본 여자배구팀과 체육장의 흥분한 일본팬들을 바라보며 허탈하게 두 손을 벌렸다. 영문 모를 패배를 하소연하는 듯하였다. 위안워이민은 차분하게 선수들의 정서를 다독이면서 상대방의 전술을 냉정하게 분석하고 치밀하게 준비하였다. 체육장은 '일본 필승'이라는 우레 같은 응원 소리에 파묻혔다. 일부 중국팬들이 굳은 표정으로 좌석에 앉아 중국팀을 위해 묵묵히 기도하고 있었다. 그들의 미약한 응원 소리는 일본

팬들의 열정에 매몰되었다. 바로 이때, 중국팬들은 멀지 않은 곳의 그라운드 위에 있는 랑핑을 발견하였다. 그녀는 마치 위안워이민에게서 필승의 비결을 전수 받은 듯 힘있게 머리를 끄덕이고 있었다. 위안워이민의 의연한 표정을 본 중국팬들은 차츰 마음이 놓였다.

타임이 끝나고 일본팀이 네 번째 공을 서브하였다. 일본팀의 스파이크를 중국팀 두 선수가 블로킹을 시도하였으나 실패하여 공이 라인 안에 떨어지면서 일본팀이 또 1점을 득점하였다.

배구공이 바닥에서 통~통거리며 튀고 있었다. 랑핑은 가까이에서 튀고 있는 공을 보면서 어렴풋이 넋이 나간 듯하였다. 그녀는 3년 전의 아시안게임에서 무수한 공이 자신의 손끝에서 빠져나가고 교체되어 벤치 신세가 되었던 자신을 회상하였다. 갑자기 싸늘한 한기가 발밑에서 머리끝까지 솟구쳐올랐다. 그녀는 얼어붙은 듯 그 자리에서 움직일 수 없었다.

랑핑은 멍하니 이미 라인 밖으로 굴러간 공을 바라보고 있었다. 귓가에는 감독이 방금 그녀에게 한 말이 메아리쳤다.

"절대 이미 세계 챔피언이 되었다고 생각하지 마라. 만약 이 경기에서 패배한다면 너희들은 설익은 밥을 지은 것과 같아. 왜냐하면 완승으로 세계 챔피언이 된 것이 아니니까. 너희들이 끝내 일본팀에 진다면 적은 실점으로 세계 챔피언이 된 것이며, 이것은 영광스러운 일은 아니다."

"랑핑, 넌 강공을 해야 해! 강공!"

"너희들은 자신을 믿어야 한다……"

더 생각할 겨를도 없이 일본팀의 서브가 날아왔다.

차오후이잉曹慧英이 저우시오란周曉蘭에게 언더핸드 리시브했다. 저우시오란이 다시 가볍게 토스하자 공이 완벽한 포물선을 그리며 위로 날아올랐다. 이때 맞은 편의 일본팀은 이미 수비 진영을 완성하고 공이 넘어오기를 기다리고 있었다.

바로 이때, 랑핑이 거의 본능적으로 성큼 다가서며 러닝 점프하였다. 팔과 다리가 공중에서 초승달과 같은 곡선을 만들었다. 강 스파이크! 공은 상대방 수비 진영의 빈 공간에 꽂혔다!

중국팀이 득점하였다! '쇠망치' 랑핑, 중국팀의 '대포'가 전장에 돌아왔다! 미약한 환호 소리가 경기장의 구석에서 들려왔다. 비록 바로 파묻혀버렸으나 이 미약한 격려는 중국팀에게 활기를 불어 넣기에 충분하였다.

이어진 경기에서 중국팀은 온 힘을 다해 추격하여 단숨에 8:4로 역전하였다. 그러나 경기장 팬들의 뜨거운 열기에 힘입은 일본팀은 바로 전력을 가다듬고 추격하여 듀스 국면을 만들고 이어서 15:14로 역전하였다. 배구 경기 규칙에 따르면, 5세트 3승제에서 먼저 세 번 승리하는 팀이 우승이다. 1, 2세트에서는 먼저 15점을 득점하는 팀이 승리하는 것인데, 만약 24:24로 비긴다면 경기를 계속 진행하여 상대방에 2점을 우세한 팀의 승리이다. 그러나 마지막 5세트에서는 2점 이상의 차이로 먼저 15점을 기록한 팀이 승리한다. 일본팀이 이미 15:14의 성적을 기록한 상황에서 1점만 더 획득하면 5세트의 승리를 얻는 것이다.

생사존망의 이 관건적인 시각에 관중석의 일본팬들은 이미 일본 국기를 펼쳐들고 힘껏 흔들거나 두 주먹을 불끈 쥐고 목청껏 응원하고 있었다. 머지않은 구석에 있던 몇 명의 화교가 자리에서 일어나 경기장 밖으로 나가고 있었다. 그들은 곧 다가올 미지의 자극에 직면할 엄두를 내지 못하였던 것이다. 몇몇 노인들도 무리를 지어 경기장 밖으로 이동하고 있었다. 그들은 가슴을 부여잡고 고통스럽게 머리를 저으며 자신의 심장이 더는 버틸 수 없음을 시사하였다.

바로 이때, 위안웨이민이 또 타임을 요청하였다.

여자배구팀 선수들은 감독이 이렇게 흥분한 것을 본 적이 없었다. 위안웨이민 감독의 짙은 눈썹이 찌푸린 이마에 한데 엉켜 있었고 눈은 벌겋게 충혈되어 있었으며 입술이 바르르 떨리고 있었다. "우리가 어떤 곳에서 시합하는지 생각해봐. 우리는 중국인임을 잊지마. 너희들은 중화민족을 대표하고 있다.

조국의 인민들이 TV 앞에서 너희들을 지켜보고 있다. 이 경기를 이기지 못한다면, 너희들은 평생 후회하게 될 것이다! 우리는 단지 우승을 위한 것이 아니라 조국의 영예를 위해 싸우고 있다. 우리는 반드시 완승해야 한다!"

위안워이민 감독의 말은 얼음 냉수처럼 선수들의 머리에서 발끝까지 흠뻑 적시며 챔피언의 기쁨에 도취되어있던 선수들을 깨워주었다. 선수들은 서로를 바라보았다. 비록 아무 말도 하지 않았으나 그녀들의 가슴속에는 이미 완승이라는 공통된 목표가 있었다.

경기가 계속 진행되었다. 쑨진팡이 랑핑에게 공을 패스해 주었다. 랑핑이 러닝 점프하면서 대각선으로 강 스파이크를 날렸다. 공이 일본팀 8번 선수의 팔을 강타하고 회전하면서 바닥에 떨어졌다. 로켓처럼 날아간 강력한 스파이크에 넘어진 상대방 선수는 한동안 일어서지 못하였다. 중국팀이 다시 1점을 획득하면서 점수는 15:15 듀스였다.

위안워이민의 얼굴에는 아무런 표정도 없었다. 그는 그 어느 때보다 평상심을 유지하고 담담해야 했다. 그는 머리를 숙이고 노트에 재빨리 전술과 진영 배치를 적었다. 승리까지 단 2점이 남았으나 그는 해이하지 않았다.

승리의 기세에 힘입은 중국팀의 천야치웅이 서브했다. 일본팀이 디펜스에 성공하였으나 중국팀 저우시오란의 블로킹으로 중국팀이 또 1점을 득점하여 경기는 16:15 매치 포인트에 들어갔다. 이제 1점만 득점하면 승패가 갈린다.

차오후이잉과 쑨진팡이 서로 어깨를 다독이면서 다른 선수들에게도 눈길로 신호를 주었다. 경기장에서 시간은 생명과도 같다. 때로는 말이 필요 없이 눈길 하나만으로도 서로의 마음을 읽을 수 있다. 이때, 선수들은 이미 자신이 여자배구 월드컵 경기장에 있다는 것을 잊고 있었으며 떠들썩한 응원 소리와 시끌벅적한 광경들은 그녀들에게서 멀어져 갔다. 그녀들은 마치 그 옛날 허름한 대나무 막사에 돌아간 듯하였다. 지금 이 세계에는 단지 배구공을 타격하는 소리만 들릴 뿐이고 옆에는 친밀하고 든든한 대원들이 있을 뿐이었다. 그녀들을 부상의 고통과 온갖 간난신고를 함께 견뎌온 가장 단합되고 손발이 잘 맞는 친구들이었다. 대원의 눈길에서 격려를 읽은 선수들의 가슴속에서는 뜨거운 피가 끓어 올랐다. 호루라기가 울리자 선수들은 재빨리 각자의 위치로 이동하여 공을 받을 준비를 하였다.

경기장의 관중들도 모두 숨을 죽이고 역사적인 시각의 도래를 지켜보고 있었다. TV 앞의 중국 관중들도 하나같이 얼어붙은 듯 미동도 없이 지켜보고 있었다. 마치 시간이 이 순간에 멈춘듯했다.

중국팀 천야치웅의 서브가 공중에서 완벽한 포물선을 그렸다. 일본팀 선수가 스파이커에게 공을 패스하였다. 스파이커가 러닝 점프를 하며 중국팀을 향해 강 스파이크를 날렸다.

저우시오란과 쑨진팡이 일제히 점프하여 몸으로 튼튼한 방어벽을 만들었다. 그녀들을 두 팔을 있는 힘껏 뻗었다. 공은 끝내 이 높은 벽에 막혔다.

일본팀은 중국팀이 블로킹에 성공하리라 생각지도 못했다. 너무 갑작스러운 블로킹 반격에 정신을 차렸을 때는 이미 늦었다. 일본팀이 방어에서 실패하였다!

중국팀이 17:15로 일본팀을 꺾고 마지막 세트의 승리를 쟁취하였으며 세계 챔피언으로 등극하였다. 모든 경기가 끝났다. 중국 여자배구팀은 7전 7승의 성적으로 당당히 제3회 여자배구 월드컵의 우승컵을 거머쥐었다. 이는 중국팀의 역사에서 단체 구기 종목에서 따낸 첫 번째 세계 챔피언이었다.

우승 소식을 들은 4천여 명의 베이징대학교 학생들은 일제히 기숙사에서 운동장으로 뛰쳐나가 '중국 만세'를 외쳤다. 심지어 일부 학생들은 기숙사에서 악기를 연주하면서 애국가를 불렀다.

시상식 단상에 오른 여자배구 선수들은 우승컵을 높이 들고 감동의 눈물을 흘렸다. 랑핑은 흐르는 눈물에 감정을 억제할 수 없었다. 그녀의 머릿속에서는 지나간 수많은 훈련 장면들이 스쳐 지났다. 거친 바닥, 뼈저린 아픔, 벽을 향해 흘렸던 눈물……무수한 포기의 충동 속에서도 끊임없이 이를 악물고 지금까지 버텨 올 수 있었던 것은 그녀의 가슴속에 깊이 뿌리내린 신념 때문이었다.

위안워이민 감독은 서서히 오르는 국기를 바라보며 눈시울이 붉어졌다. 그는 중국 여자배구팀의 목표가 단지 하나의 세계 챔피언만이 아니라는 것을 잘 알고 있었다. 그는 이 팀을 이끌고 또 다른 세계 챔피언에 도전할 것이다.

1982년 9월, 페루에서 열린 제9회 세계 여자배구선수권대회에서 위안워이민이 이끄는 여자배구팀은 모든 사람의 기대에 부응하여 다시 한번 우승을 차지하였다. 중국 여자배구팀은 두 번째 세계 우승컵을 들어 올렸다.

한순간, 여자배구팀 선수들은 그 시대의 모델이 되었다! 그녀들은 자신의 강인한 분투와 노력하는 체육 정신은 사람들의 박수를 받았다. 그 시대의 사람들에게 여자배구팀의 승리는 어둠 속에서 나타난 등대와도 같았으며 사람들에게 광명과 온기를 주었고 사람들의 신심과 용기를 북돋아 주었다.

여자배구팀 선수들은 팀 구성 시간이 짧고 훈련 환경이 열악하고 선진국보다 많이 부족한 영양 공급 속에서도 모든 난관을 극복하고 우승을 차지하였다. 이러한 정신은 중국의 모든 국민을 감동시켰다. 국민들은 나라가 아무리 빈곤하더라도, 과학기술이 덜 발달하더라도, 생산 기계가 덜 선진적이더라도 굳은 결의와 포기를 모르는 노력이 있다면 중국도 반드시 선진국을 따라잡을 수 있다고 믿게 되었다. 중국 여자배구팀의 승리는 방황하던 모든 사람을 격려하였고 사람들의 아름다운 생활에 대한 신심을 북돋아 주었고 원동력이 되었다.

그러나 위안워이민은 이것으로 만족하지 않았다. 그는 선수들에게 말했다. "세계 챔피언만으로는 부족하다. 세계 배구계에서 가장 큰 명예는 삼관왕을 달성하는 것이다."

'삼관왕'은 당시 세계 배구계에서 최고의 명예로 소련 여자배구팀과 일본 여자배구팀이 이 업적을 이룬 적이 있었다. 위안워이민은 중국 여자배구팀도 그럴만한 실력이 있으며 충분히 '삼관왕'에 도전할 수 있다고 믿었다. 위안워이민은 '삼관왕'의 목표를 제시하면서 세 번째 세계 챔피언은 2년 후에 열리는 올림픽에서 실현한다고 못 박았다.

위안워이민이 중국 여자배구팀을 이끌고 올림픽 우승의 목표를 위해 착실하게 훈련을 준비하고 있을 때, 뜻밖의 거대한 변화가 여자배구팀 내부에서 일어나기 시작하였다. 팀 중 5명

의 주력 선수의 은퇴 시기가 다가온 것이다. 중국 여자배구팀은 대대적인 물갈이 위기에 직면하게 되었다.

이때, 올림픽까지 불과 1년 반이라는 시간이 남아 있었다. 위기에 직면한 중국 여자배구팀은 난관을 극복했을까?

# 기나긴 겨울

# 7

1982년, 중국 여자배구팀이 제9회 세계 여자배구선수권대회에서 우승을 차지하고 얼마 후, 팀의 차오후이잉과 양시楊希, 천자오디, 천야치웅, 쑨진팡 등 5명의 주력 선수가 은퇴하였다.

배구 경기에는 6명의 선수가 출전하는데 중국팀에서 한 번에 5명의 주 공격수를 잃었다는 것은 너무나 큰 손실임을 모두 알고 있었다.

중국 여자배구팀은 발 빠르게 리구이지李桂枝와 양시란楊錫蘭, 후위주侯玉珠, 양시오쥔楊曉君 등 신입 선수들을 영입하였다. 1년여의 훈련을 통해 새로 들어온 선수들도 위안워이민 감독의 고강도 훈련에 적응하였다. 그러나 신입 선수들과 팀원들과의 조화에는 더 많은 시간이 필요하였으며 대규모 물갈이의 후유증도 나타나기 시작하였다.

1983년 11월, 일본 후쿠오카에서 열린 아시안 여자배구선수권대회에서 세대교체를 한 중국팀은 다시 한번 일본팀과 우승을 겨루게 되었다. 새로 영입한 선수들이 출전 경험이 부족하고 경기에서 실력을 제대로 발휘하지 못한 탓에 중국팀은 0:3으로 일본팀에게 석패하였다.

1979년부터 중국과 일본 여자배구팀은 총 15차례 경기를 진행했는데 중국팀이 진 것은 이번이 처음이었다. 뚜껑이 열린 중국 국내 팬들은 너도나도 편지를 보내 쑨진팡, 천자오디, 천야치웅 등 노장들의 복귀를 강력하게 요구하였다.

새로 영입된 선수들은 거대한 스트레스에 시달렸다. 신입대원 양시란은 압력을 이기지 못해 서럽게 위안워이민 감독에게 말했다. "감독님, 저는 못하겠습니다."

위안워이민 감독은 양시란의 요청을 거절하였다. 신입선수들에게 정서적인 파동이 있는 것은 정상적인 현상이었다.

그러나 이때 랑핑과 같은 경험이 풍부한 노장들에게서도 자신감이 떨어지는 현상이 발생했다.

"신심이 있어?" 위안워이민이 랑핑에게 물었다.

"저는 신심이 있지만 팀이 안 되니 저도 어쩔 수 없습니다." 랑핑이 어쩔 수 없다는 듯이 머리를 저었다. 랑핑과 같은 노장들마저도 팀 전체가 슬럼프에 빠졌다고 생각하고 있었다.

위안워이민이 계속해서 물었다. "올림픽에 대해 어떻게 생각해?"

랑핑이 한참을 망설이더니 천천히 말했다. "희망이 크지 않습니다. 어려움도 적지 않지만 노력해 쟁취해봐야죠." 위안워이민의 무거운 표정에 랑핑은 급히 보충하여 말했다. "저는 신심이 있습니다. 단지 신입 선수 그들 자신에 관한 문제는 우리가 대신해 해결해 줄 수도 없으니…" 랑핑이 갑자기 울음을 터뜨렸다.

위안워이민은 자신의 신임을 받고 있는 노장마저도 이런 상태인 것을 보고 불안감이 가슴을 기습하였다.

그는 주장 장룽팡을 찾았다.

"장룽팡, 너는 올림픽에 신심이 있니?"

"올림픽은 저의 마지막 세계경기 출전입니다. 저는 당연히 우승을 차지하고 싶습니다. 그러나 정말 너무 어렵습니다……" 장룽팡은 위안워이민의 질문에 직답하지 않았다. 그러던 그녀마저도 말을 잇지 못하고 울기 시작하였고 랑핑보다도 더 슬프게 흐느꼈다.

팀 내의 침체된 분위기에 위안워이민은 모든 것을 제쳐두고서라도 이것부터 해결하자고 생각했다. 그는 이미 은퇴한 차오후이잉, 천자오디 등 일부 노장들을 불러와 신입 선수들과의 좌담회를 가졌으며 주력을 교체선수로, 교체선수를 주력으로 역할을 바꾸게 하는 방식을 채택하여 팀원들 간의 조화를 도모하였다.

여러 차례의 허심탄회한 대화를 통해 랑핑과 장룽팡은 마침내 자신감을 되찾았고, 젊은 선수들도 차츰 마음속의 불안과 미안함을 내려놓고 몸과 마음을 다해 훈련에 임했다. 팀원들의 자신감 넘치는 얼굴을 보면서 위안워이민의 얼굴에도 오랜만에 미소가 피어올랐다.

어느 겨울 밤, 찬 바람이 가볍게 나뭇가지 사이를 훑고 지나고 있었다. 위안워이민은 홀로 기숙사로 돌아가고 있었다. 몽롱한 달빛을 밟으며 긴 길거리를 걸어가는 그의 마음도 마치 이 축축한 길거리처럼 깊어 가는 밤을 따라 어둠이 더 짙어가고 있었다. 대원들 앞에서 보여줬던 웃음은 선수들을 안심시키기 위한 것이었다. 사실 그도 올림픽에서 우승을 차지할 수 있을지 확신이 들지 않았다.

올림픽까지 이제 9개월밖에 남지 않았다.

1984년 1월 하순, 구정이 눈앞까지 다가왔다. 온 가족이 단란하게 모이는 이 시기에 위안워이민은 선수들을 이끌고 후난성 천저우湖南郴州의 배구 합숙 훈련기지에 도착하였다.

이번 겨울은 위안워이민이 중국 여자배구팀 감독을 맡은

후 가장 무미건조하고 가장 어려웠던 겨울이었다. 창밖에서는 차가운 칼바람이 불고 있었고, 앙상한 나뭇가지에 남아 있던 마지막 마른 잎새 하나가 바람에 떨어져 멀리 날아가고 있었다. 실내외 어디에서도 명절의 분위기가 느껴지지 않았다.

위안워이민은 아내에게 거의 편지를 쓰지 않으나 이번 겨울만은 관례를 깨기로 하였다.

편지에서 그는 아내 정후잉鄭滬英에게 이렇게 말했다. "후잉, 이번 겨울은 정말 힘든 겨울이야. 선수들은 모두 피곤에 절어 있고, 몇몇 노장들도 더는 버티기 어려운 지경에 이르렀어. 나의 건강도 예전 같지 않아서 너무 피곤해. 과거에는 아무리 피곤하여도 배구공만 보면 힘이 났었지. 그런데 지금은 배구공을 봐도 흥분되지 않아. 매번 훈련장 앞에 가면 걱정부터 앞서서 들어가기 싫을 정도야."

위안워이민이 편지에서 말한 것처럼 평생 배구공을 목숨처럼 생각했던 그마저도 배구공에 싫증이 났던 것이다. 위안워이민도 어찌 이곳을 떠나 가족들과 단란하게 구정을 쇠고 싶지 않았을까. 그러나 나라의 명예를 떨쳐야 한다는 사명감은 늘 그에게 채찍질하였고 '삼관왕'이라는 최고의 영광이 그를 격려하며 기운을 차리게 하였으며 감독의 위엄을 유지하게 하였다.

훈련장에서 위안워이민은 주장 장룽팡에게 새로운 과제를

주었다. "장룽팡, 선수들의 사기를 진작시켜!"

명령을 받은 장룽팡이 큰 소리로 외쳤다. "화이팅! 힘내!"

응원 소리를 들은 선수들은 강심제를 맞은 것처럼 너도나도 소리치며 훈련을 진행했다. 훈련장에는 선수들의 우레와 같은 응원 소리가 울려 퍼졌다. 겨울이 갑자기 뜨거워지기 시작하였다.

위안워이민이 선수들을 격려하며 말했다. "굳은 결심과 결사의 각오로 올림픽을 준비한다면, 8개월의 훈련으로도 충분히 18개월의 효과를 볼 수 있다!"

선수들도 이구동성으로 화이팅을 외쳤다. 선수들이 흥분하였고 위안워이민도 신바람이 났다. 배구에 대한 정열과 사랑을 되찾은 것 같았고 여자배구팀 선수들에 대한 신임과 기대도 돌아왔다.

훈련은 긴장감 속에서 계속되었다. 그러나 훈련 중에 저우시오란이 갑자기 쓰러졌다.

장기간의 훈련으로 과거에 상처를 입은 슬관절에서 뼛조각이 떨어져 관절 사이에 끼었던 것이다. 그녀는 다리를 펴지도 구부리지도 못하게 되었고 아픔으로 바닥에 주저앉아 식은땀을 흘렸다.

저우시오란은 무릎을 껴안고 구석에 웅크린 채 신음하면서 몸부림쳤다. 다른 선수들이 하나둘 동작을 멈추고 걱정되어 저우시오란 쪽으로 가보려고 하였다.

선수들이 훈련을 멈추자 위안워이민이 호통쳤다. "계속 훈련해! 멈추지 마!" 그리고는 저우시오란 쪽으로 걸어가 아무 말 없이 상태를 확인하였다. 의사가 오자 그는 곧장 훈련장으로 돌아가 계속 훈련을 감독하였다. 마치 중상으로 쓰러진 사람이 없었던 것처럼.

감독으로써 한 선수 때문에 모든 선수의 훈련에 지장을 주어서는 안 되며, 다시 한번 우승컵을 들어 올리려면 반드시 더 많은 땀을 흘려야 한다는 것을 위안워이민은 너무나 잘 알고 있었다.

선수들도 감독의 이러한 태도에 익숙했다. 비록 저우시오란의 부상이 걱정되었으나 감독의 명령에 따를 수밖에 없었다. 그녀들은 바닥에서 배구공을 집어 들고 훈련을 계속하였다.

9개월의 훈련으로 18개월의 효과를 얻기 위해 위안워이민은 훈련 양을 늘렸을 뿐만 아니라 모든 선수의 서브를 장거리 곡선 서브로 변경시켰다. 강력 스파이커 랑핑은 서브 훈련 외에도 공격 방식의 다양화도 훈련의 중점이었다. 따라서 랑핑은 기본적인 공격 훈련뿐만 아니라 난이도가 더 높은 공격 방식을 연습해야 했으며 페인트 공격도 익혀야 했다. 중국 여자배구팀의 핵심 스파이커로써 랑핑은 평소보다 수만 배 더 많은 노력을 들여야 감독의 요구에 부합하였다.

머리가 어지럽고 구토하거나 두 다리에 맥이 풀리는 것은 일상이었고, 심할 때는 손가락이 바깥으로 뒤집히거나 습관절 파손 등 일반인들은 상상하지도 못하는 부상을 당하기도 하였다. 매번 훈련이 끝나면 선수들은 녹초가 되어 바닥에 주저앉아 일어날 힘도 없었다.

많은 기자가 사적으로 여자배구팀 선수들에게 위안워이민 감독이 일본의 '마귀 감독' 다이마츠 히로후미처럼 엄격하냐고 물었다. 이때마다 선수들은 "경기장에서 엄격한 것은 사실입니다. 종래로 웃음을 볼 수 없고 냉혹하고 무정합니다. 그러나 마음이 선량합니다. 경기가 끝나면 늘 우리와 웃고 떠들며 자애로운 선배 같습니다"라고 대답하였다.

선수들은 위안워이민 감독이 겉으로는 차갑지만 속은 뜨거운 보온병 같은 사람이라고 평가하였다. 만약 경기장에서가 아니라면 생활 속에서의 위앙워이민은 '훈남'이 틀림없다.

그러나 그 긴 겨울, 위안워이민의 태도는 이전과 같지 않았다. 훈련이 끝난 후에도 그가 선수들과 웃고 떠드는 모습을 보기 어려웠고 늘 엄숙한 안색으로 말수가 적었다.

올림픽이 점점 더 가까워지고 있었기 때문이었다.

# 실패의 씨앗

# 8

1984년 8월, 미국 로스앤젤레스 롱비치체육관에서 제23회 하계올림픽 배구 경기가 개최되었다.

여자배구팀 선수들의 '삼관왕'의 목표도 눈앞에 다가왔다.

그러나 뜻밖으로 중국팀은 조별 경기에서 1:3으로 오랜 라이벌 미국팀에 패배하였다.

알고 보니 중국팀이 각고의 노력으로 경기를 준비하고 있을 때 미국 여자배구팀의 샐린저 감독도 선수들의 훈련을 게을리하지 않았던 것이다. 그는 중국 여자배구팀의 '쇠망치'를 견제하기 위해 팀의 두 '흑진주'인 하이먼과 크로켓을 일본에 보내 기술을 연마하게 하였으며, 신장이 188cm인 세컨드 스파이커 마디에스를 비밀병기로 훈련하였다.

중국팀과 미국팀의 경기에서 하이먼과 크로켓은 마치 두

대의 폭격기처럼 한 방 한 방의 폭탄을 그물 너머로 맹렬하게 퍼부었으며 마디에스의 블로킹도 번번이 성공하였다. 그러나 중국 여자배구팀의 대부분 선수는 컨디션을 발휘하지 못하였다. 특히 랑핑의 공격이 빈번히 가로막혔는데 그녀가 점프만 하면 상대방의 두 세 명이 동시에 점프하면서 두 팔을 뻗어 네트 위에 철옹성을 만들었다.

첫 번째 경기에서 진 후, 가뜩이나 신심이 없었던 여자배구팀 선수들은 두려움으로 마음이 불안해지기 시작하였다. 선수들은 겉으로는 서로 사기를 돋워주는 말들을 하고 있었으나 속으로는 다음 경기에서는 배수진을 치고 싸워야 한다는 것을 알고 있었다.

이번 패배로 가장 낙담한 선수는 랑핑이었다. 경기에서 패한 후 배구팀 선수들은 식당에 식사하러 갔다. 랑핑은 식판을 들고 무거운 발걸음으로 가고 있었는데 콩알 같은 눈물이 얼굴을 타고 흘러내렸다. 랑핑은 울음소리를 내지 않기 위해 입술을 꽉 깨물었다. 후회막심한 그녀는 피가 날 정도로 입술 깨물었다. 그녀는 자신이 실력을 제대로 발휘하지 못했고 일부 젊은 선수들의 경험 부족으로 첫 경기에서 진 것이라고 생각했다.

경기 총화에서 위안워이민 감독이 선수들에게 말했다. "우리가 경기에서 패한 것은 사실이다. 그러나 실패에 굴복해서는 안 된다. 왜냐하면 여러분들이 실력을 발휘하지 못했기 때문이다. 여러분이 패배의 그늘에서 벗어나 각자 맡은 바 임무를 다해 일본팀과의 경기를 잘 하기 바란다."

랑핑이 자발적으로 일어서더니 울면서 패배의 원인이 자신에게 있다고 하였다. 위안워이민은 랑핑이 너무나 무거운 짐을 짊어지고 있기에 최상의 컨디션을 유지하지 못하고 있음을 알고 있었다.

회의가 끝난 후 위안워이민은 랑핑을 찾아가 엄숙하게 꾸짖었다. "뭐가 그리도 미련이 많은 거야? 세계 챔피언이 어때서? 별것도 아니자나!" 위안워이민의 말에 약점을 찔린 랑핑은 단번에 무너져 내리며 방바닥에 주저앉아 엉엉 울었다. 옆에 있던 선수들은 그녀의 이런 모습에 깜짝 놀랐다. 위안워이민은 작심한 듯 선수들에게 랑핑이 실컷 울고 나면 괜찮아질 것이니 상관하지 말라고 하였다.

아니나 다를까, 다음날이 되자 감정을 해소한 랑핑은 몸도 마음도 한결 가벼워졌다. 그녀는 일기에 이렇게 적었다. "감독이 나와 단독 면담을 하면서 압력이 부담으로 변형되게 하지 말라고 지적하였다. 상대방이 전력으로 나를 견제하는 것은 객관적인 사실이다. 우리가 매일 하이먼을 연구하고 대응

할 방법을 연구한 것처럼 말이다. 8월 3일의 그 경기에서 상대에게 견제를 당했다는 사실은 인정한다. 그러나 승복하지 않을 것이다. 나의 실력은 아직 제대로 발휘되지 않았으니까. 랑핑은 여전히 랑핑이야. 나는 여전히 뛰어난 공격수야!"

다음 경기는 일본팀과의 경기이다.

3년 전의 월드컵에서 일본팀과 만났던 중국 여자배구팀 선수들은 자연히 두렵지 않았다. 그러나 그녀들도 일본팀이 지난날의 치욕을 설욕하기 위해 심혈을 기울여 중국팀을 이길 전략을 연구하였다는 것을 알고 있었다.

올림픽이 정식으로 개막하기 전의 훈련에서 중국 여자배구팀 선수들은 놀랍게도 일본 배구팀 훈련 파트너의 운동복에 중국 여자배구팀 선수들의 번호가 새겨져 있는 것을 발견하였다. 일본 여자배구팀이 평소의 훈련에서 늘 중국 여자배구팀을 적수로 삼았음을 알 수 있었다.

이 밖에도 일본 여자배구팀의 야마다 시게오 감독에게는 중국팀의 '대포' 랑핑을 대적할 비밀병기를 갖고 있었다.

야마다 시게오의 비밀병기는 무엇일까? 1세트에서 9:5가 되었을 때, 야마다 시게오는 자신의 비밀병기를 사용하였다. 스파이커인 가요코 스키야마를 세터로 변경시켜 에미코 오다카를 대신하여 랑핑의 공격에 대응하게 하였다. 일본팀은 이러한 변화를 통해 랑핑을 방해하여 그녀의 공격력을 떨어뜨리려고 하였다.

아쉽게도 랑핑은 벌써 준비가 되어 있었고 야마다 감독의 비밀병기는 효력을 발생하지 못하였다. 일본팀은 최종 0:3의 성적으로 중국팀에 패배하였다.

일본팀을 이긴 후, 중국 여자배구팀은 자신감을 찾게 되었고 싸울수록 용맹해졌다. 이후의 모든 경기에서 승리를 쟁취하여 일거에 올림픽 결승전에 진출하였다.

그러나 결승전에서의 대결 상대는 첫 경기에서 중국팀에게 패배를 맛보게 한 미국팀이었다.

선수들이 첫 경기에서의 패배에 대한 부담을 없애기 위해 위안워이민은 랑핑에게 특별 과제를 주었다. 그는 랑핑에게 경기 전의 준비 회의 진행을 맞게 하였다.

경기 전 준비 회의에서 랑핑이 선수들에게 말했다. “여러분 두려워하지도 당황하지도 마십시오. 이전의 경기는 우리가 다 승리하였습니다. 우리에게 승리할 실력이 있음을 증명하였습니다. 첫 경기에서 미국팀에게 패한 원인은 모두 제가 실력 발휘를 못한 데 있습니다. 그러나 걱정하지 마십시오. 이번에는 꼭 제대로 실력을 발휘하여 여러분과 함께 시상대에 오를 것입니다!”

랑핑의 말에 선수들 모두 마음을 놓았다. 그녀들은 흉금을 터놓고 자신의 마음속에 있던 두려움과 불안함을 이야기했다. 랑핑은 경험이 풍부한 노장으로 참을성 있게 그녀들을 일깨워 주었다. 준비 회의를 통해 모든 선수가 가슴을 짓누르고 있던 부담을 털어버렸다. 그녀들은 감사한 마음에 서로를 끌어안고 우승을 쟁취하자고 맹세하였다.

뜨거운 분위기를 틈타 랑핑은 붙는 불에 키질하였다. 그녀는 웃으며 선수들에게 말했다. "우리 꼭 금메달을 목에 걸자! 우리 다 함께 화이팅!" 열두 쌍의 손이 서로 단단하게 맞잡았고 그녀들의 눈망울에는 굳은 의지가 담겨 있었다. 함께 격전에 임할 준비가 끝났다.

미국팀의 홈경기장인지라 결승전이 시작되기 전에 선수들이 입장하는 입구의 전광판에서는 이미 미국 여자배구팀의 지난번 우승 장면들을 방송하고 있었다. 마치 이번 우승도 미국팀의 것인 듯.

양 팀은 결승전에 가장 뛰어난 선수들을 출전시킨다. 미국 여자배구팀 감독 샐린저는 그라운드 저편에 서서 침울한 표정으로 중국 여자배구팀 선수들을 응시하고 있었다. 그도 눈앞의 이 12명의 선수를 잘 알고 있었다. 지난 몇 년간, 그와 팀원들은 경기동영상을 통해 모든 선수를 수없이 연구하였다.

그는 중국팀 모든 선수의 장단점을 다 외울 정도였다. 갈고닦은 기량을 바로 오늘 검증하게 된다. 그는 오래전부터 이날을 기다려 왔다.

경기가 시작되었다. 경기가 시작되자마자 중국팀이 2점을 획득하면서 앞서 나갔다. 점수 차이는 점점 늘어나 어느덧 14:9가 되었다. 그러나 미국팀은 194cm 장신 하이먼의 활약으로 연이어 5점을 득점하면서 14:14 듀스의 국면이 형성되었다. 랑핑의 공격이 줄곧 세터 마디에스에게 막혔다.

랑핑은 상대방의 견제에 낙담하지 않았다. 그녀의 머릿속에는 지난번 패배 후 일기에 쓴 글귀가 떠올랐다. 관건적인 시각에 그녀는 기회를 놓치지 않고 강 스파이크를 날렸다. 서브권이 중국팀에게 넘어왔다.

양 팀이 듀스인 중요한 시기에 위안워이민은 선수 교체를 요청했다. 그는 신입 선수 호우위주侯玉珠를 출전시켜 서브하게 하였다.

막 21세가 된 호우위주는 신장이 184cm였다. 1983년에 여자배구팀에서 대규모 물갈이를 할 때 국가팀에 입단하였는데 로스앤젤레스 올림픽은 그녀가 참가한 첫 번째 국제경기였다. 젊은 호우위주가 국가팀에 남게 된 것은 서브 솜씨가 대단하였기 때문이었다. 전하는 말에 의하면 장룽팡과 같은 노장들도 훈련에서 그녀의 서브를 잘 받을 수 없었다고 한다. 올림픽 조별 브라질팀과의 경기에서도 위안워이민은 그녀를 교체 출전시켜 서브를 넣게 하였으나 경기 경험이 부족하고 긴장한 탓에 공에 힘이 너무 들어가면서 공이 그대로 라인 밖으로 아웃되었다.

위안워이민이 중국 여자배구팀이 '삼관왕'을 목표로 하고 있는 이런 관건적인 시각에 또다시 무명의 신인을 교체 출전시킨 것이다. 그녀가 또 지난 경기의 전철을 밟는 것은 아닐까?

호우위주는 팔을 휘둘러 돌연히 공을 가격하였다. 공은 빠른 속도로 상대방의 그라운드를 향해 날아갔다. 그러나 네트를 넘은 공의 속도가 떨어지지 않았다. 설마 또 아웃사이드되는 것은 아니겠지?

미국 여자배구팀 선수들 모두가 아웃사이드되는 줄 알고 있을 때, 공이 갑자기 그라운드 안에서 급하강하기 시작하더니 누구의 손길도 닿을 수 없는 빈 공간에 떨어졌다.

득점! 15:14! 호우위주가 서브로 중국팀에게 관건적인 1점을 추가하였다.

위안워이민은 국제경기 경험이 없는 신인을 포기하지 않았다. 조별 경기에서 출전할 수 있는 소중한 기회를 주었을 뿐만 아니라 결승전의 관건적인 시각에 그녀가 중요한 역할을 발휘하게 하였다.

이 소중한 서브 득점으로 호우위주는 신심이 생겼다. 그녀는 감사한 마음으로 감독을 바라보며 팀원들과 뜨거운 포옹을 나눴다.

이제 1점만 더 득점하면 된다. 서브를 잘 넣으면 중국팀이 승리하게 된다!

호우위주는 긴장되어 저도 모르게 침을 삼켰다.

바로 이때, 랑핑이 그녀의 어깨를 두드리며 가볍게 말했다.

"나에게 맡겨."

이 광경을 지켜보고 있던 샐린저 감독이 세터 마디에스에게 눈짓으로 랑핑을 예의주시하라고 하였다.

호루라기가 울리자 호우위주가 두 번째 서브를 날렸다. 그녀는 높게 점프하면서 팔을 휘둘렀다. 이번에는 공이 포물선을 그리면서 미국팀 그라운드 앞 쪽을 향해 떨어졌다. 멀리 날아갈 줄 알았던 미국팀의 예측은 또 빗나갔다. 미국팀의 퍼스트 패서가 재빨리 네트 쪽으로 다가가며 공을 구했으나 그가 원래 있던 위치에 빈 공간이 생기게 되었다.

바로 이때, 랑핑이 빠르게 출격하였다. 그녀는 민첩하게 점프하여 빈 공간을 향해 강 스파이크를 날렸다. 공이 쾅 하는 소리와 함께 상대방의 코트 바닥을 강타하였다.

중국팀이 16:14의 성적으로 1세트에서 승리하였다!

중국 여자배구팀 선수들은 기뻐 어쩔 줄 모르며 서로 끌어안고 마음껏 환호하였다. 옆에 있는 위안워이민은 흥분하지 않았다. 그는 담담하게 벤치에 앉아 호우위주의 서브를 회상하였다. 그러더니 그는 노트에 '공을 세움'이라고 적었다.

위안워이민이 240여 번의 국제경기 개요를 적은 이 노트에 처음으로 개인의 감정이 담긴 메모가 남겨졌다. 그뿐만 아니라 중국팀과 미국팀이 그라운드를 교환할 때 위안워이민은 호우위주에게 다가가 악수를 하였다. 위안워이민이 경기장에서 선수와 악수를 나눈 것은 8년만에 처음 있는 일이었다. 감독의 손을 잡은 호우위주의 눈에서는 감동의 눈물이 흘러내렸다. 깊은 정은 말이 필요 없다. 우승컵을 따내는 것만이 감사의 마음을 전하는 유일한 방법이다.

금메달 쟁탈전에서는 첫 세트의 승패가 결정적인 작용을 한다. 2세트 초반에 미국 여자팀의 상태는 비교적 양호하였고 경기의 흐름을 따를 수가 있었다. 그러나 랑핑이 2번 위치에서의 미국팀 공격을 막아낸 후 중국 여자배구팀의 블로킹 기세는 점점 사나워졌고 높은 수준을 발휘했다.

양시오쥔, 리앙옌樑艷, 양시란 등 선수들의 블로킹은 마치 신의 도움을 받는 것 같았으며 신장이 172cm밖에 안 되는 정머이주鄭美珠도 하이먼의 먼 거리 공격을 성공적으로 블로킹하였다. 1세트에서 패배한 후부터 미국 여자배구팀 선수들의 정서가 흔들리기 시작하였다. 스트라이커 하이먼과 크로켓의 실수도 점점 많아졌다. 미국팀은 2세트 경기 리듬감을 차츰 상실하였고 대열이 흐트러지기 시작하였다.

13점으로 중국팀이 크게 앞서고 있을 때, 위안워이민이 다시 호우위주를 교체 출전시켜 두 번의 서브 모두 득점하였다. 중국 여자배구팀이 2세트도 순조롭게 승리하였다.

2세트의 승리로 중국팀의 기세는 더 높아졌다. 그녀들은 단숨에 마지막 세트의 승리를 취득하여 중국팀이 올림픽에서의 첫 번째 단체종목 금메달을 목에 걸었으며 동시에 중국 여자배구 '삼관왕'의 위대한 업적을 이루었다.

중국 여자배구가 승리하였다!

12명의 여자배구 선수들이 시상대에 올랐다. 그녀들은 위안워이민의 손을 잡고 울음을 터뜨렸다. 위안워이민은 '삼관왕'의 약속을 지켰으며 중국 여자배구 선수들을 이끌고 실력으로 국가를 위해 세계의 존중과 인정을 쟁취하였다.

시상대에서 기쁨의 눈물을 흘리는 선수들도 끝내 자신의 꿈을 이루었다.

훗날의 여러 경기에서 그녀들은 승리의 기세를 이어갔다. 선후로 1985년의 여자배구 월드컵과 1986년의 제10회 세계 여자배구선수권대회에서 완벽한 승리를 거둠으로 세계 배구계의 '삼관왕' 신화를 '오관왕'으로 승화시켰다!

한 번 또 한 번 국기가 계양되고 애국가가 울려 퍼지는 광경에 중국 관중들의 가슴속에서는 뜨거운 피가 끓어 올랐다. 서서히 떠오르는 국기 아래에서 눈물을 머금고 웃던 중국 여자배구팀 선수들의 얼굴은 그 시대의 영원한 기억으로 남았으며, 그녀들이 이루어낸 눈부신 성과 역시 그 시대 영원한 전설이 되었다.

그러나 휘황한 정점에 있던 여자배구팀 선수들은 실패의 씨앗이 이미 심어졌고 싹튼 넝쿨이 노력과 땀으로 쌓아 올린 철옹성으로 조용히 기어올라 성벽에 균열을 만들고 그 균열로 10년의 기반이 와르르 무너지리라고는 누구도 몰랐다.

# 기사회생

9

1986년에 '오관왕'을 따낸 후, 중국 여자배구팀은 역사상 가장 준엄한 시련을 겪어야 했다. 이 시기에 랑핑 등 노장들이 하나둘 은퇴하였고 위안워이민 감독도 나이가 많아 퇴직하게 되었다. 배구팀의 세대교체는 자주 있는 일이지만 세계 각국의 여자배구팀은 중국팀에게 안정된 세대교체에 필요한 충분한 시간을 주지 않았다.

따라서 1988년의 서울 올림픽에서 '육관왕'를 이루려던 중국 여자배구팀의 꿈은 소련팀에 의해 산산조각이 났다. 중국 관중들은 처참한 결과에 깜짝 놀랐다. 과거 챔피언의 위풍은 어디로 갔나? 0:15로 완패하다니 말이 돼? 그뿐만 아니라 1992년 바르셀로나에서 열린 올림픽에서 중국 여자배구팀은 7위에 머물러 준결승에도 진출하지 못하였다. 중국 여자배구팀이 이로써 다시는 일어서지 못하는 것일까?

당시 중국배구협회장을 맡고 있던 위안웨이민은 이맛살을 찌푸렸다. 그는 중국 여자배구팀이 생사존망의 위기에 있음을 알았다. 만약 그녀들을 이끌고 재정비할 수 있는 훌륭한 감독이 없다면 중국 여자배구는 그대로 주저앉을 수도 있었다. 이런 시기에 누가 이 무거운 짐을 짊어질 수 있을까?

갑자기 익숙한 이름이 그의 뇌리를 스쳤다. 그래, 바로 그녀다!

그녀가 돌아온다면 모든 것에 희망이 있다!

비행기가 하늘 높이 날아올랐다. 열 몇 시간 후면 랑핑은 중국에 도착하게 된다. 구름 속의 랑핑은 가슴이 두근거렸다. 어린 딸 랑랑浪浪이 엄마가 곁에 없는 사실을 받아들일 수 있을지, 자신이 이 중임을 떠맡고 중국 여자배구를 부흥시킬 수 있을지? 결과가 어찌 되든 그녀가 과감하게 중임을 맡기로 한 것은 "랑핑, 조국은 네가 정말 필요하다!"는 애틋한 부르짖음이었다.

랑핑은 창밖의 구름을 바라보면서 가늘게 한숨을 쉬었다. "아무리 고민해도 소용없다. 이미 결정한 이상 반드시 끝장을 봐야 한다."

기내의 누구도 이 늘씬하고 강인해 보이는 여인이 중국 여자배구의 운명을 바꿀 것이라는 것을 몰랐다.

랑핑이 조국으로 돌아오는 일은 매우 조용히 추진되었으나 소식을 들은 기자들은 일찍이 서우두공항의 입구를 꽉 메우고 있었다. 차가운 바람 속에서 군용 외투와 솜저고리의 옷깃을 꽁꽁 여미며 과거 여자배구의 왕이었던 '쇠망치'에게 여러 가지 질문을 할 준비가 되어 있었다. 필경, 랑핑 세대의 여자배구 선수들이 은퇴한 후 중국 여자배구의 실력과 국제 순위는 수직으로 하락하고 있었다. 중국 여자배구를 사랑하는 중국인이라면 여자배구가 다시 과거의 위풍을 떨치기를 바라고 있었다. 랑핑의 귀환으로 이들은 중국 여자배구의 황금시대가 곧 올 것이라고 믿었다.

랑핑은 몇 년 전에 은퇴한 후 학업에 매진하였다. 우선 베이징사범대학교 영어전공을 졸업하고 미국으로 가 치료를 받았다. 그녀는 치료를 받는 과정에 뉴멕시코대학교 체육관리학과 대학원 과정에 입학하여 석사학위를 취득하였다. 랑핑은 중국 여자배구 역사에서 가장 뛰어난 선수였을 뿐만 아니라 학력이 가장 높은 선수 중의 한 명이 되었다. 몇 년의 치료와 학문을 추구하는 과정에서 랑핑은 국민들의 시야에서 점점 멀어져 갔으나 그녀의 마음은 줄곧 중국 여자배구를 떠나지 못하였다. 바르셀로나 올림픽이 개최될 때 랑핑은 임신 8개월이었으나 배구에 대한 열렬한 사랑으로 그녀는 무거운 몸으로 중국 여자배구팀을 응원하였다.

배구에 대한 뜨거운 사랑이 있었기에 랑핑은 많은 어려움을 극복하고 여자배구가 위험에 직면한 바로 이 시기에 조국으로 돌아와 감독의 중임을 맡겠다고 결정하였다. 그녀는 자신의 귀환이 그녀처럼 배구를 사랑하는 여자배구팀 선수들에게 도움을 줄 수 있다고 믿었다.

랑핑이 귀국한다는 소식을 들었을 때, 암흑의 골짜기에 있던 중국 여자배구팀도 희망을 보았다. 특히 국가체육위원회에 은퇴서를 제출하려고 하였던 라이야원賴亞文 등 선수들은 랑핑이 돌아온다는 소식에 팀을 떠날 계획을 포기하고 재도전하기로 하였다.

미국에서 중국으로 향한 비행기가 마침내 착륙하였다.

랑핑이 공항 게이트를 나서는 순간 깜짝 놀랐다. 그녀는 이렇게 많은 사람이 그녀를 기다리고 있을 줄은 꿈에도 몰랐다. 기자들은 너도나도 카메라와 마이크를 들고 그녀의 이야기를 들을 준비가 되어 있었고, 팬들은 마음속으로 그녀를 향해 환호하며 응원하고 있었다. 눈앞의 광경에 그녀의 머릿속에서는 1985년 여자배구 월드컵에서 '사관왕'을 향해 도전하던 그때가 떠올랐다.

그것은 랑핑이 은퇴하기 전의 마지막 경기였다. 중국 여자배구팀은 얼마 전에 물갈이가 있었는데 신입 선수들은 모두 대회 경험이 부족하였다. 그러나 당시의 쿠바팀은 세계 여자 배구계의 다크호스였다. 강적 쿠바팀과 맞선 스파이커 랑핑은 국가를 위해 온 힘을 다하였다. 그러나 그녀를 상징하는 스파이크는 점점 적어졌다. 장기간의 고된 훈련과 경기에서 생긴 상처와 부상 후유증으로 랑핑은 강 스파이크를 날릴 수 없었던 것이며 쿠바팀의 실력 또한 너무나 뛰어났다. 중국 여자배구팀의 선수들은 이미 체력이 고갈되고 있었다.

그러나 랑핑은 포기를 몰랐다. 그녀는 관중석을 쓱 둘러보았다. 인산인해 속에서는 우레와 같은 응원 소리가 울려 퍼졌고 십여 명의 힘으로 펼칠 수 있는 거대한 흰색 플래카드가 눈길을 사로잡았다. 플래카드에는 '랑핑 화이팅, 중국 필승'이라는 글자가 새겨져 있었다. 관중석에서 나부끼는 이 선명한 글자들은 랑핑의 전투의 용기가 불타오르게 하였다.

랑핑이 공항 게이트를 나서는 순간 이 익숙한 감각이 깨어났다. 랑핑은 자신의 결정이 옳았다고 생각하였다. '조국으로 돌아온 것은 정확한 결정이다. 중국팀은 반드시 다시 웅기할 것이다.'

사람들은 랑핑이 아픈 몸을 이끌고 왔다는 것을 모르고 있었다. 견디기 어려운 통증이 있었으나 랑핑은 누구에게도 이 일을 알리지 않았다. 그녀는 이 시기 자신이 해야 할 일은 이를 악물고 중국 여자배구의 휘황한 앞날을 개척하는 것임을 알고 있었다.

이 시기 여자배구 국가팀의 훈련 환경은 여전히 제한적이었다. 감독인 랑핑도 10제곱미터의 기숙사에서 생활하였다. 그러나 랑핑은 이것은 나라가 그녀에게 제공해 줄 수 있는 가장 좋은 조건이라는 것도 알고 있었다. 만약 물질적인 조건을 위해서라면 랑핑은 조국으로 돌아오지도 않았을 것이다.

긴장된 훈련이 바로 시작되었다. 랑핑은 과거의 '마귀 훈련법'과 다른 새로운 훈련 방법을 갖고 왔다.

랑핑이 오기 전, 중국 여자배구팀은 줄곧 다이마츠 히로후미의 '어려움, 엄격함, 실전, 대량 운동'을 핵심으로 한 '마귀 훈련법'을 사용하고 있었다. 20세기 70년대, 이 훈련 방법은 중국 여자배구팀의 실력을 확실히 향상시켰다. 그러나 현재 상황은 그때와 크게 다르며 반드시 새로운 과학적인 훈련계획을 세워야 했다.

랑핑은 한 명 한 명의 허리 부상, 다리 부상, 어깨 부상 등 부상 상황에 따라 모든 선수에게 서로 다른 훈련계획을 제시하였다. 그 당시 이런 훈련 방법은 전대미문의 훈련 방법이었으며 반대의 목소리도 끊이지 않았다. 많은 사람은 랑핑의 이런 훈련 방법은 배구팀의 실력을 더 떨어지게 할 것이라고 생각했다. 그들은 '마귀 훈련법'을 견지해야 중국 여자배구팀이 궐기할 수 있으며, 랑핑의 방법은 선수들을 점점 게을러지게 할 것이라고 생각했다.

그러나 '쇠망치' 랑핑은 이 문외한들의 평판을 개의치 않았다. 랑핑은 오직 자신의 방법대로 밀고 나아가야 진실로 여자배구를 부흥시킬 수 있다는 것을 알고 있었다. 사실, 랑핑이 수립한 계획은 '마귀 훈련법'에 비해 조금도 수월하지 않았다.

랑핑의 훈련계획을 시행한 후, 중국 여자배구팀의 실력은 확실히 점점 향상되고 있었다. 훈련이 끝날 때마다 선수들은 자신이 점점 강해지고 있음을 체감하였다.

발전의 희열을 맛본 후, 대원들은 더는 피곤함을 두려워하지 않고 온 마음을 다해 훈련에 임하였다. 그녀들은 랑핑 감독을 신임하였고 자신이 중국 여자배구팀의 명예를 되찾을 수 있다고 믿었다. 감독으로써의 랑핑은 선수들보다 더 많은 노력을 들여야 하였다.

낮이면 랑핑은 훈련장에서 선수들과 함께 맹훈련하면서 시범을 보여주고 경험을 전수하였다. 밤이면 선수들이 훈련을 끝내고 불을 끄고 잠든 후, 랑핑은 자신의 $10m^2$ 기숙사에서 다음날의 강의안을 준비하였다. 그녀는 매일 밤 각국 여자배구팀의 경기 동영상을 보면서 외국 선수들의 특징을 연구하였는데 늘 한밤중까지 연구를 이어갔다. 심지어 꿈에서도 대원들을 코치하고 있었다.

고강도의 업무 부담으로 랑핑의 고질병이 끝내 재발하였다.

어느 날 점심, 랑핑은 대원들과 함께 식사하면서 이야기를 나누고 있었다. 그러던 중 랑핑은 갑자기 눈앞이 흐릿해지다가 점점 어두워지는 것을 느꼈는데 급기야 정신을 잃고 쓰러졌다. 선수들은 모두 깜짝 놀랐다. 그녀들의 마음속에서 랑핑은 그녀들의 기둥이었으며 실패를 모르는 '쇠망치' 감독이었다. 랑핑 감독이 쓰러지면 그녀들은 어쩌지? 혼란 속에서 그녀들은 급히 랑핑 감독을 병원으로 이송하였다.

여자배구 선수들은 병상 옆에서 자신들의 감독이 빨리 깨어나기를 조급한 마음으로 기다리고 있었다. 병상에 누워있는 랑핑도 의식은 미약하였으나 중국 여자배구팀이 자신을 기다리고 있다고 계속 생각하고 있었다.

랑핑이 입원했다는 소식에 한 중요한 분이 바로 병원으로 달려왔다. 그는 랑핑의 병상에 다가가 그녀에게 말했다. "랑핑, 꼭 이겨내야 해!"

이 익숙한 말과 목소리가 혼미해 있던 랑핑의 의식을 깨워주었다. 병상에 누워있는 랑핑의 머릿속에 갑자기 찬란했던 과거가 떠올랐다. 그래, 이 사람이 바로 랑핑의 옛 감독 위안 웨이민이었다! 랑핑이 병상에서 미약한 소리로 대답했다. "알겠습니다. 바로 돌아오겠습니다."

병실에 있던 여자배구팀 선수들은 랑핑의 대답을 듣고 모두 안도의 숨을 내쉬었다. 의식불명 상태였던 감독이 마침내 반응을 보였기 때문이다.

랑핑은 병원에서 좀 더 휴양할 겨를도 없이 피곤한 몸을 이끌고 대원들과 함께 다시 훈련장으로 돌아왔다. 그녀는 중국 배구팀에 주어진 시간이 많지 않다는 것을 알고 있었기 때문에 선수들이 자신을 위해 시간을 낭비하게 할 수 없었다.

이때 애틀랜타 올림픽까지 1년이란 시간이 남아 있었다.

올림픽 외에 랑핑의 마음속에 숨겨둔 다른 한 비밀이 그녀의 전진을 이끌고 있었다. 그것은 바로 딸 랑랑과 미국 애틀랜타에서 만나자는 약속이었다.

거대한 업무 압력으로 랑핑의 건강은 점점 악화되었다. 그러나 그녀를 위로할 수 있는 것은 바로 지구 반대편에 있는 딸 랑랑이었다.

매일 밤, 외국팀 선수들의 전력 분석을 마친 후, 랑핑은 늘 컴퓨터를 켜고 새벽 시간대에 있는 딸과 잠깐씩 이야기를 나눴다. 때로는 랑핑이 자려고 하면 딸 랑랑은 엄마가 자는 모습을 보고 싶다면서 엄마에게 컴퓨터 화상 챗팅을 끄지 말라고 부탁하였다.

랑핑은 얼마나 모든 일을 내려놓고 딸의 곁으로 돌아가고 싶었을까. 그러나 그녀는 그렇게 할 수 없었다. 왜냐하면 그녀의 뒤에는 여자배구 선수들의 기대가 있었기 때문이다.

어린 딸은 늘 엄마가 돈을 벌기 위해 자신을 떠났다고 생각했다. 따라서 랑랑은 엄마에게 건의했다. "엄마, 돌아오세요. 내가 매일 좀 적게 먹고 돈을 절약할게요!"

아이의 순진한 말에 랑핑은 오랫동안 평정을 찾지 못했다. 그녀는 이 시기의 딸은 다른 아이들처럼 엄마가 늘 곁에 있기를 희망한다는 것을 알고 있었다.

어린 딸이 어찌 자신의 직업이 짊어지고 있는 무게를 이해할 수 있을까? 온 나라 수억 명의 기대의 무게를 어찌 알 수 있을까! 랑핑은 자신의 현재 해야 하는 것은 오직 여자배구팀을 이끌고 가장 좋은 성적을 이루는 것임을 너무 잘 알고 있었다.

1996년 7월, 애틀랜타 올림픽이 개막하였다. 랑핑이 이끄는 중국 여자배구팀이 다시 출정하였다.

그러나 랑핑과 올림픽은 언제나 상극인 듯하였다. 12년 전, 랑핑이 선수의 신분으로 로스앤젤레스 올림픽에 참가하였을 당시 그녀는 맹장염이 발작하였었다. 그러나 현재, 애틀랜타 올림픽에 참가한 첫날부터 랑핑은 지속적인 고열에 시달리다가 의식을 잃었다.

다행인 것은 위안워이민도 여자배구팀과 함께 애틀랜타 올림픽에 참가하였기에 랑핑을 도와줄 수 있었다. 그러나 위안워이민의 마음은 매우 불안하였다. 바로 그가 미국에서 행복한 생활을 하고 있는 랑핑에게 전보를 보내 귀국하게 하였을 뿐만 아니라 이렇듯 무거운 짐을 짊어지게 하였기 때문이다.

랑핑도 마음속으로 자신을 꾸짖고 있었다. 이렇게 관건적인 시각에 자신이 제일 먼저 일은 냈기 때문이다. 마치 중요한 시험에 응시하여 자신을 증명하기 위해 열심히 준비하면서 매일 자신의 게으름과 싸웠으나 시험 당일 아침에 병으로 시험에 응시할 수 없게 된 것과 같았다.

다행으로 랑핑의 훈련이 효과를 발휘하여 모든 대원이 강적 앞에서 두려워하지 않았다.

7월 20일에서 26일까지 중국 여자배구팀은 네덜란드, 한국, 미국, 우크라이나 등 네 나라의 배구팀을 격파하였다. 중국팀은 유일한 전승 배구팀으로 세계를 놀라게 하였다.

랑핑이 마침내 깨어났다. 랑핑은 깨어나자마자 팀닥터에게 경기장에 갈 수 있게 허락해 달라고 요청하였다. 그녀는 선수들과 함께 나머지 모든 경기에 참가하고 싶었다. 그러나 팀닥터는 랑핑의 요구를 거절하였다. 경기보다 중요한 것은 랑핑의 건강이었기 때문이다. 그러나 팀닥터가 어찌 '쇠망치'의 고집을 이길 수 있겠는가? 어쩔 수 없이 랑핑에게 주사 한 대 놓아주고는 경기장에 보낼수 밖에 없었다.

감독이 경기장에 돌아오자 여자배구팀 선수들의 사기는 더 하늘을 찔렀다. 이어진 며칠의 경기에서 또 일본, 독일, 러시아팀을 격파하고 올림픽에서의 7전 7승의 기록을 달성하였다. 사람들은 다시는 랑핑 감독과 중국 여자배구팀의 능력을 의심하지 못하였다.

8년 만에 중국 여자배구팀은 다시 올림픽의 결승에 진출하였다. 상대는 전성기에 있는 쿠바팀이었다.

경기가 시작되었다. 양 팀의 불꽃 튀는 경기에 체육장의 모든 사람이 흥분하였다. 이때 랑핑은 관중석에서 중국 여자배구팀을 향해 목청껏 화이팅을 외치는 한 꼬마팬을 발견하였다. 랑핑의 눈에서는 행복의 눈물이 흘러 내렸다. 그 꼬맹이가 바로 랑핑의 딸 랑랑이었다

딸이 자신이 이끄는 팀을 응원하고 있는 모습을 보고 랑핑은 지금까지의 모든 선택이 정확했음을 느꼈다. 그녀는 감독으로써의 책임을 져야 하는 동시에 엄마로서 딸이 엄마를 자랑스럽게 생각하게 하는 책임도 짊어져야 하였다.

12

경기에는 승패가 있는 법. 중국 여자배구팀이 비록 쿠바팀에게 석패하였으나 중국 여자배구팀은 오래간만에 자신감과 존엄을 되찾았다.

# 쓴맛 후에 향기로운 쿵푸차

# 10

2002년의 독일 세계 여자배구선수권대회에서 뭇사람의 촉망이 쏠린 중국 여자배구팀이 4위에 머물렀다. 모든 사람의 예상 밖의 일이었다. 이때의 감독은 랑핑이 아니라 천중허陳忠和였다.

귀국하는 비행기에서 천중허 감독은 아무 말 없이 입술을 깨물며 묵묵히 창밖의 두터운 구름을 보고 있었다. 여자배구팀 선수들 누구도 감히 말을 걸지 못하고 뜨거운 솥뚜껑 위의 개미처럼 안절부절못했다. 한 시간 후면 서우두공항에 도착하게 되고 기자들의 '폭격'을 받아야 한다.

기자와 팬들과 대면하였을 때 뭐라고 대답해야 할까? 노장 장위에훙張越紅은 자신이 대원들을 대표해 감독에게 이 묻지 말아야 할 문제를 물어야 한다는 것을 알고 있었다.

"천 감독님……" 천중허 뒷좌석에 앉은 장위에훙이 몸을 기울이며 작은 소리로 입을 열었다. 청중허가 바로 장위에홍의 말을 끊으며 차분하게 말하였다. "두려워하지 마. 내가 응대할게."

이 말 한마디는 태산 마냥 모든 대원의 긴장되었던 마음을 진정시켰다. 그렇다. 운동선수가 응당 고민해야 할 것은 어떻게 훈련하고 경기에서 어떻게 실력을 충분히 발휘할 것인가이다. 다른 고민은 선수를 방해하여 성적을 떨어뜨린다.

선수들이 비행기에서 내리자 벌떼처럼 몰려든 카메라와 마이크가 그들을 조준하였다. 플래시 속에서 천중허는 차분하게 기자들에게 말했다. "우리는 확실히 매우 큰 실책을 하였습니다. 그러나 우리는 이것을 거울로 삼을 것이며 다음 경기에서 성적으로 오늘의 질문에 답하겠습니다."

말을 마친 천 감독은 선수들을 이끌고 공항을 빠져나왔다. 선수들은 비록 한마디도 하지 않았으나 그녀들의 눈가에 맺힌 눈물이 그녀들의 마음을 대변하고 있었다. 그것은 실패에 대한 뉘우침이었다.

천중허는 선수들을 이끌고 공항에서 바로 훈련장으로 돌아와 회의를 소집하였다. 의기소침한 선수들이 마룻바닥에 앉아 천 감독의 꾸중을 기다리고 있었다. 그녀들은 폭풍우 전의 고요를 알고 있었다. 천 감독은 경기가 끝난 후 지금까지 매우 차분하였다. 따라서 선수들은 곧 폭풍우가 한바탕 몰아칠 것이라고 생각하였다.

갑자기 천중허가 선수들처럼 마룻바닥에 앉더니 웃으면서 말하였다. "너희들도 푸젠에서 훈련할 때 쿵푸차를 마셔봤지?"

뜻밖의 질문에 선수들은 어안이 벙벙하였다. 폭풍우가 너무나 부드러운 것이 아닌가? 누구도 감히 천중허의 질문에 대답하지 못하였다. 이때 성격이 소탈한 장위에훙이 성실하게 대답했다. "마셔봤습니다."

천중허가 고개를 끄덕이면서 물었다. "마실 때 무슨 느낌이 있었어?"

"처음에는 너무 써서 혀가 떨어지는 줄 알았습니다. 그러나 나중에는 입속에 향기가 가득하였습니다." 모든 선수가 장위에훙의 말에 수긍하면서 머리를 끄덕였다.

"이번 경기에 대해 나는 아주 간단하게 말하고 싶어." 천중허는 온화하면서도 강인하게 말하였다. "인생에서는 많은 좌절을 겪게 되는데 이때 쓴 쿵푸차를 맛본다면 조금은 상쾌해질 것이며 힘들고 어려울 때 어떻게 받아드려야 할지도 알려줘. 과거에 경험했던 고통들은 인생의 소중한 재산이다. 뒤돌아보면 자신이 적지 않은 재산을 축적하였음을 발견할 것이며 이 재산은 성공으로 나아갈 수 있게 도와줄꺼야."

천중허의 말에 모든 선수의 눈시울이 다시 붉어졌다.

천중허가 말을 이어 갔다. "때문에, 우리에게는 후회할 시간이 없다. 이제 1년 후면 여자배구 월드컵이 열리게 되는데 이 1년이라는 시간 안에 우리는 더 강해져야 한다. 그리고 우리의 것인 우승컵을 가져오자!" 천중허가 마룻바닥에서 일어나 배구공을 대원에게 던져주며 엄숙하게 소리쳤다. "훈련은 지금부터 시작한다!"

배구공을 받은 장위에훙은 선수들을 이끌고 훈련을 시작하였다. 노장인 그녀는 다른 선수들보다 더 많은 경기에 참여하였었고 더 많은 성공과 실패를 맛보았다. 따라서 그녀는 지금 반드시 팀의 리더가 되어 천중허를 도와 선수들을 이끌고 정서의 슬럼프에서 탈출해야 한다는 것을 알고 있었다.

만약 당초에 천중허가 혜안으로 장위에훙의 재능을 발견하지 못하였다면 장위에훙은 일찍이 은퇴하였을 것이다.

2001년, 료닝遼寧팀의 스파이커였던 장위에훙은 나이 문제로 곧 은퇴하게 되었다. 그러나 천중허는 장위에훙의 경기 실력을 보고 바로 그녀를 국가팀에 합류시켰다. 천중허는 장위에훙의 영입에 대해 이렇게 말했다. "장위에훙의 강한 책임감과 뛰어난 점프 실력이 저의 마음에 들었습니다. 그녀는 늘 관건적인 시기에 위력을 발휘합니다. 나이는 문제가 아닙니다. 저는 저의 안목을 믿습니다."

료닝에서 온 장위에훙의 신장은 182cm이다. 동북 사람인 그녀에게는 두 가지 장점이 있다. 그것은 바로 정직함과 명랑함이다. 팀에서 그녀는 줄곧 절친한 큰 언니 같은 존재였다. 특히 신인 선수가 오면 그녀는 언제나 생활과 훈련 등 모든 분야에서 세심하게 도움을 주었다. 이 때문에 젊은 선수들은 그녀를 친절하게 '홍 언니'라고 불렀다.

북방 사람인 그녀의 이런 시원시원함은 프랑스에서 공부할 때 큰 오해를 불러일으켰다.

그 시기 국제 배구계에는 불문의 규칙이 있었다. 중국 여자배구 국가팀에서 선수 생활을 했던 사람이라면 주력 선수였던 아니면 후보 선수였던 상관없이 유럽 배구팀의 선수가 될 수 있었다. 2002년 전, 중국 여자배구 국가팀은 장웨이훙이 국가팀과 료닝팀에서의 공헌을 감안하여 그녀를 유럽에 보내 선수 생활을 하면서 훈련을 받게 하였다. 장웨이훙이 떠나기 전, 천중허가 그녀에게 의미심장하게 말했다. "그쪽에 가서 컨디션 관리를 잘해. 돌아오면 내가 너를 계속 영입할거야."

감독과 조국의 기대 속에서 장웨이훙은 유럽으로 갔다.

홀로 언어가 통하지 않는 나라에서 생활해야 한다면 보통은 두려워하거나 집이 그리울 것이다. 그러나 장웨이훙은 다른 사람들과 달랐다. 프랑스에 도착하여 한 달도 안 되어 이 명랑한 동북 처녀는 자신만의 감화력으로 여러 나라 선수들과 허물없는 친구가 되었다. 특히 과거 그녀의 생일을 축하해주던 사람들은 양호우楊昊, 추진링楚金玲 등 여자 후배들이었는데 이번 생일에 그녀를 둘러싸고 있는 것은 프랑스, 네덜란드, 크로아티아, 독일 등 여러 나라의 외국 언니들이었다. 이 중국 동북 처녀에 대한 사랑을 표현하기 위해 친구들은 특별히 성대한 생일파티를 준비하였다. 장웨이훙의 앞에는 각양각색의 선물들이 산처럼 쌓여 있었다. 세계 각국 친구들의 온정을 받은 장웨이훙은 친구들에게 한턱내려고 하였다. 그러나 외국에는 '더치페이'하는 습관이 있을 줄이야. 친구들은 모두 장웨이훙이 계산하는 것에 절대 동의하지 않았다. 이 일을 어찌하면 좋을까? 친구들의 선물을 한가득 받고 식사도 대접하지 못하게 된 장웨이훙은 너무 미안하였다. 중국인으로서는 절대 이럴 수가 없으니 말이다.

장웨이훙은 유럽에서의 훈련을 마치고 천중허와의 약속에 따라 중국으로 돌아왔다. 그러나 2002년의 세계선수권대회에서 중국 여자배구팀의 성적은 엉망진창이었다.

장웨이훙은 늘 "월드컵까지 아직 1년 시간이 있다. 우리는 더 분발하여 훈련해야 한다"라고 선수들을 격려하였다. 그녀와 천중허는 지난 경기의 성적이 낮은 가장 큰 원인은 여자배구팀 선수들의 기본기가 너무 박약하였기 때문임을 알고 있었다. 따라서 선수팀은 천중허의 '아침 8시, 밤 무제한'이라는 훈련 방식을 계속하였다.

아침 8시에 훈련을 시작하여 밤에 끝나는 시간은 확정되지 않은 것으로 훈련이 무제한으로 연장될 수도 있었다.

이러한 '마귀 훈련'으로 선수들의 몸은 매일 천근만근 무거웠으나 그녀들은 여전히 이를 악물고 견지하였다. 그녀들도 반드시 1년이라는 시간 안에 자신의 능력을 최상으로 갈고닦아야 하며 2002년 세계선구권대회에서 패배한 전철을 밟아서는 안 된다는 것을 알고 있었다. 그러나 매일 중복되는 배구 훈련으로 그녀들은 둥근 것만 보아도 구토를 하고 싶었다.

리시브 훈련을 진행할 때 천중허가 던진 공은 늘 빠르고 강력했다. 마치 힘든 줄 모르는 로봇 같았다. 선수들은 마치 포화가 쏟아지는 레드존에서 맨손으로 포탄을 저지하는 것처럼 블로킹을 하였으나 늘 반응이 늦어 넘어지기가 일쑤였다. 그러나 넘어지면 무조건 더 어려운 공이 날아왔다. 천중허는 선수들에게 숨돌릴 기회도 주지 않았다.

"너의 적수가 네가 실수를 했다고 하여 너를 기다려줄 것 같아?" 천중허가 높은 대 위에서 소리쳤다. "절대! 적수들은 더 흥분하면서 다음 공격을 감행할꺼야!" 말을 마친 천중허는 또 힘껏 스파이크로 공을 보냈다.

장웨이홍은 훈련장 바닥에 대자로 누워 숨을 헐떡이고 있었고 여기저기 쓰러져있는 다른 선수들도 힘이 빠져 말도 못하고 있었다. 천중허가 차갑게 물었다. "실력이 이 정도밖에 안 돼?"

"아닙니다. 우리는 계속 할 수 있습니다!" 펑쿤馮坤이 온 힘을 다해 일어서며 높은 곳에 있는 천 감독에게 말했다.

랑핑은 현재 중국 여자배구팀 주장을 맡고 있는 펑쿤에 대해 "펑쿤을 얻는 팀이 천하를 얻을 수 있다"라고 높게 평가하였다. 청중허도 그녀는 "경기에서 온 힘을 다한다. 비록 아직 최고의 수준에 이르지는 못하였으나 많은 어려움을 극복하였고 자신의 실력을 발휘하여 주장으로써의 역할을 잘 하고 있다"라고 평가하였다.

배구팀의 다른 선수들과 달리 그녀는 고급 지식인 가정 출신이었다. 그녀가 8살이던 때, 엄마는 어린 펑쿤을 데리고 여름방학 육상반을 신청하려고 학교에 갔다. 운명의 장난이었던 걸까, 육상반은 이미 인원이 꽉 찼다. 엄마는 어쩔 수 없이 펑쿤을 배구반에 등록하였다. 그런데 펑쿤의 배구 천부는 바로 배구반 선생님의 눈에 들었는데 이분이 바로 랑핑의 배구 기초를 잡아준 왕귀이란王桂蘭 선생님이셨다.

방학이 끝난 후, 왕귀이란 감독은 직접 펑쿤의 부모님을 찾아뵙고 펑쿤은 배구 유망주이니 그녀가 배구의 길을 계속 가기를 바란다고 하였다. 이렇게 펑쿤은 베이징시의 중점 체육학교 스차하이什刹海체육학교에 입학하여 배구 인생을 시작하였다.

펑쿤이 일어나자 훈련을 포기하려고 하였던 선수들도 너도나도 이를 악물고 일어나 '마귀 훈련'을 계속하였다.

시간이 흘러 어느덧 2003년의 여자배구 월드컵이 개최되었다. 중국팀은 고삐 풀린 야생마처럼 10전 10승의 뛰어난 성적으로 결승에 진출하였다. 세계의 관중들은 이 눈부신 성적에 모두 깜짝 놀랐다. 그 어느 팀도 1년 사이에 이렇게 큰 발전을 이룬 적이 없었기 때문이다. 중국 여자배구팀은 적수에게 리액션을 취할 시간을 주지 않았다. 특히 오랜 적수 일본팀에 대해서는 더욱 그랬다.

일본팀과의 경기가 시작하기 전, 천중허 감독이 장웨이훙 등 대원들에게 말했다. "일본팀의 특징은 마치 무딘 칼로 고기를 베는 것처럼 우리를 지치게 한 후에 공격할 것이다. 우리는 반드시 빠르고 정확하고 매서운 공격으로 경기를 진행해야 한다."

호루라기 소리와 함께 경기가 시작되었다. 중국 여자배구팀은 늑대 무리가 양들을 공격하듯이 일본팀에게 숨돌릴 기회를 주지도 않고 경기를 끝냈다. 특히 2세트와 3세트 경기에서는 25:18과 25:13이라는 큰 점수 차이로 승리하였다. 시합 종료의 호루라기가 울리자 일본팀 선수들은 멍해졌다. 경기가 이렇게 빨리 끝나다니. 모든 것이 너무 갑작스러웠고 준비한 전술도 미처 펼치지 못한 것이었다.

승리 앞에서 중국 여자배구팀 선수들은 호흡을 조절하였을 뿐 지나친 기쁨은 자제하였다. 그녀들은 쿵푸차의 향기는 지금이 아니라 반년 후의 아테네 올림픽에서 제대로 맛 볼 수 있다는 것을 알고 있었다.

귀국 항공편 기내, 중국 여자배구팀 선수들과 감독 천중허는 또 침묵하고 있었다. 그러나 이번 침묵은 2002년 세계선수권대회 후의 침묵과는 달랐다. 선수들은 이미 귀국 후에 무엇을 해야 하는지 마음속에서 알고 있었기에 침묵하고 있었다.

훈련은 계속되고 있었다. 천중허는 비밀리에 톈진天津에서 영입한 신입 세컨드 스파이커 장핑張萍을 육성하고 있었다. 아테네 올림픽이라는 중요한 경기에 앞서 갑자기 신인을 육성하는 이유는 무엇일까? 모두를 궁금하게 하였던 이 문제는 아테네 올림픽의 결승전에서 베일을 벗을 것이다. 그녀는 천중허가 육성한 비장의 무기였다!

아테네 올림픽이 어김없이 다가왔다. 중국 여자배구팀은 8전 7승의 성적으로 다시 한번 세계를 놀라게 하였다. 조별 경기에서 유일하게 강적 쿠바팀에게 패배한 중국팀은 준결승전에서 쿠바와 다시 조우하여 실패의 한을 풀고 결승에 진출하였다.

결승전에서 중국 여자배구팀이 최종 맞서야 하는 팀은 세계 최강의 팀이었던 러시아팀이다.

16년 전의 서울 올림픽에서 소련 여자배구팀은 중국 여자배구팀을 심연에 빠지게 하였다. 러시아팀에 패배한 후 중국 여자배구팀은 지금까지 올림픽의 우승을 취득하지 못하였다. 소련팀이 러시아팀으로 된 후에도 팀의 실력은 여전히 최상의 수준을 유지하고 있었다. 중국 여자배구팀은 이번 시합에서 승리를 취득할 수 있을까?

경기가 시작되자마자 러시아팀의 피지컬 우세는 바로 나타났다. 중국 여자배구팀은 남자 배구팀과 경기를 하는 것 같은 착각이 있을 정도였다.

중국팀의 공격은 매우 버거웠다. 러시아팀은 중국팀 주 공격수 왕리나王麗娜에 대해 너무나 잘 알고 있었다. 그녀가 서브나 공격을 할 때면 러시아팀은 언제나 예상된 위치에서 수비에 성공하였다.

1세트와 2세트의 시합은 막상막하로 좀처럼 승부를 가리기 어려웠다. 그러나 러시아팀은 끝내 30:28과 27:25로 간신히 중국팀을 이겼다. 어떻게 하면 좋을까? 이제 한 세트만 지면 중국팀은 아웃이다!

천중허는 냉철하게 선수들에게 말했다. "그날의 서브 훈련이 생각나? 너희들의 불굴의 의지를 보여줘! 이 세트만 승리하면 우리는 전세를 뒤집을 수 있다!"

감독의 말에 선수들의 마음속에서는 우승의 열망이 다시 타오르기 시작하였다. 그렇다. 우승이 없어지면 코 닿을 데에 있다. 포기할 이유가 없다. 천중허 감독은 노장 장웨이홍을 교체 출전시켰다. 감독은 웃으면서 선수들에게 말했다. "지금까지 두 번을 봐줬으니 세 번째는 절대 봐주지 마!"

장웨이홍이 출전한 후 중국팀의 공격 포인트는 차츰 살아나기 시작하였으며 장웨이홍의 시간차 공격까지 더해져 중국팀은 마지막 세트에서 듀스 국면을 만들었다. 시합은 매치 포인트에 들어갔다. 중국팀이 한 점만 더 따면 우승컵을 들 수 있다.

대원이 막 서브를 하려고 할 때 천중허 감독이 갑자기 타임을 요청하고 선수 교체 카드를 꺼냈다. 이 조치는 러시아팀을 놀라게 했다. 왜냐하면 교체 출전한 선수는 그들이 듣지도

보지도 못했던 신입 선수였기 때문이며 이 선수가 어떤 경기력을 갖고 있는지도 아예 모르고 있던 것이다. 교체 출전된 새로운 선수가 바로 장핑이었다.

톈진에서 온 이 어린 선수를 얕잡아 봐서는 안 된다. 장핑은 중국에서도 보기 드문 힘이 센 세컨드 스파이커로써 점프 서브와 빠른 공격력 모두 매우 뛰어났다. 특히 그의 점프 서브는 강하고 빠른 것이 특징이며 중국 선수권대회에서 '최우수 서브상'을 받은 적이 있다. 당연히 러시아팀은 이런 상황을 아예 모르고 있었다.

어떻게 해야 할까?

러시아팀이 혼란스러워하는 모습이 천중허의 눈에 들어왔다. 그는 진공 위치에 있는 장웨이훙을 보았다. 기회는 단지 한 번뿐이다.

이때, 주장 펑쿤이 배구공을 토스하자 장핑이 재빠르게 이동하였다. 어린 선수의 이동이 러시아팀의 주의를 끌었다. 러시아팀은 이번 스파이커는 무조건 장핑이라고 생각하고 장핑의 진공에 대비할 준비를 하였다. 그런데 예상 밖의 일이 발생하였다. 장핑은 펑쿤이 토스한 공으로 진공한 것이 아니라 공을 다시 토스한 것이다. 옆에서 이 기회를 기다리던 장웨이훙이 갑자기 점프하더니 긴 팔을 뻗어 스파이크를 날렸다. 천중허의 진짜 목표는 장핑으로 러시아팀의 주의를 끌어 그들이 다른 선수에 소홀한 틈을 타서 장웨이홍의 공격으로 러시아팀의 수비를 무너뜨리는 것이었다.

러시아팀이 알아차렸을 때는 이미 늦었다. 장웨이홍이 매서운 스파이크로 득점하였다. 심판의 호루라기가 울리고 모든 경기가 끝났다. 여자배구팀 선수들과 감독은 서로 부둥켜 안고 오랜만의 우승 영예를 만끽하였다. 모두 행복의 눈물을 흘렸고 중국 여자배구팀 선수들은 끝내 쿵푸차의 쓴맛이 지난 후의 향긋한 참맛을 음미하게 되었다.

# 고난의 시기

# 11

2012년 8월 7일, 중국 여자배구팀은 영국 런던 올림픽에서 뜨거운 땀을 흘리며 일본 여자배구팀과 16강전을 치르고 있었다. 이 시기 중국 여자배구팀의 전력은 너무 좋은 것은 아니었다. 천중허 감독의 은퇴로 여자배구팀 선수들의 마음은 어딘가 텅 빈 것 같았다.

그러나 이것은 실력 하강의 이유가 될 수 없었다. 중국 여자배구팀은 온 힘을 다해 분투하고 있었다. 특히 스파이커 후이루오치惠若琪의 스트레스가 매우 컸다. 왜냐하면 이번 경기의 해설원이 바로 중국 여자배구팀의 전 감독 랑핑이었기 때문이다. 후이루오치는 자신의 모든 공격의 성패가 '쇠망치' 랑핑의 혜안을 피해 갈 수 없음을 알고 있었다.

료닝성 다롄大連 출신인 후이루오치는 신장이 192cm로 난징

사범대학교南京師範大學 체육대를 졸업하였고 혈관에는 동북 사람의 피가 흐르고 있었다. 선천적인 피지컬 우세로 그녀는 배구의 세계에 쉽게 입문하였다. 승부욕이 강한 그녀는 중학교 시절에 벌써 매우 주동적이었다. 팀의 스파이커가 되고 싶었던 그녀는 몇 달의 맹훈련을 통해 끝내 스파이커의 자리를 얻었다. 다음 목표는 팀의 주장이었고 1년이라는 노력을 거쳐 또 끝내 팀의 주장이 되었다.

실력의 발전에 따라 그녀는 늘 국내외 경기에 선수로 선출되었고 때로는 반달 넘게 대학교 밖에서 시합이나 훈련에 참가하였다. 평소에도 많은 시간을 훈련에 할애하다 보니 그녀가 교양수업에 투자하는 시간은 다른 학우들의 절반밖에 되지 않았다. 그러나 승부욕이 강한 후이루오치는 배구장에서 강자가 되는 동시에 대학 수업에서도 성적으로 자신을 증명하겠다고 결심하였다. 따라서 그녀는 선생님들을 찾아가 수업자료와 과제를 받아와 짬짬이 공부하였다. 이렇게 학기말시험에서는 꼴찌에서 단연 1등의 성적을 취득하였다.

이렇듯 후이루오치는 승부욕이 강하고 굴할 줄 모르는 여대생이었다. 그러나 이것은 단지 시작에 불과하였다. 15살에는 지앙쑤성江蘇省 제16회 체육대회에서 실내 배구와 비치 배구 시합의 우승을 취득하였다. 훗날 지앙쑤팀에 입단하여 전국

여자배구 프로리그에서 지앙쑤성에 전국 3위라는 7년 만에 가장 좋은 성적을 안겨주었다.

지앙쑤팀이 우승이 아닌 동메달을 획득하였으나 후이루오치의 뛰어난 실력은 천중허의 눈에 들었다. 2007년, 후이루오치는 중국 여자배구팀 감독 천중허에 의해 국가팀에 입단하게 되었다. 사실은 천중허의 선택이 정확하였음을 증명하였다.

그러나 이번의 올림픽 경기에서 중국 여자배구팀은 4강에 머물렀다. 사람들은 중국 여자배구팀의 앞날을 걱정하고 있었다.

그러나 이때 랑핑은 누구보다 더 안타까워하고 있었다.

국가팀 감독을 역임하고 있던 랑핑은 부상 후유증으로 매년 국외에 가서 치료를 받을 수밖에 없었다. 바로 이런 이유로 랑핑은 국가팀 감독에서 은퇴하였고 이미 10여 년이 흘렀다. 2012년, 랑핑은 런던 올림픽 여자배구 시합의 해설원으로 4강전의 멋진 경기를 전 세계에 중계하면서 중국팀의 늠름하고 씩씩한 자태를 간증하려고 하였다. 그러나 경기의 결과는 사람들의 예상을 벗어서 중국팀의 패배로 끝났다.

세계 각국 매체들의 질문 공세에 랑핑은 묵묵히 현장을 떠나 홀로 집으로 돌아왔다. 그녀는 거울 속의 자신의 모습을 보았다. 풍상고초를 겪은 얼굴과 귀밑의 흰 머리카락이 자신이 중국 여자배구팀 스파이커에서 은퇴한 지도 십수 년이 지났음을 말해주고 있었다. 여자배구팀은 이미 여러 차례의 세대교체가 있었으니 실력의 불안정도 이해가 되었다. "그러나 중국 여자배구팀이 이 정도는 아니자나!" 랑핑이 작은 소리로 중얼거렸다.

2013년, 중국 여자배구팀이 위기 속에 있을 때, 우리들의 '쇠망치' 랑핑이 이 어려운 상황에서 다시 중국 여자배구팀의 감독 중임을 맡았다. 상처투성이인 그녀가 중국 여자배구팀을 이끌고 슬럼프에서 나와 과거의 명예를 되찾을 수 있을까?

여자배구팀의 대원들은 랑핑의 귀환을 열렬히 환영하였다. 선수들은 랑핑이 새로운 훈련계획을 수립하였을 것이라고 생각하였다. 그러나 선수들의 생각과 달리, 랑핑이 그녀들에게 요구한 첫 번째 과제는 체험이었다.

여러 해의 경기 속에서 선수들은 이미 상처투성이가 되었다. 랑핑은 이 팀이 곤경에서 빠져나오려면 과학적인 훈련과 선진적인 보호 체계 등 어느 것도 부족하여서는 안 된다고 생각하였다.

랑핑은 우선 국가팀이 수십 년을 고집하여 온 중량 스쿼트 훈련을 취소하고, 서방 강팀의 경험을 바탕으로 감독, 코치, 훈련 코치, 팀닥터, 재활치료사, 컨디셔닝 코치, 영양사, 정보연구원, 데이터통계원 등 전문인력으로 구성된 종합팀을 구성하여 선수들의 상태를 수시로 체크하여 부상을 입은 선수들에게 적시적인 치료를 제공하였다.

이러한 변화 속에서 여자배구 선수들의 훈련 성적도 빠르게 개선되었다. 마치 우리가 매일 24시간 책상 앞에 앉아 공부만 한다면 효율이 떨어지는 것과 같다. 충분한 휴식을 하여야 공부 효율이 더 높아진다. 요양을 거친 선수들은 놀라운 능력을 보여주었다.

랑핑은 '빅 팀'의 개념을 국가팀에 불어 넣었을 뿐만 아니라 라인업도 새롭게 구성하였다. 후이루어치, 워이치우웨魏秋月, 정춘러이曾春蕾 등 몇몇 노장만 남겨두고, 주팅朱婷, 위안신웨袁心玥, 장창닝張常寧 등 95년 후에 태어난 젊은 선수들을 대거 임용하였다. 여자배구 인재 후보들도 크게 늘려 국가팀 예비 명단도 30여 명으로 확충하였으며 여러 연령대의 선후배가 함께 뛰는 배구팀으로 탈바꿈하였다.

# 배구 천재 주팅

# 12

1994년 11월 29일, 허난성河南省 저우커우시周口市 딴청현鄲城縣 주따러우촌朱大樓村의 한 일반 농민 가정에서 셋째 딸이 태어났다. 그런데 이 여자아이가 훗날 세계 제일의 배구 천재가 될 줄은 누구도 몰랐다.

여자아이의 이름은 주팅朱婷이다.

주팅의 집안은 대대손손 농민이지만 마을에서 이 집을 모르는 사람이 없었다. 왜냐하면 이 집은 소문난 '거인가문'이었기 때문이다. 즉, 이 집 사람들의 신장은 모두 180cm 이상이었다. 특히 주팅은 10살이 안 되었을 때 벌써 170cm가 되었다.

따라서 주팅은 초등학교 시기에 줄곧 반의 리더가 되었다. 신장에서나 공부 성적에서나 그녀가 제일 앞자리에 있었다. 남자아이들 사이에 싸움이 일어나도 주팅만 나타나면 바로 조용해졌다.

재미있는 것은 체구가 우람한 주팅은 반에서 가장 선량한 여자아이였다. 수업 중에서나 방과 후에서나 그녀는 늘 다른 학우들에게 겸양하였다. 놀이할 때면 주팅은 늘 큰 언니처럼 꼬맹이 친구들을 이끌고 놀았다.

나이가 들면서 주팅의 키는 점점 더 커졌다. 1년 만에 그녀의 키는 180cm가 되었다! 주팅이 반의 친구들과 함께 서면 중계일학같은 느낌이었다. 학교의 체육 선생님은 이런 주팅에게 허난성 저우커우시에 있는 체육학교에 가라고 건의하였다. 체육 선생님은 자신의 이 작은 건의가 주팅과 중국 여자배구팀의 운명의 대문을 여는 키가 될 줄은 상상도 하지 못하였다.

그러나 선생님의 건의가 주팅 부모에게는 큰 난제였다. 대대로 농사해온 그들은 그 어떤 운동에도 참여해본 경험이 없었다. 그들은 자신의 셋째 딸 주팅에게 체육 세포가 있는지 의심이 들었다. 그러나 그들은 주팅이 이 모험에 도전하는 것을 응원하였다. 첫째는 주팅 자신이 운동선수가 되려고 하였고, 둘째는 부모로서 딸이 자신들처럼 계속 농사를 지으면서 고된 생활을 하는 것을 바라지 않았기 때문이다.

주팅은 버스 창문 밖의 부모님과 손을 흔들어 작별하고 운명을 바꾸게 될 체육의 길에 올랐다.

체육학교에서 주팅은 체육에 관한 기본 지식을 배워야 했다. 비록 그녀의 선천적인 조건이 매우 뛰어났으나 작은 문제 하나가 있었다. 바로 영양실조였다. 주팅은 농촌에서 태어나고 자랐기에 영양이 부족하였다. 그러나 그 당시 집에서는 누구도 이것을 문제 삼지 않았고 주팅 자신도 주의하지 않았다. 농촌에서는 단순히 영양 문제는 배불리 먹지 못한 데 있다고 생각하였다. 첫해는 훈련 강도가 낮았기에 문제가 드러나지 않았고 성격이 강인한 주팅도 별로 개의치 않고 도리어 더 열심히 훈련하였다. 이듬해, 주팅은 '여자 14세 이하, 180cm 이상'의 조건에 부합되어 허난성 체육학교의 배구 훈련반에 입학하였다.

운명은 정말 사랑스럽기도 하다. 어둠 속에서도 마치 가느다란 선으로 모든 사람을 그가 본디 속해야 할 세상으로 인도해주고 있는 듯하였다.

첫 번째 배구 수업에서 주팅은 이 운동에 흠뻑 빠져들었다. 아무런 이유도 없이 그녀는 배구공이 팔에 닿는 느낌이 좋았고, 대원들과 함께 경기장에서 협동하여 하얀 공으로 상대방의 수비를 무너뜨리는 것도 너무 재미있었다.

배구를 배우는 과정에는 실전을 거쳐야 할 뿐만 아니라 우수한 대원들의 시합 영상을 통해 배우기도 하였다. 그 당시 중국 여자배구팀의 경기 영상은 배구를 배우는 세계 모든 사람이 반드시 봐야 하는 영상이었다.

등판 번호 1번 선수가 주팅의 눈길을 끌었다. 특히 1번 선수가 점프하여 물 흐르듯이 스파이크를 하는데 배구공이 공중에서 '펑'하는 큰 소리를 냈다. 이렇게 강력한 스파이크 앞에서 몇 분의 1초도 안 되는 시간에 공의 하락점을 판단한다는 것은 거짓말이고, 가령 정확히 예측하였다고 하더라도 감히 손을 뻗쳐 이 미사일 같은 공을 받을 엄두를 낼 수 있는 선수는 몇 명이나 될까?

"1번 선수가 누군가요?" 주팅은 무의식으로 물었다.

허난성팀 감독 짠하이껀詹海根이 약간 의아해하면서 물었다.

"이분도 몰라?"

주팅이 어리숙하게 머리를 흔들었다. 막 시골에서 올라온 그녀는 배구공도 처음 본 터라 배구팀 선수들은 더더욱 몰랐다.

짠하이껀이 목소리를 가다듬고 존경스럽게 말했다. "그 당시 중국 여자배구팀의 자랑이신 '쇠망치' 랑핑님이시다!"

주팅은 고개를 끄덕이며 마음속으로 자신에게 말했다. '이것이 배구팀 공격수다운 모습이다!'

주팅은 이로부터 1번 등번호를 단 선배님을 자신의 목표로 삼고 노력하기 시작하였다.

배구라는 스포츠는 시합에서는 격정이 불같으나 훈련장에서 훈련할 때는 수학 문제보다 더 무미건조하다. 특히 기본기 훈련은 리시브 아니면 패스, 패스 아니면 리시브만을 무한 반복한다. 따라서 선수들은 보통 훈련 중 천방백계로 꾀를 부리려고 하였다. 그녀들은 늘 "배구는 단체 경기이기에 출전하여 잘하면 되는 것이야. 훈련에서는 좀 게을러도 괜찮아"라고 말하였다.

그리하여 감독이 화장실에 가면 선수들은 모두 조용히 공을 내려놓고 잠깐 휴식하면서 자신이 좋아하는 스타에 관한 이야기를 나누곤 하였다. 사실 감독도 이런 상황을 알고 있었으나 눈감아 주고 있었다. 그녀들은 이제 막 중학교에 입학한 소녀들이니 규정된 훈련 양만 충족하면 된다고 생각하였다.

선수들이 즐겁게 잡담하고 있을 때, 규칙적이고 익숙한 언더핸드 리시브 소리가 계속 울렸다. 선수들은 볼 필요도 없이 또 그 '작은 바보' 주팅이라는 것을 알았다. 지난번 동영상을 시청한 후부터 주팅은 모든 시간을 배구 훈련에 투자하였다. 비록 지금 배우고 있는 것은 리시브와 패스 두 가지 기본 기술이지만 말이다. 다른 선수들은 언더핸드 리시브 100개를 완성하면 만족하면서 좀 더 휴식하려고 하였으나 주팅은 단숨에 300개를 넘기고도 계속하였다.

얼마 후, 그녀들은 스파이크를 배우기 시작하였다. 주팅의 두 번째 천부인 점프 능력도 드러나기 시작하였다. 점프가 다른 그 어느 선수들보다 높았다. 높게 점프한들 무슨 소용이 있나? 배구는 높이 뛰기 시합도 아닌데라는 의문이 생길지도 모른다.

그러나 만약 점프가 높다면 스파이크 포인트가 높게 되고 스파이크의 속도와 충격도 따라서 빠르게 상승하게 된다. 더 중요한 것은 높은 스파이크 포인트에서의 스파이크는 보통 상대방 블로킹 선수의 손끝에 맞고 라인 밖으로 튕겨나 득점하게 된다.

비록 팔과 손목을 사용하는 기술을 아직 많이 배우지는 못하였으나 주팅은 이미 팀에서 가장 강한 선수가 되었다. 스파이크가 강할 뿐만 아니라 여러 면에서도 누구보다 뛰어난 선수가 되었다.

모든 것을 눈여겨본 감독은 어린 선수 주팅을 잘 육성한다면 훗날 반드시 명성을 떨칠 것이라고 믿어 의심치 않았다. 그녀와 같은 천재는 반드시 더 좋은 곳에 가서 훈련을 받아야 하고 더 강한 상대와 대적해봐야 한다.

2013년, 주팅의 배구 인생은 다음 역에 도착하였다. 바로 중국 국가팀이었다! 그녀를 더 흥분시킨 것은 2013년의 중국 여자배구팀 감독이 바로 그 1번 스파이커 랑핑이었다!

주팅은 랑핑을 처음 만났을 때 격동되어 어쩔 줄을 몰랐다. 동영상을 보고 또 보던 그 시절에 그녀는 랑핑을 만나기를 얼마나 희망했던가! 그러나 자신이 꿈에도 그리던 사람이 눈앞에 나타났을 때, 주팅은 멍하니 아무 말도 하지 못하였다. 인간은 이렇게 이상한 동물이다.

주팅은 뒷짐지고 나무 바닥만 멀뚱멀뚱하니 보면서 생각하였다. "왜 1번 등번호를 달았는지 물어볼까? 아니면 사람들이 '쇠망치'라고 부르면 즐거운지 물어볼까? 됐어. 어떻게 해야 그녀처럼 스파이크를 할 수 있는지 묻는 것이 더 적합할 것 같다. 아니다, 아니야! 먼저 인사부터 해야지!"

귀밑 머리가 희끗희끗한 랑핑이 마치 딸을 보는 것처럼 주팅을 자세히 살펴보더니 갑자기 물었다. "너 어릴 때 잘 먹었어?"

"네? 잘…잘 먹었습니다……" 주팅이 황급히 대답하였다.

랑핑이 온화하게 고개를 끄덕이더니 떠났다.

랑핑의 질문에 주팅은 어리둥절했다. 랑핑 감독과의 첫 대면에서 영문을 모를 대화만 주고받았을 뿐이었다. 지금 당신도 아마 주팅처럼 어리둥절할 것이다. 그러나 체육학교에 갔을 때 주팅에게 있었던 작은 문제가 생각나는가? 그래, 바로 영양실조였다. 랑핑은 주팅을 만나 첫눈에 주팅이 영양실조 상태에서 자랐다는 것을 알았다.

체육학교 훈련 강도는 국가팀의 훈련 강도의 비교 대상도 아니다. 어린 자매들이 감독이 화장실에 간 틈을 타 잡담한다는 것은 있을 수도 없는 일이며, 설령 감독이 10km 밖에 있다고 해도 선수들은 토스하면서 감히 숨도 크게 쉬지 못한다. 바로 이런 고강도 훈련 때문에 주팅은 온 지 얼마 안 돼 과로로 의무실에 실려 갔다.

주팅은 의무실 병상에 누워 랑핑의 손을 잡고 물었다. "혹시 제가 국가팀에서 쫓겨나는 것은 아니겠죠?"

랑핑은 머리를 끄덕이면서 말했다. "그럴 수도 있어. 신체 소질이 이 모양인데 어떻게 배구를 할 수 있겠니?"

눈물이 주팅의 얼굴을 따라 흘러내렸다. 그러나 강인한 주팅은 평온한 목소리로 말했다. "그런데 저는 정말 배구를 하고 싶습니다……"

이 말에 랑핑은 피식 웃으면 말했다. "배구를 정말 하고 싶어?"

"정말 하고 싶습니다……" 주팅은 울음을 참으면서 말했다.

랑핑이 갑자기 주머니 하나를 주팅의 침대에 올려놓으면서 엄숙하나 자상하게 말했다. "만약 정말이라면 나의 말을 따라야 한다. 이 주머니 안에 있는 것들을 먹어야 해!"

주팅이 바로 주머니를 열어보니 안에는 미국에서 가져온 건강 기능 식품들이 가득했다.

"그날 내가 어릴 때 잘 먹었는지 물어봤지? 네가 영양실조라는 것을 한눈에 알아봤어. 왜 솔직하게 이야기하지 않았어?" 랑핑은 주팅의 머리에 가볍게 딱밤을 치면서 말했다. "작은 얼굴이 노랗고 뜨고 팔다리가 이렇게 가느다란 놈이 어떻게 그렇게 훌륭한 스파이크를 할 수 있는지 몰라."

이 말에 주팅은 흥분해서 말했다. "그건 제가 줄곧 감독님의 동영상을 보면서 따라 배웠기 때문입니다."

"그렇다면 너는 참 행운아야. 요양을 잘 끝내면 내가 동영상에서 배울 수 없는 것들을 가르쳐줄게." 랑핑은 웃으면서 병실 문을 나서다가 머리를 돌려 말했다. "건강 기능 식품을 제시간에 규정된 양대로 꼭꼭 챙겨 먹어. 충분히 휴식하고 빨리 돌아와!"

"네!" 랑핑이 떠나자 주팅은 바로 눈물을 닦으며 훈련에 더 노력하여 랑핑의 은혜에 보답하겠다고 다짐하였다.

그러나 뜻밖에도 랑핑이 첫 수업에서 그녀에게 가르친 것은 스파이커가 아니라 리시브와 패스였다. 주팅은 당연히 그 이유를 물어볼 수 없었다. 랑핑은 그녀의 생각을 바로 눈치채고 주팅에게 말했다. "배구는 홀로 하는 운동이 아니다. 네가 아무리 강한 스파이크를 한다해도 팀워크가 없다면 다 쓸모없는 짓이야. 너는 타고난 진공 선수야. 심지어 나를 뛰어넘을 수도 있어. 그러나 만약 개인 수비에 문제가 발생한다면 나는 너를 교체해버릴거야."

"알겠습니다!" 주팅은 이유를 알고 난 후에 리스브와 패스 훈련에 공을 쌓았다. 그러나 주팅의 천부적인 진공 실력이 너무 뛰어난 탓일까? 그녀의 수비에는 항상 작은 문제가 발생하였다. 그리하여 랑핑은 늘 몸소 그녀의 훈련을 지도하며 기술을 전수하였다. 각고의 노력으로 주팅은 수비에서의 문제점들을 미봉하고 진정한 만능선수로 성장하였으며, 2014년의 이탈리아 세계 여자선수권대회에서 '최우수 득점왕'과 '최우수 스파이커'라는 두 가지 대상을 받았다.

휴가 시간에 주팅은 고향으로 돌아가 부모님들을 뵙고 싶었다. 역에서 랑핑은 건강 기능 식품 한 보따리를 주팅의 손에 쥐여 주더니 어서 차에 오르라고 독촉하면서 분부하였다. "반드시 정해진 시간과 정해진 양에 맞추어 먹어야돼! 돌아왔을 때 조금이라도 말랐다면 용서 못 해!"

있는 힘껏 머리를 끄덕이는 주팅의 얼굴에는 행복의 웃음이 가득하였다. 그녀는 다급히 차에 올랐다. 그러지 않으면 랑핑 감독과 떨어지기 싫어질지도 몰랐다.

"감독님, 저 갈게요!" 주팅은 창문 밖을 보면서 힘껏 손을 흔들었다. 그러나 플랫폼의 랑핑은 엄숙한 얼굴로 밥 먹는 시늉을 하면서 건강 기능 식품을 잊지 말라고 복용하라고 일깨워 주고 있었다.

주팅은 즐거운 마음으로 주머니를 들더니 주머니를 통째로 삼키는 동작을 하여 랑핑을 웃게 하였다. 랑핑은 '훙'하고 콧소리를 내더니 웃으며 손을 흔들었다. 주팅을 배웅한 후 랑핑은 홀로 훈련장으로 돌아갔다.

훈련장으로 돌아온 랑핑은 주팅과 헤어질 때를 회상하였고 마음속에서는 행복의 물결이 잔잔히 일었다. 배구를 사랑하는 운동선수로써 자신보다 강한 신인을 육성하는 일은 얼마나 위대하고 아름답고 즐거운 일인가! 마치 어머니가 자신의 아이를 성장시키는 것과 같다. 랑핑은 주팅이 훈련하고 경기하는 모습에서 늘 자신이 젊었을 때의 모습을 보았다. 청출어람 청어람이라고, 그녀는 주팅이 비록 아직 이런저런 결함이 있으나 자신의 지도를 통해 무조건 자신을 뛰어넘어 중국 배구 역사, 나아가 세계 배구 역사에서 가장 위대한 선수가 될 것이라고 믿어 의심치 않았다.

랑핑은 웃으며 중얼거렸다. "여자배구의 새로운 시대가 왔구나!" 랑핑은 손에 들고 있던 배구공을 높게 던져 깔끔한 스파이크로 네트를 넘기고 말했다. "나도 노력해야겠구나. 이 꼬맹이들을 이끌고 과거의 우리를 초월해야지!"

랑핑이 주팅에 대한 안목이 틀리지 않았고, 자신의 감독으로서의 능력에 대한 믿음도 틀리지 않았으며, 특히 중국 여자 배구의 비범한 실력에 관한 판단은 더욱 틀리지 않았다.

# 왕의 귀환

13

랑핑과 주팅의 관계는 마치 모녀처럼 친밀하였다. 랑핑이 혜안으로 허난성팀의 이름도 없던 선수를 국가팀에 영입하였을 때 코치와 다른 선수들 모두 주팅이라는 이 어린 여자애가 가능할지 의심하였다. 그러나 몇 번의 시합이 있고 모든 의구심은 칭찬으로 바뀌었다.

위안웨이민은 주팅을 만난 후 “그녀의 신체 조건은 랑핑이 막 선수 생활을 시작했을 때보다 뛰어나다. 주팅에게 가장 좋은 훈련 조건을 제공하고 훈련과 시합에서 잘 보호해야 한다”라고 하였다. 인재를 잘 알아보기로 유명한 천중허도 그녀를 “몇십 년 만에 나타난 천재”라고 칭찬하였다.

랑핑도 아낌없이 주팅을 가르쳤다. 랑핑의 숨김없는 가르침으로 주팅은 롱 디아고날, 숏 디아고날, 오버사이링 코스, 스트레이트 라인, 라이트 랍, 행잉 볼, 드롭 토스 등 많은 고난도 기술을 습득하였다. 그러나 주팅의 진정한 비밀 무기는 이런 기술이 아니라 그녀의 강인한 심리 소질과 대원들에 대한 감화력이었다. 주팅만 있으면 여자배구팀 선수들은 마치 진정제를 먹은 듯이 그 무엇도 두렵지 않았다. 또한 랑핑의 세심한 가르침으로 선수들은 이미 2016년의 리오데자네이로 올림픽을 목표로 하였다. 기초적인 실전 훈련을 진행하는 외에, 랑핑은 새로운 훈련 방법을 도입하였다. 모든 선수는 감독과 함께 각 국가팀의 경기 동영상을 분석하고 특징을 기억하였는데 기억하지 못한 선수는 벌을 받았다. 선수들은 처음에는 감독의 의도가 이해되지 않았으나 고통스러운 훈련을 통해 끝내 지피지기 백전백승이라는 이치를 깨닫게 되었다.

리오데자네이로 올림픽이 어김없이 다가왔다. 이때 중국 여자배구팀과 랑핑은 이미 올림픽에서 기량을 펼칠 모든 준비를 끝냈다. 그러나 리오데자네이로에 도착하자마자 귀찮은 일들이 발생하였다.

올림픽은 한 나라의 종합적인 실력을 전개하는 무대이다. 중국의 2008년 베이징 올림픽에서 각 나라의 운동선수들은 세계 일류의 의식주행과 훈련 환경을 체험하게 되었으며 세계는 중국의 실력에 감탄하게 되었다. 그러나 브라질은 부강한 나라가 아니었기에 올림픽을 운영할 능력이 부족하였다. 따라서 여자배구팀은 훈련 장소마저도 없었다.

그러나 중국 여자배구팀에게 이러한 어려움은 문제가 아니었다. 선수들은 모든 경기에서 가장 좋은 실력을 발휘하는 것만이 자신들이 응당 해야 할 일이라는 것을 알고 있었다. 그러나 경기 중에서 또 새로운 문제가 발생하였다.

중국 여자배구팀이 '죽음의 조'라고 불리는 B조에 배당되면서 세르비아, 미국, 네덜란드, 이탈리아 등 유력한 우승 후보팀들과 8강 진출권을 쟁탈해야 하였다.

운명의 조롱이었을까? 첫 번째 경기에서 중국 여자배구팀은 중국을 한 번도 이겨본 적이 없는 네덜란드팀에게 패배하였다.

세르비아팀과의 시합에서는 상대 팀이 갑자기 전술과 라인업을 바꾸면서 중국팀은 손쓸 새도 없이 0:3으로 참패하였다. 선수들은 당황하여 어쩔 바를 몰랐다. 다음 경기는 어떻게 해야 하나?

그러나 다음 경기는 더 어려운 경기였다. 중국 여자배구팀이 상대해야 할 팀은 미국팀으로 미국은 배구의 발상지이다. 랑핑은 이번 경기도 어려운 경기가 될 것임을 알고 있었다. 미국팀은 우승을 쟁취할 충분한 실력을 갖추고 있었다. 아니나 다를까, 중국팀은 1:3으로 미국팀에게 졌다.

선수들은 기숙사에 돌아오자 끝내 참고 참던 울음을 터뜨렸다. 그녀들은 절망하였다. 4년 전의 런던 올림픽에서도 4위에 그쳤는데 이번에는 더 볼품없는 성적으로 리오데자네이로를 떠나야 한단 말인가? 8강전에서는 지난 올림픽의 챔피언 브라질팀과의 대결이니 승산이 더 작았다.

이때 랑핑이 문을 열고 들어왔다. 그녀는 손에는 비행기표 한 뭉치를 쥐어 있었다. 선수들은 랑핑을 보자 약간의 안정을 찾았고 울음소리도 낮아졌다.

젊은 선수들을 바라보는 랑핑의 안색은 담담하였으나 마음은 몹시 아팠다. 어느 엄마가 자신의 아이가 절망 속에서 우는 모습을 보고 싶겠는가?

"두려워하지 마. 나도 너희들의 스트레스가 얼마나 큰지 알고 있고 너희들이 다음 경기를 하고 싶지 않은 마음도 알고 있어. 너희들에게 집으로 돌아가는 비행기표도 다 사놨어." 랑핑은 선수들에게 티켓을 나누어주면서 말했다. "그러나 여러분에게 한 가지 부탁이 있어. 우리 중국 여자배구팀은 경기에서 지더라도 체면을 잃어서는 안 된다는 것을 절대 잊지 마. 다음 경기에서 아무런 가능성이 없더라도 반드시 온 힘을 다해 후회 없는 경기를 해야 한다. 알겠어?"

랑핑의 말에 선수들은 울음을 멈추고 침묵에 잠겼다. 그녀들은 자신이 다음 경기에서 최상의 실력을 발휘할 수 있을지 가슴이 두근거렸다.

이때 주팅이 일어서서 랑핑에게 말했다. "알겠습니다. 비록 승리를 장담하지는 못하겠지만 반드시 온 힘을 다 하겠습니다. 안 그러면 몇 년 먹은 건강 기능 식품이 효과가 없다는 것이 되니 말입니다."

이 말에 모든 선수가 웃었고 랑핑도 웃으면서 말했다. "너는 정말 배구 천재구나! 너희들이 정말 하고 싶다면 우리 가서 마지막 시합을 위한 훈련을 하는 거야. 잊지 마. 여자배구 정신의 핵심은 승부가 아니라 우리 함께 온 힘을 다해 싸우는 것이다."

말을 마친 랑핑이 방에서 나갔다. 이때 선수들은 마치 새로운 사람이 된 것처럼 마음속의 투지가 격앙되어 있었다. 주팅이 문을 열고 선수들을 돌아보며 말했다. "가자. 감독님을 기다리게 하지 말자."

브라질팀과의 경기 시간이 되었다. 경기장에는 황색과 녹색으로 된 국기가 가득하였고 브라질의 애국가가 울려 퍼졌다. 브라질 팬들은 이미 승리를 확신하고 환호하고 있는 것 같았다.

중국팀은 거대한 압력 속에서도 매우 냉철하였다. 그러나 경기는 랑핑의 상상을 뛰어 넘을 정도로 참렬하였다. 첫 세트는 15:25의 큰 차이로 끝났다. 경기장에는 또다시 브라질의 애국가가 울렸다. 중국팀 선수들의 마음은 너무 고통스러웠다. 마치 눈앞의 모든 것이 중국팀의 패배를 암시하고 있는 것 같았다. 그러나 랑핑은 뜻밖의 현상을 발견하고 바로 선수들에게 말했다. "침착해. 우리에게 승리의 기회가 왔어."

승리의 기회가 어디에 있다는 말인가? 선수들은 이맛살을 찌푸렸으나 랑핑의 말을 믿었다.

그러나 두 번째 세트가 시작하자 기회가 보이기 시작하였다! 특히 주팅이 엄청난 실력을 발휘하였다. 그녀의 모든 스파이크는 가장 높은 곳에서 가장 강력하게 공격하였고 브라질팀은 어쩔 줄을 몰랐다. 보통은 1세트를 큰 점수로 졌다면 선수들이 포기하거나 심리적인 불안으로 실수가 연발하지만 주팅은 도리어 점점 더 침착해지는 것이 아닌가!

2세트가 마지막을 향해 달리고 있었다. 브라질팀의 키 플레이어 쉐일라 까스뜨로는 속전속결을 하려고 하였다. 대원이 높은 토스를 하는 순간 쉐일라 까스뜨로가 혼신의 힘을 다해 직선 스파이크를 날렸다. 그러나 공은 바로 중국팀의 주팅에게 블로킹되었다.

쉐일라는 주팅의 블로킹에 깜짝 놀랐다. 누구도 자신의 이런 공을 받을 수 없었던 것이다. 주팅은 도대체 어떤 인물인가?

그러나 주팅은 정신을 팔 겨를이 없었다. 그녀는 쉐일라가 멈칫하는 순간에 공을 대원에게 토스하였고 중국팀을 이끌고 2세트의 승리를 거두었다.

경기장의 관중들이 열광하였다. 특히 중국팬들은 중국팀이 2세트에서 역전할 줄은 꿈에도 몰랐다.

이 모든 것을 눈여겨보고 있던 랑핑은 교만한 군대는 반드시 패배한다는 불변의 이치를 알고 있었다. 1세트 승리에 대한 교만과 2세트의 실패로 브라질팀은 혼란에 빠졌다. 이때가 바로 브라질팀을 꺾을 절호의 기회이다.

아니나 다를까, 3세트와 4세트에서 브라질팀은 실수를 연발하였다. 그러나 주팅은 점점 더 침착해졌으며 경기의 흐름을 완전히 장악하였다.

한 발, 두 발, 점프, 스윙 어웨이……순간적으로 근육을 수축시킨 후의 스파이크! 주팅의 슬로우 점프 스피드 스파이크의 리듬은 브라질팀의 수비를 단숨에 무너뜨렸다. 브라질팀의 한 선수는 숨을 헐떡이면서 말했다. "이것을 어떻게 막아? 그녀의 타구는 다른 사람과 완전히 달라!"

그렇다. 보통의 스파이커들은 세 걸음 만에 점프하여 점프 높이와 타격력을 증강하지만 주팅은 두 걸음에 점프하였기에 상대방이 전혀 적응할 수 없었다. 주팅의 또 다른 장점은 스파이크하면서 절대 눈을 감지 않는 것이다. 다른 스파이커들은 공을 타격하는 순간 자연스럽게 눈을 감으나 주팅은 눈을 뜨고 있었기에 타구를 하는 순간 목표를 조준할 수 있었다. 이러한 이유로 브라질팀은 주팅을 방어할 수 없었고 주팅의 스파이크는 언제나 상대방의 터치아웃으로 득점으로 이어졌다.

이어진 싸움에서 양 팀은 5세트에 진입하였고 점수도 14:12로 중국팀이 1점만 획득하면 브라질팀에 승리할 수 있었다.

이때 경기장에서는 또다시 브라질의 애국가가 울려 퍼지고 황록색의 파도가 일었다. 방대한 기세는 중국팀을 삼킬 듯하였고 브라질팀이 이미 우승을 취득한 듯하였다..

바로 이때, 랑핑이 주팅에게 조용히 말했다. "후공을 준비해."

주팅은 브라질팀의 스파이커 쉐일라를 힐끗 보고 랑핑 감독의 매서운 판단을 바로 알아차렸다. 혼란스러운 상황에서 쉐일라의 정서에는 큰 기복이 발생하였다. 이런 시기에 그녀를 주시한다면 꼭 허점을 찾을 수 있을 것이다. 주팅은 머리를 끄덕이고 경기장으로 돌아갔다.

랑핑의 직감은 정확했다. 중국 여자배구팀의 추격으로 쉐일라의 허점이 점점 많아졌다. 끝내, 주팅이 강력한 스파이크를 날렸고 경기장은 삽시에 조용해졌다. 누구도 실패를 직면하고 있던 중국 여자배구팀이 우승을 노리던 브라질팀을 꺾을 것이라고는 생각하지 못했다.

관중석의 모든 브라질 팬들이 침묵하였고 황록색의 국기도 나부끼지 않았다. 그들은 브라질팀이 줄곧 실패를 거듭하던 중국 여자배구팀에 졌다는 것을 믿을 수 없었다.

여자배구팀 선수들이 미친 듯이 랑핑에게 달려갔다. 랑핑은 담담하게 웃으며 말했다. "우리 비행기표를 환불하자. 아직 두 경기를 더 뛰어야 할 것 같다."

중국과 브라질 경기 전, 많은 친구가 랑핑에게 격려의 메시지를 보내왔다. 그녀는 통일적으로 "완강한 투혼은 중국 여자배구팀의 이름입니다. 우리는 영원히 포기하지 않습니다"라고 답장을 보냈다.

승리한 후, 랑핑은 인터뷰에서 "우리는 이번 시합을 올림픽의 마지막 경기라고 생각하고 낮은 자세로 임하였습니다. 솔직히, 상대는 경험에서나 실력에서 모두 우리를 능가하였습니다. 그렇기때문에 저는 우리 선수들의 모습에 매우 만족합니다"라고 말했다.

이렇게 여자배구팀 선수들은 리오데자네이로 올림픽에서의 불운을 어렵게 잘라냈다. 컨디션을 조절한 선수들은 이어진 준결승에서 네덜란드 여자배구팀을 꺾고 결승전에 진출하여 강적인 세르비아팀과의 마지막 대결을 앞두게 되었다.

세르비아 여자배구팀 선수들은 체구가 우람하여 서브가 중국 여자배구팀에 비해 우세하였다. 또한 그들의 스파이커 브란키차 미하일로비치의 실력도 주팅에 뒤지지 않는 일류 선수였다.

중국 여자배구팀은 이 때문에 포기하지 않을 것이었다. 도리어 그녀들은 지난 치욕을 씻고 우승컵을 탈환하려고 하였다.

1세트에서 세르비아팀은 중국팀에게 본때를 보여주었다. 25:19로 경기가 끝났으나 중국 여자배구팀의 멘탈은 이미 과거와 달리 매우 강해졌다. 수많은 풍상고초를 겪은 그녀들은 경기가 끝나기 전에는 누구도 결과를 예측하기 어렵다는 것을 알고 있었다. 더욱이 결승전에서 겨루는 것은 기술과 전술이 아니라 의지와 심리 상태였다.

2세트와 3세트에서 진중하게 경기를 진행한 중국 여자배구팀이 연이어 승리하여 세르비아팀에 역전하였다. 4세트에 들어서자 세르비아팀은 실수를 연발하기 시작하였다.

공격에 포인트를 둔 세르비아팀의 수비는 줄곧 약세였다.

그러나 그동안의 경기에서는 종래로 상대에게 숨 돌릴 기회를 주지 않았기에 매번 승리하였던 것이다. 그러나 그녀들은 중국 여자배구팀이 이렇듯 강인하여 자신들이 피곤할 정도로 경기를 끌어갈 줄은 생각지도 못하였다.

4세트 점수가 24:23이 되었다. 중국팀이 한 점만 더 획득하면 12년 만에 올림픽 챔피언이 된다.

세르비아팀은 이번 공격을 막아내야 경기를 연장하고 역전할 기회를 얻게 된다.

중국팀의 감독 랑핑이 갑자기 타임을 신청하였다. 랑핑 감독이 한 대원에게 귓속말로 뭔가를 이야기하였다. 이 행동에 세르비아팀은 중국팀에게 비밀 무기가 있는 것이 아닌가 의심이 생겼다.

잠시 후, 새 선수 한 명이 교체 출전하였는데 젊은 선수 장창닝張常寧이었다.

장창닝은 '물고기와 쌀의 고향'이라고 불리는 지앙쑤江苏에서 온 선수로 신장이 195cm이다. 장창닝은 배구 선수 가문에서 태어났는데 그녀의 아버지와 오빠는 중국 남자배구팀의 주력 선수였다. 남다른 신장으로 장창닝은 늘 불편함을 겪었다. 그녀가 경기장에 들어서면 바로 모든 사람의 이목을 끌었고 상대방도 그녀를 집중적으로 수비하였다.

이번 경기에서도 그러하였다. 그러나 다행인 것은 세르비아팀은 장창닝의 특징을 잘 몰랐다.

시합이 계속되었다. 장창닝은 가느다란 팔을 들어 공을 공중 높게 던졌다. 하얀 공이 공중에서 빙그르 돌고 있었다. 시간이 멈춘듯하였다. 모든 사람의 시선이 승패를 가를 이 공의 움직임에 못 박혀 있었다.

퍽! 경쾌한 타구 소리와 함께 배구공이 총알처럼 세르비아팀의 그라운드를 향해 날아갔다. 세르비아팀의 선수들은 바로 공을 향해 돌진하였다. 그녀들은 이 공은 반드시, 그리고 무조건 받아야 한다는 것을 너무나 잘 알고 있었다.

세르비아팀이 공을 받으려고 전력을 다하는 모습에 랑핑의 입가에는 안심한 듯 미소가 피어올랐다.

장창닝의 간사한 서브가 세르비아팀의 모든 대원의 이목을 끌었다. 세르비아팀은 반격의 기회가 왔다고 생각하였으나 이 서브는 속임수였을 뿐 진정한 킬러는 옆에서 기회를 기다리고 있는 후이루어치惠若琪였다.

후이루어치는 자신의 신장 우세를 이용하여 힘껏 점프하여 긴 팔을 뻗어 온 힘을 다해 스파이크를 날렸다. 세르비아팀이 수비할 겨를도 없이 배구공이 포탄처럼 세르비아팀의 그라운드에 강력하게 꽂혔다.

호루라기가 울리고 경기가 종료되었다. 중국팀이 승리하였다!

중국 여자배구팀 선수들은 점프하며 소리치며 웃으며 서로를 포옹하였다. 어떤 선수들은 울음을 터뜨렸다. 그렇다. 이번 올림픽의 원정이 이렇게 많은 우여곡절이 있을 줄 누가 알았으며, 또 끝내 우승컵을 들어올릴 줄 누가 알았으랴! 랑핑도 뜨거운 눈물을 흘렸다. 그렇다. 그녀들의 모든 노력이 값진 결실을 얻었다.

금메달 수여식에서 오성홍기가 나부꼈다. 12년의 치욕을 바로 오늘 깨끗이 씻어냈다. 랑핑 감독도 새로운 역사를 창조하였다. 여자배구팀 선수로 올림픽 챔피언이 되었을 뿐만 아니라 감독으로써 국가팀을 이끌고 올림픽 우승을 따낸 것이다. 그러나 이 모든 성과는 그녀가 배구에 대한 사랑에서 기인한 것이며 이 사업을 위해 일생을 바친 결과이다.

성공의 배후에는 랑핑이 오랜 세월 상처의 아픔을 묵묵히 참고 견디며 뼈를 깎는 노력이 있었다. 장기간의 고강도 훈련으로 랑핑의 대퇴골 연골은 심각하게 손상되어 정상적으로 걸을 수 없었다. 중국 여자배구팀의 올림픽 출전 훈련에 지장을 주지 않기 위해 랑핑은 리오데자네이로 올림픽 후에야 두 차례의 인공고관절 수술을 받았다. 이러한 컨디션에서도 랑핑은 바로 훈련장으로 달려가 선수들에게 “시상식에서 내려오는 순간 모든 것을 제로에서 시작한다"라고 일깨워 주었다.

랑핑은 여자배구 정신은 일상에 상존한다고 하였다. "승리하면 여자배구 정신이 있고, 패배하면 여자배구 정신이 없는 것이 아니다." "우리는 줄곧 각고의 노력으로 훈련하였다. 만약 성적이 좋지 않았다면 그것은 우리의 기술이 부족하였다는 것이니 더 노력하면 된다. 나는 승리하였다고 하여 여자배구 정신을 추켜세우고 싶지 않다. 응당 우리 선수들이 매일 매일 노력하는 과정을 봐야 한다. 경기에서 패배하여도 나는 선수들이 매우 노력하였다고 말할 것이다."

시종일관하게 국가의 이익과 집단의 명예를 최우선으로 사심 없이 헌신하고, 단결하고 협력하며, 고난을 두려워하지 않고 창업하며, 자강불식하였다. 여자배구 정신은 수십 년간 줄곧 눈부신 광채를 발산하였으며 많은 중국인을 감동하게 하고 격려하였다. 여자배구 정신은 완강하게 싸우고 영원히 포기하지 않으면 어떤 역경 속에서도, 어떤 강적 앞에서도 모두 자신을 초월하여 휘황찬란한 성과를 얻을 수 있다는 것을 증명하였다.

중국 여자배구팀은 여기에서 발걸음을 멈추고 챔피언의 영광에 심취하여 있지 않을 것이다. 그녀들은 계속 역경을 뚫고 고난을 이겨내며 세계 역사에 중국 여자배구의 영원한 전설을 써 갈 것이다!

지은이

## 거징葛競

베이징영화대학 애니메이션대학 부교수, 대학원 지도교수, 애니메이션기획전공 주임 교수로 재직하고 있다.
베이징작가협회 이사이며 중국작가협회 제6차, 제7차 전국대표대회 최연소 대표.
'오개일공정五個一工程' 심사위원. '중국의 좋은 책中國好書' 심사위원.
지금까지 소설, 동화, 시나리오, 애니메이션 각본 등 300편(집) 이상을 출판하였으며 총 200여 만 자에 달한다.

옮긴이

## 리우앤劉艷

한국 한림대학교翰林大學 중한번역 박사.
현재 화이인사범대학교淮陰師範學院 외국어대학에 재직중.
연구방향은 한국어교육과 중한번역.
2019년 연변대학출판사 민족 문자 출판 프로젝트『중화철리경구명언대사전』30여만 자 역자.
2022년 연변대학출판사 국가 민족 문자 출판물 특별보조 프로젝트, 국가 '13차 5개년 계획' 중점 도서 출판 프로젝트『중국문화약본』7편 역자.

## 신진호申振浩

연세대학교 중어중문학과 및 동 대학원 졸업(문학박사)
연세대학교 인문학연구원 전문연구원
명지대학교 방목기초교육대학 객원교수
역서 :『마테오리치의 중국선교사』,『곽말약의 역사인물 이야기』등
저서 :『중국현대문학사』,『중국문학사의 이해』등
논문 :「21세기 중국의 문화대국 전략에 관한 고찰」,「중국문화의 세계화 전략」등

# 중국 여자 배구팀
## 후퇴를 모르는 최강팀

**초판 1쇄 발행** 2024년 10월 28일

**지은이** 거징葛競
**옮긴이** 리우앤劉艷 · 신진호申振浩
**펴낸이** 홍종화

**주간** 조승연
**편집·디자인** 오경희 · 조정화 · 오성현
신나래 · 박선주 · 정성희
**관리** 박정대

**펴낸곳** 민속원
**창업** 홍기원
**출판등록** 제1990-000045호
**주소** 서울시 마포구 토정로 25길 41(대흥동 337-25)
**전화** 02) 804-3320, 805-3320, 806-3320(代)
**팩스** 02) 802-3346
**이메일** minsokwon@naver.com
**홈페이지** www.minsokwon.com

ISBN 978-89-285-2032-9 03820

ⓒ 리우앤 · 신진호, 2024
ⓒ 민속원, 2024, Printed in Seoul, Korea

이 책은 저작권법에 따라 보호를 받는 저작물이므로 무단전재와 복제를 금지하며,
이 책의 전부 또는 일부를 이용하려면 반드시 저작권자와 출판사의 서면동의를 받아야 합니다.